os contornos
DA PSICOLOGIA CONTEMPORÂNEA
TEMAS EM AVALIAÇÃO PSICOLÓGICA

os contornos

DA PSICOLOGIA CONTEMPORÂNEA

TEMAS EM AVALIAÇÃO PSICOLÓGICA

Gleiber Couto
Sanyo Drummond Pires
Carlos Henrique Sancineto da Silva Nunes

(Organizadores)

© 2012 Casapsi Livraria, Editora e Gráfica Ltda.
É proibida a reprodução total ou parcial desta publicação, para qualquer finalidade,
sem autorização por escrito dos editores.

1ª Edição
2012

Diretor Geral
Ingo Bernd Güntert

Editora-chefe
Juliana de Villemor A. Güntert

Gerente Editorial
Marcio Coelho

Coordenadora Editorial
Luciana Vaz Cameira

Assistente Editorial
Maria Fernanda Moraes

Capa
Carla Vogel

Projeto Gráfico
Sergio Gzeschenik

Editoração Eletrônica e Produção Gráfica
Fabio Alves Melo

Coordenador de Revisão
Lucas Torrisi Gomediano

Preparação
Ana Paula Girardi

Revisão
Rhamyra Toledo

Dados Internacionais de Catalogação na Publicação (CIP)
Angélica Ilacqua CRB-8/7057

Os contornos da psicologia contemporânea: temas em avaliação
psicológica / Gleiber Couto, Sanyo Drummond Pires, Carlos
Henrique Sancineto da Silva Nunes (organizadores). -- São Paulo : Casa
do Psicólogo, 2012.

ISBN 978-85-8040-092-2

1. Avaliação psicológica 2. Personalidade 3. Psicopatia 4. Inteligência
emocional 5. TDAH I. Couto, Gleiber II. Pires, Sanyo Drummond
III. Nunes, Carlos Henrique Sancineto da Silva.

12-0072   CDD 153.93

Índices para catálogo sistemático:
1. Avaliação psicológica
2. Personalidade
3. Psicopatia
4. Inteligência emocional

Impresso no Brasil
Printed in Brazil

*As opiniões expressas neste livro, bem como seu conteúdo, são de responsabilidade de seus
autores, não necessariamente correspondendo ao ponto de vista da editora.*

Reservados todos os direitos de publicação em língua portuguesa à

Casapsi Livraria, Editora e Gráfica Ltda.
Rua Simão Álvares, 1020
Pinheiros • CEP 05417-020
São Paulo/SP – Brasil
Tel. Fax: (11) 3034-3600
www.casadopsicologo.com.br
www.casadopsicologo.com.br

SUMÁRIO

Prefácio 7
Prof. Dr. Vitor Geraldi Haase

1 Proposições sobre avaliação psicológica no contexto
  de uma psicologia pluralista 13
  Gleiber Couto, Sanyo Drummond Pires e
  Carlos Henrique Sancineto da Silva Nunes

2 Teorias de medida em Psicologia, Ciências Sociais e
  da Saúde 29
  Gleiber Couto, Carlos Henrique Sancineto da Silva Nunes e
  Ricardo Primi

3 Los tests psicológicos en la psicología contemporánea....69
  Edgardo R. Pérez e Fabián O. Olaz

4 Testes vocacionais: reflexões sobre as publicações
  científicas nos contextos nacional e estrangeiro 93
  Ana Paula Porto Noronha, Maiana Farias Oliveira Nunes,
  Mariana Varandas de Camargo Barros e
  Rodolfo Augusto Matteo Ambiel

5 Uma perspectiva integrativa e evolutiva
   da personalidade 125
   Lucas Francisco de Carvalho e Ricardo Primi

6 A Escala Hare (PCL-R) como medida prototípica da
   psicopatia relacionada aos atos infratores 151
   Marco Antônio Silva Alvarenga e
   Carmen Elvira Flores Mendoza Prado

7 Inteligência Emocional: uma perspectiva teórica
   baseada em aptidões mentais 185
   Nilton Cesar Barbosa

8 Diferenças individuais no TDAH e variáveis
   associadas: evidências de um estudo longitudinal 235
   Alana Augusta Concesso de Andrade e
   Carmen Elvira Flores Mendoza Prado

9 Relação entre a impulsividade e as dimensões
   temporais e espaciais do controle motor 279
   Luciana Maria da Silva, Luciene Amélia Peixoto Vieira,
   Leandro Fernandes Malloy-Diniz e Guilherme Menezes Lage

Sobre os autores 315

Conselho editorial 323

PREFÁCIO

Prof. Dr. Vitor Geraldi Haase

A questão da unidade/diversidade está colocada desde o próprio nascimento da Psicologia. No século XVIII, o filósofo Christian Wolff introduziu a distinção entre "Psicologia Racional" e "Psicologia Empírica". A distinção entre a psicologia racional e a empírica poderia corresponder aos dois grandes paradigmas contemporâneos, o hermenêutico e o naturalista. Os psicólogos de orientação hermenêutica objetivam alcançar uma compreensão do fenômeno humano, principalmente da subjetividade, e da sua inserção em um contexto mais amplo, existencial e socio-histórico, a partir do método introspectivo-fenomenológico e de outras estratégias de pesquisa qualitativa. A perspectiva naturalista, por outro lado, toma como modelo as ciências empíricas, enfatizando a quantificação e a testagem de hipóteses com o intuito de desenvolver e validar modelos explicativos. A vertente empirista procura uma inserção da Psicologia no panorama mais amplo das ciências naturais, inclusive da teoria da evolução por seleção natural e sexual, o referencial conceitual que funda a Biologia contemporânea.

Apesar de Kant ter considerado explicitamente que a psicologia empírica era impossível, dada a natureza supostamente transcendental dos fenômenos psicológicos, a Psicologia se inseriu no contexto acadêmico do final do século XIX como uma ciência natural. Os projetos originais de James, Wundt, Galton e outros eram naturalistas; entretanto, as limitações conceituais e metodológicas da época mostraram que o projeto de uma psicologia científica não seria tão fácil de realizar em um prazo relativamente curto. No *Principles of Psychology*, James categorizou os métodos da Psicologia em três: o fenomenológico, o experimental e o comparativo. Os percalços enfrentados no início do projeto científico-natural fizeram com que James se voltasse para a fenomenologia, e Wundt, para o método comparado. Mas esse foi um recuo apenas estratégico; assim, por exemplo, a fenomenologia dos processos mentais proposta por James e o arcabouço conceitual por ele desenvolvido definiram a agenda investigativa da psicologia cognitiva dos nossos dias.

O programa experimental em Psicologia foi inicialmente implementado pelos behavioristas. Apesar do inegável avanço obtido pela escola behaviorista, principalmente no que se refere ao paradigma operante, o sucesso do behaviorismo somente ocorreu à custa de uma restrição do foco de interesses, a qual acabou representando um empobrecimento para a Psicologia. O método comparativo de James evoluiu, por sua vez, para a moderna Psicometria, constituindo a segunda vertente da Psicologia científica contemporânea. A Psicometria obteve tanto sucesso que áreas afins do conhecimento, principalmente das ciências da saúde, demonstram um interesse crescente por seus métodos.

A retomada do projeto de uma psicologia somente foi possível a partir de meados da década de 1940, por meio de uma abertura interdisciplinar. O trabalho interdisciplinar junto a outras áreas do conhecimento, tais como a Informática, a Linguística, as Neurociências etc., permitiu que a Psicologia Cognitiva desenvolvesse as ferramentas conceituais e metodológicas para o estudo experimental dos processos mentais. A teoria do processamento de informação foi o caminho para começar a desvendar o interior da caixa-preta. O processamento de informação é a janela que permite investigar os processos organísmicos situados entre os estímulos, as respostas e suas consequências.

De meados do século XX para cá, a integração com outras disciplinas tem apenas crescido e demonstrado sua utilidade. Comparando, por exemplo, as edições sucessivas de 1990 em diante do livro-texto de Eysenck e Keane sobre psicologia cognitiva, dois fatos chamam imediatamente a atenção: 1) a psicologia cognitiva está se tornando cada vez mais neuropsicologia, tendência esta que se tornou irreversível a partir da popularização das tecnologias de neuroimagem funcional para o estudo das funções mentais; 2) a testagem de modelos teóricos se baseia progressivamente na filosofia de validação convergente.

A validação convergente merece consideração especial. Um dos maiores desafios para o projeto de uma psicologia científica é representado pelo chamado círculo hermenêutico de Heidegger. O problema é a determinação teórica dos fatos, ou seja, a observação empírica de que a observação do comportamento modifica o próprio comportamento e de que a definição teórica prévia restringe o leque de fenômenos considerados como fatos e o seu significado. Uma solução operacional para o problema do círculo hermenêutico é a estratégia de validação por convergência e discriminação desenvolvida por Campbell e Fiske em 1959 por meio da matriz multitraços-multimétodos.

As filosofias subjacentes à validação convergente/ discriminante pela matriz multitraços-multimétodos e à proposição de evidências convergentes são muito assemelhadas. Em ambos os casos, a ideia é realizar uma análise contrastiva e descobrir associações e dissociações entre padrões de resultados. Dois exemplos atuais podem ser mencionados. O primeiro diz respeito à complementaridade entre os resultados da neuroimagem funcional e da neuropsicologia. Ambos os métodos são complementares, uma vez que a neuroimagem funcional mostra as áreas cerebrais que potencialmente contribuem para um determinado processo psicológico. Entretanto, apenas os dados obtidos pela análise do comportamento de pacientes com lesão cerebral têm o potencial para discriminar áreas cerebrais cruciais para o desempenho em uma dada função. Poder-se-ia, então, generalizar dizendo que, no contexto atual do seu desenvolvimento, a neuroimagem funcional enfatiza o contexto da descoberta ou a geração de hipóteses e modelos, enquanto a neuropsicologia privilegia o contexto da validação de teorias.

O segundo exemplo vem da área da pesquisa sobre inteligência, a qual, a partir de um começo digno, porém mais modesto e fundamentado principalmente na psicometria, vem consolidando-se como um dos principais e mais poderosos construtos da Psicologia. O vigor das pesquisas atuais sobre inteligência decorre, em grande parte, de aberturas interdisciplinares, as quais estão permitindo delinear melhor o curso diferenciado de desenvolvimento do construto ao longo do ciclo vital, o seu poder preditivo quanto a vários desfechos do desenvolvimento humano, principalmente psicossociais, mas, principalmente, suas bases neurais e genético-evolutivas, bem como possibilitando uma integração com conceitos e modelos oriundos da psicologia cognitiva e da neuropsicologia.

As considerações realizadas sobre o percurso da psicologia científica, ao longo do último século e meio, indicam a oportunidade do volume editado por Gleiber Couto, Sanyo Drummond Pires e Carlos Henrique Sancineto da Silva Nunes sobre *Os contornos da psicologia contemporânea: temas em avaliação psicológica*. Trata-se de uma iniciativa de jovens e promissores pesquisadores brasileiros, os quais fornecem uma amostragem de pesquisas nacionais e latinas da melhor qualidade sobre o tema da avaliação psicológica a partir de uma perspectiva pluralista e integrativa. O livro se inicia por uma seção conceitual e metodológica, a qual constrói um contexto para os capítulos posteriores, ilustrando a aplicação dos princípios desenvolvidos a temas mais específicos, tais como avaliação vocacional, personalidade, psicopatia, transtorno do déficit de atenção por hiperatividade e impulsividade etc.

A qualidade do resultado final alcançado pelos editores e autores na missão de integrar a diversidade de abordagens subjacentes à avaliação psicológica coloca imediatamente a questão: seria possível um diálogo semelhante entre as vertentes científico-natural e hermenêutica da Psicologia? Uma pré-condição seria que as diversas correntes abrissem mão de aspirações hegemônicas. Mesmo que não fosse desejável ou possível uma integração epistemológica neste momento, o simples diálogo e a explicitação decorrente de pressupostos significariam um grande avanço para a área. A explicitação e comparação das posições epistemológicas e éticas subjacentes à diversidade de orientações teórico-metodológicas em um campo do saber como a Psicologia é útil por si só e contribui para o avanço do conhecimento, ainda que os eventuais interlocutores concordem em discordar. Ou justamente por causa disso!

Belo Horizonte, março de 2009.

PROPOSIÇÕES SOBRE AVALIAÇÃO PSICOLÓGICA NO CONTEXTO DE UMA PSICOLOGIA PLURALISTA

Gleiber Couto
Sanyo Drummond Pires
Carlos Henrique Sancineto da Silva Nunes

No capítulo de introdução do primeiro livro desta coletânea, procurou-se ressaltar que as diferentes concepções do psiquismo e dos vieses metodológicos dentro da Psicologia, além de não constituírem um empecilho para se pensar uma psicologia abrangente e articulada com os diversos matizes da realidade humana, ao contrário disso, nos possibilita compreender melhor o Homem em sua riqueza de manifestações. Para tal possibilidade ocorrer, faz-se necessário, no entanto, abandonar uma concepção da diversidade em Psicologia como algo negativo que precisa ser combatido. Também deve ser abandonada a ideia de que estamos em uma disputa teórica e ideológica por um paradigma hegemônico na Psicologia, que deveria ser ou mais científica, ou mais humana,

DA PSICOLOGIA CONTEMPORÂNEA
TEMAS EM AVALIAÇÃO PSICOLÓGICA

ou mais voltada para a emancipação dos oprimidos, ou mais voltada a qualquer outra orientação para não enfrentar o problema central que se caracteriza pela necessidade de um diálogo constante tanto na elaboração das concepções teóricas como na organização da prática cotidiana da profissão de psicólogo.

Tal questão requer a superação de uma tradição de especialização reducionista: se não se pode conhecer tudo, é melhor negar o desconhecido ou seu valor. Dito de outra maneira, se a forma eleita de apreensão do fenômeno psicológico não permite um conhecimento pleno e abrangente, significa que os aspectos não suportados podem ser tratados como irrelevantes. Essa tradição, por vezes, pode ser considerada indolente, pois passa alheia à discussão dos princípios metodológicos associados à construção de toda concepção teórica e dos métodos mais compatíveis com esta. Dessa forma, negligencia os aspectos de qualidade duvidosa, os pontos fracos concernentes a qualquer proposição teórica. Este tipo de posicionamento somente contribui para a construção de um conjunto de correntes, linhas, ou, se preferirmos, escolas em Psicologia, as quais, sob vários aspectos, se caracterizam por guetos sobre os quais repousa e se justifica a fragmentação da atividade dos profissionais de Psicologia.

Não se pretende, com esse apontamento, negar as perspectivas históricas da Psicologia, as quais, sem exceções, apresentaram contribuições à compreensão dos fenômenos psicológicos. Aqui se quer combater, sim, as posições de alguns ao se manterem encastelados em um discurso hermético justificado por orientações nascidas nas primeiras etapas de desenvolvimento de alguma escola.

Defender posições há muito superadas pelo acúmulo de conhecimento psicológico oriundo de pesquisas em várias áreas possibilita a alguns acadêmicos e profissionais sustentarem um discurso de poder, de manutenção do *status quo*, que preserva apenas o lugar de prestígio alcançado por alguns grupos e por seus seguidores. No entanto, essa posição desafiada por uma perspectiva científica mais ampla não resiste à prova da realidade, a qual está calcada na produção de conhecimento pela comunidade acadêmica, embasada em um conjunto de evidências providenciadas por diversas fontes, e não por um ou outro "grande *expert*". Tal desafio também é feito por meio da aplicabilidade dos conhecimentos e aprimoramentos conceituais para lidar com os problemas concretos que são colocados à psicologia diariamente.

A posição reducionista apontada anteriormente parece estar relacionada à fragmentação do trabalho dos psicólogos e a alguns dos principais problemas concernentes ao exercício profissional da Psicologia. Tal exercício deve dar-se tendo em vista a pluriversalidade do nosso objeto de trabalho, isto é, o fenômeno psicológico humano em suas múltiplas facetas e possibilidades de manifestação. A riqueza dessas facetas não pode ser resumida por um único paradigma ou modelo explicativo, pois as suas manifestações se modificam e são mediadas tanto por eventos internos, idiossincráticos, como pelo contato com outros domínios do mundo natural e do social. Além disso, diferentes correntes teóricas, a partir de seus pressupostos básicos e métodos particulares, podem apresentar argumentos igualmente relevantes (apesar de diferenciados) sobre uma mesma questão. Tais aspectos, no entanto, não excluem a necessidade de um trabalho de sistematização entre as diversas abordagens, de forma a fomentar um diálogo entre elas e uma compreensão mais ampla do fenômeno psicológico.

No que tange especificamente à atividade de avaliação psicológica, prática comum aos profissionais de Psicologia em diversas áreas, verifica-se que seus resultados vêm sofrendo questionamento com contextos diversos pela sociedade em geral. A legitimidade dos resultados de avaliação psicológica e a credibilidade do profissional que a utiliza devem também ser estimadas pelas ações das instituições de regulação social sobre esses resultados. Dessa forma, o número de recursos deferidos pela Justiça em favor dos candidatos no processo de seleção de pessoal para funções públicas, e também o fato de o diagnóstico clínico de condições psicológicas, emitido na forma de atestado, não ser aceito pelo Sistema Único de Saúde (SUS) para afastamento de pessoas das atividades laborais, devem ser considerados indicadores plausíveis do *status* que a avaliação psicológica e o psicólogo gozam perante a sociedade. Além disso, vale notar que, com alguma frequência, são feitos questionamentos na comunidade científica brasileira sobre quão adequadas e válidas são algumas técnicas para o uso em avaliação psicológica em contextos específicos. Também tem sido discutida de forma recorrente em eventos científicos sobre avaliação psicológica a necessidade de capacitação dos profissionais que trabalham nessa área, uma vez que mesmo a escolha de instrumentos com amplas evidências de validade não garante que seu uso será feito de forma competente. É necessária a formação adequada do profissional em Psicologia para que este consiga utilizar instrumentos de forma tecnicamente adequada e ética, considerando as suas possibilidades em termos inferenciais, bem como seus limites.

O último aspecto enumerado relaciona-se diretamente a uma formação deficitária dos profissionais no que tange aos conteúdos relacionados à área da avaliação psicológica. Esse cenário parece ter explicação na história da avaliação psicológica brasileira, que se iniciou muito antes de os cursos de Psicologia serem regulamentados. De fato, podem ser encontradas em teses da área médica as primeiras traduções de instrumentos de avaliação psicológica (PASQUALI; ALCHIERI, 2001). Mesmo depois de fundados os cursos de Psicologia e da utilização de testes psicológicos ter-se constituído como atividade privativa do psicólogo, a prática da adaptação de testes estrangeiros continuou forte. Esse procedimento, muitas vezes, foi motivado pelos primeiros psicólogos estrangeiros que aqui se estabeleceram. Os pioneiros trouxeram consigo as principais técnicas conhecidas hoje em dia pelos psicólogos brasileiros. Alchieri e Scheffel (2000), em um trabalho de recuperação histórica sobre indicadores da produção científica brasileira no período de 1930 a 1999, apresentaram que entre os testes mais referenciados pelos autores no período entre as décadas de 1930 e 1940 estavam o Rorschach, o PMK e o Teste de Frustração de Rosenzweig.

No período compreendido entre as décadas de 1960 e 1970, o uso de testes foi desvalorizado, de certa forma. Nesse período, os instrumentos psicológicos foram alvo de críticas severas. Muitos fatores podem ser apontados como desencadeadores do movimento de crítica; porém, o mais importante, nesse momento, é analisar as consequências da redução do interesse nos testes. O volume de estudos

17

reduziu-se drasticamente e os testes prescindiram das revisões e da continuidade das análises sobre suas características psicométricas. Hutz e Bandeira (1993), em um levantamento sobre uso de testes psicológicos, apontaram que existia uma discrepância entre a qualidade dos instrumentos nacionais e internacionais, além da falta de referências sobre os instrumentos mais utilizados no país. Mais recentemente, Noronha (1999) apontou, em uma pesquisa sobre o uso da avaliação psicológica entre os psicólogos, que os problemas mais graves e frequentes assinalados pelos profissionais são a falta de instrumentos nacionais, de pesquisas de aferição sobre os instrumentos e também de recursos para a avaliação psicológica. Dadas essas questões, pode-se compreender o apontamento de que os instrumentos usuais na Psicologia e o seu manejo pelos profissionais poderiam interferir negativamente nos resultados das avaliações realizadas.

Diante da sequência de questionamentos e de uma noção de insatisfação e de falta de confiabilidade nos resultados alcançados pelo uso de instrumentos psicológicos oriundos de diversos segmentos da sociedade, da comunidade acadêmica, e dos psicólogos usuários de instrumentos psicológicos, houve um momento de forte reflexão sobre o tema e de organização de grupos de trabalho (alguns deles promovidos pelo Conselho Federal de Psicologia) para buscar propostas para o desenvolvimento da área. Em 1997, o CFP propôs a criação de um fórum denominado Câmara Interinstitucional de Avaliação Psicológica, com o objetivo de discutir os problemas e apresentar propostas para serem implementadas. Desse fórum, resultou um manual para a avaliação psicológica de candidatos à CNH e de condutores de veículos automotores, o qual foi editado pelo CFP (Resolução CFP n° 012/2000). Nos anos seguintes, foram promovidas várias instâncias para a discussão do tema – as quais resultaram em outras resoluções do CFP – até que, em 2003, foi publicada a resolução 002/2003 que regulamentou a implantação do Sistema de Avaliação dos Testes Psicológicos (SATEPSI) por parte do CFP. Em tal sistema, foram compilados critérios científicos aplicados na análise de manuais de testes psicológicos para a avaliação da sua adequação para uso profissional no Brasil. Como resultado dessa avaliação, foi organizada uma lista com os testes que atendiam a tais critérios e com aqueles que não apresentavam as condições mínimas exigidas (CONSELHO FEDERAL DE PSICOLOGIA, 2009). Tal sistema de avaliação gerou fortes reações dos personagens envolvidos com o uso dessas técnicas, tanto a favor como contra a sua implantação. Dentre as críticas feitas contra a implantação do SATEPSI, houve destaque ao seu impacto e à considerável redução das opções que os psicólogos teriam na sua escolha de instrumentos, uma vez que muitos não atendiam às condições mínimas adotadas.

De fato, o impacto vislumbrado pela implantação do SATEPSI em 2002 foi muito grande, e algumas áreas e alguns construtos virtualmente ficaram sem opções de técnicas aprovadas. Além disso, alguns instrumentos que até então eram amplamente utilizados por psicólogos em contextos variados não obtiveram aprovação quando o sistema foi implantado e efetivamente começou a vigorar. Se, por um lado, tais medidas geraram insatisfação por parte de vários usuários de técnicas que não foram aprovadas, por outro lado, tal fato gerou uma demanda específica pela intensificação de pesquisas

DA PSICOLOGIA
CONTEMPORÂNEA
TEMAS EM AVALIAÇÃO PSICOLÓGICA

envolvendo a adaptação ou a criação de instrumentos psicológicos para o contexto brasileiro, além de estudos para a verificação de sua validade. Com isso, foi possível evidenciar um esforço simultâneo das editoras que trabalhavam com materiais que envolviam avaliação psicológica, de pesquisadores que já vinham atuando na área, e – talvez o principal fator – na formação de pesquisadores capazes de realizar estudos envolvendo a criação e o uso desses instrumentos no país. Relativo a esse último tópico, é possível verificarem-se indicadores objetivos do crescimento da área pelo gradual aumento do número de teses e dissertações que se relacionavam, de alguma forma, à avaliação psicológica, bem como o número de artigos envolvendo o tema em publicações científicas. Além disso, a partir do momento de sua implantação, foi possível verificar que, ano a ano, foram submetidos mais testes para avaliação no SATEPSI. Ainda em decorrência da implantação do SATEPSI, fomentou-se o desenvolvimento de discussões sobre ensino e formação na área de avaliação psicológica, assim como a necessidade de tornar públicas as informações relacionadas às possibilidades e aos limites dos testes para uso em contextos específicos. Entende-se que a própria divulgação da ficha de avaliação usada no SATEPSI, localizada no anexo da resolução 002/2003 do CFP, serviu como base para a montagem de novos manuais. Como resultado disso, verificou-se que os manuais mais atuais tendem a ser mais completos do que a maioria dos anteriores à implantação do SATEPSI. Também é possível verificar-se a gradual adoção de métodos cada vez mais sofisticados para a verificação de evidências de validade de testes psicológicos e a sua apresentação nestes manuais técnicos.

Dessa forma, foram apresentados delineamentos para orientar os trabalhos de revisão periódica e adaptação de instrumentos estrangeiros. Seguindo tendências internacionais de qualidade, foram privilegiados aspectos implicados à mudança do formato, às instruções e, também, ao desempenho dos sujeitos na prova adaptada. Outro aspecto importante foi o desenvolvimento de iniciativas nacionais de construção de instrumentos que, segundo Noronha e Alchieri (2002), são relativamente recentes no Brasil. No cenário internacional, apresentam-se tradicionais os trabalhos cujo objetivo é discutir detalhadamente as etapas da construção de instrumentos. Trabalhos com essa orientação agora já se encontram mais bem divulgados e facilmente disponíveis aos profissionais brasileiros. Dessa forma, são fomentadas discussões sobre aspectos importantes, elementos que antes passavam ao largo da consideração dos usuários, como a representação do construto e a análise de itens. A utilização e o manejo adequado de testes necessariamente exigem conhecimento sobre aspectos do processo de construção, pois as idiossincrasias dos resultados individuais nos testes podem expressar sutilezas das características de construção, e não características psicológicas relevantes.

Dentro dessa perspectiva, atualmente devemos reconhecer que a área da avaliação psicológica no Brasil experimenta avanços dignos de nota. Tais avanços, apesar de recentes, ao que tudo indica vieram para ficar, tanto por sua solidez como por sua abrangência – e, principalmente, por terem sido fruto de um trabalho que envolveu, além da Academia, associações profissionais e o próprio Conselho Federal de Psicologia.

Todo esse processo fomentou a discussão sobre a validade dos testes psicológicos atualmente disponíveis para uso no Brasil (CONSELHO FEDERAL DE PSICOLOGIA, 2009), algo que se direcionou para um debate sobre os métodos disponíveis ou que devem ser aplicados para se inferirem características psicológicas dos indivíduos. Foi ampliada a noção do "teste válido" para a de interpretações válidas, à luz das propostas da última edição dos *Standards* (AERA; APA; NCME, 1999). Nessa concepção, o processo de investigar evidências de validade para um instrumento qualquer envolve um processo de investigação e correção de suas interpretações e, logo, de correção nas teorias. À medida que são encontradas evidências em favor de uma interpretação dos resultados de teste, estas consolidam a descrição do construto, o entendimento de sua forma de organização interna, assim como sua manifestação comportamental. O construto é pensado aqui como o esforço teórico em produzir descrições que representem as consistências observadas em padrões de comportamentos, e sua força explicativa aumenta gradualmente com o incremento de evidências colhidas de várias fontes de informação.

A diversidade de métodos e técnicas que são aplicáveis para se desenvolverem estudos de validade de instrumentos propicia um campo adequado para a colaboração entre pesquisadores que, tradicionalmente, utilizam métodos diferentes e também descrevem seus resultados conforme as descrições teóricas transmitidas e derivadas da sua aplicação. Talvez esse seja um caminho que possibilite superar posições reducionistas e compromissos teóricos *a priori* em favor da produção de conhecimento e do desvelamento da condição humana passível de apreensão. Talvez um exemplo de como se fazer psicologia; talvez não.

De todo modo, esse é um exemplo de como, ao se criarem espaços amplos para discussão acompanhados de disposição a um esforço sistemático e permanente de elaboração teórica e profissional, podemos fazer evoluir a Psicologia em nosso país. Profissionais voltados para várias áreas nas quais a avaliação psicológica é uma peça-chave para o exercício profissional e para a produção de conhecimento, além das instâncias de representação profissional e das entidades científicas de Psicologia do país, se propuseram a um extenso debate e a um árduo trabalho de discutir a validade dos testes e, atualmente, validá-los para a realidade brasileira.

Hoje, já são visíveis alguns frutos desse processo. Além da disponibilidade de instrumentos mais atuais e sofisticados, verifica-se a criação de instrumentos de avaliação específicos de alta qualidade, dirigidos para necessidades que enfrentamos. E o psicólogo conta com instrumentos (testes ou não) para várias áreas de sua atuação, e em áreas novas, nas quais, até então, não era comum o seu trabalho.

Pode-se considerar que atualmente a avaliação psicológica dialoga não só com as mais diversas matrizes teóricas e áreas de atuação, como as tradicionais psicologia escolar, do trabalho e psicoterapia, mas também com a psicologia social, a psicologia do esporte, a psicologia jurídica, a saúde pública, a neuropsicologia, a economia, o *marketing*, os direitos humanos, as governanças pública e privada, entre vários outros.

Também o crescimento de publicações na área de avaliação psicológica, a partir de teses, dissertações e artigos científicos, representam, sem sombra de dúvidas, um avanço marcante, e vislumbra-se um cenário favorável para a área nas próximas décadas. No entanto, o processo de comunicação de tais avanços não pode ficar restrito aos meios citados. A divulgação dos avanços relacionados aos instrumentos psicológicos, novas pesquisas sobre sua aplicabilidade em contextos variados e seus limites também devem ser disponibilizados a partir de livros-textos dedicados à temática. Para tanto, foi organizado o segundo volume do livro *Contornos da psicologia contemporânea*, o qual reúne textos que tratam do uso da avaliação psicológica em *orientação profissional, avaliação neuropsicológica, avaliação forense* e, conforme não se poderia deixar de ser abordado, sobre as teorias de medidas e algumas abordagens modernas para a mensuração em Psicologia.

No capítulo "Teorias de medida em Psicologia, Ciências Sociais e da Saúde", os professores Gleiber Couto, Carlos Henrique Sancineto da Silva Nunes e Ricardo Primi apresentam uma discussão sobre a construção de medidas. Para tanto, são expostas as matrizes conceituais da Psicometria e os principais elementos tratados por ela na construção de medidas para utilização em vários contextos. O texto trata do desenvolvimento histórico da psicometria clássica até a psicometria moderna, dos principais avanços e de problemas como a definição da métrica de medida e a atribuição de significado aos escores de testes.

No capítulo "Los tests psicológicos en la psicologia contemporánea", os professores Edgardo Pérez e Fabián Olaz apresentam uma discussão sobre o papel dos testes psicológicos na psicologia contemporânea tendo por referência o contexto argentino, com o objetivo de apresentar uma visão menos enviesada desses instrumentos como métodos relevantes em Psicologia. Os autores se propuseram a delimitar o conceito de testes psicológicos, analisar seus alcances e limites e revisar a classificação desses instrumentos a partir do trabalho realizado na Argentina. Poderá ser notado que as concepções sobre os testes psicológicos, as expectativas sobre seu uso e os principais problemas encontrados nesse país em muito se assemelham aos que ocorrem no contexto brasileiro.

No capítulo "Testes vocacionais: reflexões sobre as publicações científicas nos contextos nacional e estrangeiro", a professora Ana Paula Porto Noronha e sua equipe de pesquisa apresentam uma reflexão sobre aspectos pertinentes ao uso de testes voltados ao contexto de orientação profissional/vocacional a partir de uma pesquisa documental que analisou o conteúdo dos resumos de artigos nacionais e estrangeiros, obtendo um quadro descritivo do uso de instrumentos nessa área.

No capítulo "Uma perspectiva integrativa e evolutiva da personalidade", os professores Lucas Carvalho e Ricardo Primi descrevem a teoria da personalidade de Millon, de acordo com sua perspectiva integrativa e evolutiva, e como essa proposta teórica busca, por meio da identificação de pontos básicos comuns às diversas teorias, construir um referencial para uma maior clareza da compreensão da personalidade como fenômeno amplo e também da relação dessas teorias com problemas específicos enfrentados pelos profissionais de Psicologia.

No capítulo "A Escala Hare (PCL-R) como medida prototípica da psicopatia relacionada aos atos infratores",

25

os professores Marco Antônio Alvarenga e Carmen Elvira Flores Mendoza Prado fazem uma análise ampla do fenômeno da psicopatia, da relação desta com atos infratores, da sua medida por meio da Escala PCL-R de Robert Hare e das questões relacionadas à sua aplicação no Brasil.

No capítulo "Inteligência emocional: uma perspectiva teórica baseada em aptidões mentais", o professor Nilton César Barbosa apresenta o desenvolvimento histórico do conceito da Inteligência Emocional, fazendo uma análise crítica e comparativa entre as diversas teorias sobre o construto. O autor também apresenta os principais instrumentos construídos para avaliar a inteligência emocional e os estudos que serviram de base para a construção de tais instrumentos.

No capítulo "Diferenças individuais no TDAH e variáveis associadas: evidências de um estudo longitudinal", as professoras Alana Augusta Andrade e Carmen Flores Mendoza apresentam um relato de pesquisa sobre o Transtorno do Déficit de Atenção com Hiperatividade (TDAH), o qual objetivou identificar as diferenças individuais na manifestação dos sintomas considerando sexo, idade e classe econômica. As autoras verificaram o poder de predição de variáveis sociais e cognitivas e as relações existentes entre características do TDAH e desempenho escolar, dentre outras.

Por fim, no capítulo "Relação entre a impulsividade e as dimensões temporais e espaciais do controle motor", os professores Guilherme Menezes Laje e Leandro Malloy-Diniz e as pesquisadoras Luciana Silva e Luciene Vieira discutem o conceito de impulsividade dentro das perspectivas comportamental e neurofisiológica e a influência desta sobre o controle motor.

Referências bibliográficas

AMERICAN EDUCATIONAL RESEARCH ASSOCIATION; AMERICAN PSYCHOLOGICAL ASSOCIATION; NATIONAL COUNCIL ON MEASUREMENT IN EDUCATION. *Standards of educational and psychological testing*. Washington: American Educational Research Association, 1999.

ALCHIERI, J. C.; SCHEFFEL, M. Indicadores da produção científica brasileira em avaliação psicológica: resultados de elaboração de uma base de dados dos artigos publicados em periódicos brasileiros de 1930 a 1999. *Anais do V Encontro Mineiro de Avaliação Psicológica – teorização e prática e da VIII Conferência Internacional de Avaliação Psicológica – formas e contextos*. Belo Horizonte: PUC Minas, 2000. p. 99-100.

CONSELHO FEDERAL DE PSICOLOGIA – *SATEPSI* – Lista dos testes aprovados. Brasília: Conselho Federal de Psicologia, 2009. Disponível em: <http://www.pol.org.br>. Acesso em: 10 out. 2009.

HUTZ, C.; BANDEIRA, D. R. Tendências contemporâneas no uso de testes: uma análise da literatura brasileira e internacional. *Psicologia: reflexão e crítica*, v. 6, n. 1-2, p. 85-101, 1993.

NORONHA, A. P. P. *Avaliação psicológica segundo psicólogos*: usos e problemas com ênfase nos testes. 1999. Tese (Doutorado). Pontifícia Universidade Católica de Campinas, Campinas, 1999.

NORONHA, A. P. P.; ALCHIERI, J. C. Reflexões sobre os instrumentos de avaliação psicológica. In: PRIMI, R. (Org.). *Temas em avaliação psicológica*. Campinas: Instituto Brasileiro de Avaliação Psicológica – IBAP, 2002. p. 7-16.

PASQUALI, L.; ALCHIERI, J. C. Os testes psicológicos no Brasil. In: PASQUALI, L. (Org.). *Técnicas de exame psicológico* – TEP. São Paulo: Casa do Psicólogo, Conselho Federal de Psicologia, 2001. p. 195-221.

TEORIAS DE MEDIDA EM PSICOLOGIA, CIÊNCIAS SOCIAIS E DA SAÚDE

Gleiber Couto[1]
Carlos Henrique Sancineto da Silva Nunes[2]
Ricardo Primi[3]

A psicometria é uma área do conhecimento que originalmente teve como objeto de estudo as diversas formas de medida de construtos psicológicos, e apresenta uma representação equivalente à econometria e à sociometria para a Economia e a Sociologia, respectivamente. Porém, não é dessa forma que ela é frequentemente reconhecida, estando associada, de forma quase exclusiva, aos testes e às escalas

---

[1] Laboratório de Avaliação, Medidas e Instrumentação em Psicologia (LAMI), Universidade Federal de Goiás, *campus* Catalão – UFG/CAC. *E-mail:* gleibercouto@labape.com.br
[2] *E-mail:* carloshnunes@mac.com
[3] Coordenador do Laboratório de Avaliação Psicológica e Educacional (LabAPE).

psicométricas, o que pode ser entendido como seu sentido mais estrito (PASQUALI, 1997).

A psicometria apresenta técnicas e métodos para a construção de instrumentos de medida, além de recursos que permitem a produção de modelos para a compreensão do funcionamento cognitivo humano. Essa área apresentou fases de desenvolvimento, começando pela psicometria clássica até atingir a psicometria moderna (ALMEIDA, 1988). A Teoria Clássica dos Testes (TCT) propõe um paradigma de mensuração dos eventos psicológicos por meio de um conjunto de pressupostos teóricos para a compreensão destes. Entre os postulados do modelo está a pressuposição de que as diferenças individuais de comportamento observado ocorrem em função das diferenças entre as magnitudes e da estrutura de organização dos elementos mentais das pessoas. Pressupõe-se ser possível, assim, medir as quantidades desses elementos, organizando tarefas que seriam as representações comportamentais dos seus vários níveis de magnitude e organização (CRONBACH, 1996; PASQUALI, 2000).

Thurstone (1937) argumentou que a Psicologia deve ser uma ciência quantitativa e racional dedicada a descobertas significativas, relevantes e consistentes dos elementos psicológicos que determinam o comportamento. Portanto, a formalização e a matematização do enfoque psicométrico são métodos que estão a serviço da Psicologia, e não constituem um fim em si mesmo para a psicometria.

Muñiz (1994), por sua vez, discute que a preocupação com a medida dos fenômenos psicológicos é inerente a qualquer campo de estudo rigoroso sobre o comportamento humano, e o que constituiria a especificidade da psicometria seria sua especialização e a ênfase nas propriedades métricas exigidas das medidas, não importando seu campo de aplicação ou os instrumentos utilizados. Assim, os conteúdos sobre os quais os psicometristas podem trabalhar são os mais amplos e variados possíveis. É possível, atualmente, localizar-se com relativa facilidade artigos e capítulos de livros indicando a utilidade de métodos psicométricos para o desenvolvimento e para estudos de validação de instrumentos psicológicos (PASQUALI, 1999; PRIMI, 1996; WECHSLER; NAKANO, 2002) e educacionais (PASQUALI, 2007; PRIMI; NUNES, 2007).

Dessa forma, a medida em Psicologia ou psicometria se insere na teoria geral da medida, ou seja, a preocupação com a medida nesse contexto não é diferente da preocupação com o tema em outras áreas do conhecimento. Assim sendo, a discussão epistemológica sobre a utilização do símbolo matemático (no caso, o número) para representar os fenômenos naturais passa pela demonstração de que são preservadas tanto as características do número como dos fenômenos aos quais se querem representar por meio deste (MUÑIZ, 1994).

Segundo Muñiz (1994, 1996) e Pasquali (1997, 2003), a preocupação com a preservação dos axiomas do sistema numérico em Psicologia é, em grande parte, sustentada pela natureza do construto que se pretende medir. A natureza da medida implica alguns problemas, dentre os quais três devem ser destacados: a representação, a unicidade e o erro.

A representação diz respeito à justificativa do uso do número para designar os construtos estudados. É imperativa a discussão sobre qual a razão em se acrescentar ao uso de procedimentos e operações empíricas, por exemplo, a observação, uma representação numérica desses procedimentos. A principal justificativa para esse procedimento é que o uso do número, nesse caso, possibilita o incremento de precisão nas descrições, além de um maior nível de organização dos dados obtidos e, em alguns casos, a possibilidade de certas operações matemáticas com eles. Para isso, o problema se constitui na demonstração de que tanto o número como o fenômeno descrito por meio dele preservam suas características estruturais.

A unicidade diz respeito ao fato de que a utilização do número é a única ou a melhor forma de representação das propriedades dos fenômenos do mundo natural. No caso da Psicologia, não se trata da única alternativa; portanto, a utilização do número deve acrescentar vantagem em relação a outras formas de representação. Ainda assim, quando essa representação puder ser demonstrada como a melhor, devem se esclarecer as diferenças de qualidade das medidas, as quais dependem das características dos fenômenos que são objeto da medida. A partir das diferenças de qualidade da medida realizada é que se estabelecem os níveis de medida que são expressos nas escalas. Quando todos os axiomas do sistema numérico podem ser mantidos para a descrição do fenômeno, isso implica no tipo mais sofisticado de medida, qual seja a escala de razão. Por exemplo, o peso é uma forma de medida na qual os valores podem ser manipulados usando vários tipos de operações matemáticas; já o QI, ao contrário, é uma medida mais limitada, e as transformações matemáticas possíveis são mais restritas. Vale notar que nem todas as medidas utilizadas pelas Ciências Naturais mantêm todas as propriedades dos números. A medida de temperatura em graus Celsius, por exemplo, não apresenta um zero absoluto e, por esse motivo, não é considerada uma escala de razão (20° C não representam o dobro de 10° C). Dessa forma, não é correto o pressuposto de que as medidas advindas das Ciências Naturais necessariamente mantenham mais propriedades dos números (ou, em outras palavras, sejam mais robustas) do que aquelas criadas por outros campos da ciência.

O erro de medida, por sua vez, refere-se ao fato de que todo e qualquer procedimento de mensuração apresenta algum nível de imprecisão (mesmo que muito baixo), algo que pode se originar de várias fontes. Em primeiro lugar, podem ser atribuídos a características dos instrumentos usados na aferição. Por exemplo, a observação de um dado fenômeno pode ser adulterada pela qualidade do instrumento usado; nesse caso, o controle se dá pela calibração do instrumento. Em segundo lugar, os erros podem acontecer pelas diferenças individuais no julgamento da ocorrência de um dado fenômeno; nesse caso, o controle pode ser feito pelo treinamento dos examinadores. Em terceiro lugar, os erros, cujo controle está fora do alcance dos procedimentos empíricos, podem ser aleatórios; nesse caso, é feita a estimação da sua magnitude, e a consequente apresentação de um indicador do valor provável de erro deve ser feita para cada medida.

Uma vez justificada a utilização da medida nas Ciências Humanas pela resposta às três questões descritas, a discussão se dirige para a sua operacionalização. A aplicação da medida conduz a questões sobre a qualidade das informações e das interpretações, questões estas que podem ser feitas a partir dos valores obtidos pela medida que representam variadas magnitudes do construto avaliado. A qualidade da medida está diretamente relacionada a quantos axiomas do sistema numérico são preservados nessa transição – ou, em outras palavras, em qual nível de medida está localizada a escala (PASQUALI, 1997, 2003).

Segundo Muñiz (1994), dos vários axiomas presentes no sistema numérico, três conjuntos são importantes no caso da medida, a saber: as propriedades numéricas de identidade, ordem e aditividade. A propriedade da identidade define que um número é idêntico a si mesmo e somente a si mesmo, e apresenta três axiomas que expressam a relação de "igual a" (=),

- reflexividade: os números são idênticos ou são diferentes ($a = a$ e $a \neq b$);
- simetria: se $a = b$, então $b = a$;
- transitividade: duas coisas iguais a uma terceira são iguais entre si. Se $a = b$ e $b = c$, então $a = c$.

No âmbito das Ciências Humanas, é relativamente simples garantir o axioma da identidade. Para tanto, é necessário atribuir um número diferente a cada categoria de observação verificada. Se em um estudo, o sexo dos participantes for codificado numericamente ("1" para homens e "2" para mulheres, por exemplo), estará sendo preservada a propriedade da identidade. O importante para tanto é que cada número represente apenas uma categoria de observação. Um exemplo fora do âmbito científico seria a identificação das pessoas pelo CPF, o que implica que para cada pessoa há somente um CPF associado (a não ser em exceções que envolvem erros ou fraudes), e que o valor do CPF em si não representa qualquer outro significado – ou seja, não está associado a qualquer característica da pessoa a qual representa. O segundo conjunto diz respeito à propriedade da ordem, que se baseia em duas propriedades dos números, a saber: cada número é diferente do outro (axioma da identidade) e apresenta uma posição fixa um em relação ao outro. Essa desigualdade se caracteriza em termos da magnitude, isto é, um número é diferente do outro porque o primeiro é maior ou menor que o segundo. Dessa forma, eles podem ser colocados em uma sequência invariável ao longo de uma escala linear conhecida tradicionalmente como escala monotônica crescente. Esse conjunto apresenta três axiomas que expressam a relação de "diferente de" ≠, "maior que" (>) e "menor que" (<),

- assimetria: a ordem dos termos não pode ser invertida. Se $a > b$, então $b < a$ e a ≠ b;
- transitividade: se um número é maior que um segundo, que por sua vez é maior que um terceiro, então o primeiro número também é maior que o terceiro (se $a > b$ e $b > c$, então $a > c$);
- conectividade, ou $a > b$ ou $b > a$.

O terceiro conjunto diz respeito à propriedade da aditividade, que descreve os números (à exceção do zero) que podem ser somados, ou seja, podem ser concatenados de modo que a soma de dois números produza um terceiro número diferente dos anteriores. As quatro operações fundamentais podem ser aplicadas aos números. Apresenta dois axiomas principais:

35

- comutatividade: a ordem dos termos não altera o resultado da adição $(a + b = b + a)$;
- associatividade: a ordem de associação ou de combinação dos termos não afeta os resultados. $(a + b) + c$ é igual a $a + (b + c)$.

Uma medida que preserva todos os axiomas do número é mais sofisticada e é apresentada em uma escala de razão. A ela se podem aplicar todas as operações fundamentais da matemática. Retomando o exemplo de comparação entre o peso e o QI: no caso do peso, que é uma medida apresentada em uma escala de razão, dada a situação que João pesa 100 kg e Maria pesa 50 kg, pode-se concluir, então, que João tem o dobro do peso de Maria; ou então Paulo pesa 70 kg e Pedro, 73 kg, enquanto Marcos pesa 90 kg e Júlio pesa 93 kg. Pode-se concluir aqui que a diferença de peso entre Paulo e Pedro é a mesma que existe entre Marcos e Júlio. Se os valores fossem expressos em unidades de QI, as mesmas conclusões não poderiam ser tiradas, uma vez que o peso é expresso em uma escala de razão, enquanto o QI é expresso em uma escala ordinal (PASQUALI, 1997, 2003).

As escalas de medida podem variar entre escala nominal, ordinal, intervalar e de razão. A escala nominal é aquela na qual apenas o axioma de identidade é preservado; nesse caso, as únicas condições necessárias são que um mesmo símbolo não possa ser duplicado para designar objetos diferentes, e também que símbolos diferentes não sejam usados para designar o mesmo objeto. Trata-se do nível mais elementar de escala, no qual ainda não existe medida propriamente dita, pois os números não são atribuídos a características dos fenômenos, mas o próprio fenômeno é identificado pelo rótulo numérico, sendo, portanto, classificação ou contagem (PASQUALI, 1997, 2003). Um exemplo de uma escala nominal seria a identificação das pessoas pelo seu número de CPF. Nesse caso, a única informação que temos sobre esse número é que ele é único para cada pessoa, não havendo duas pessoas com o mesmo CPF. Uma pessoa apresentar um número superior à outra não significa coisa alguma, e nenhuma operação matemática pode ser feita para deduzir-se o valor atribuído a um indivíduo. Na verdade, se o CPF fosse composto somente por letras ou por um código alfanumérico, não haveria qualquer impacto em relação a sua funcionalidade.

A escala ordinal é considerada o primeiro nível de medida e pode ser estabelecida quando os axiomas de identidade e ordem são preservados. Nesse caso, os números, além de designar características de diferentes fenômenos, impõem-lhes uma ordem. Um exemplo de escala ordinal pode ser verificado em escolas de ensino fundamental, quando um professor pede que as crianças entrem em uma fila por ordem crescente (também poderia ser decrescente) de altura. Nesse caso, apesar de não se ter qualquer noção de qual é a altura da primeira criança na fila, sabe-se que ela é menor do que todas as demais da sua turma. Sabe-se também que o quinto elemento da fila é maior do que o quarto e menor do que o sexto, e que o último da fila é a criança com a maior altura. Mesmo que um número seja atribuído para cada criança (digamos "1" para a primeira, "2" para a segunda e assim por diante), estes apenas representarão a posição que elas têm na fila, usando como critério a sua altura. Nenhuma operação matemática é possível de ser realizada com os números atribuídos às crianças.

A escala intervalar é o segundo nível de medida e é obtida quando os axiomas de identidade, ordem e parte do axioma de aditividade são preservados. Nesse caso, além da ordenação dos fenômenos, pode-se dizer que são mantidas iguais as distâncias entre cada ponto da escala. Por exemplo, a diferença entre seis e sete é a mesma que a diferença entre 26 e 27, ou seja, um ponto, não importando em que parte da escala está localizada, pois os intervalos são sempre iguais (PASQUALI, 1997, 2003). Muitos testes psicológicos e educacionais entram nessa categoria. É possível dizer, por exemplo, que um estudante que tenha acertado vinte questões apresentou cinco acertos a mais do que outro que respondeu corretamente a quinze questões (nesse caso, estamos fazendo uma subtração). Pode-se dizer ainda que a diferença de acertos entre esses dois estudantes (cinco acertos) é idêntica à de dois estudantes que tenham respondido corretamente a dez e cinco questões, respectivamente. No entanto, é importante notar que um teste educacional (e a maioria dos testes psicológicos) não apresenta um zero absoluto – ou seja, não se pode afirmar que um estudante que tenha errado todos os itens de uma prova apresente conhecimento nulo sobre os conteúdos avaliados. Sem um zero absoluto, os resultados conseguidos em uma escala não podem ser compreendidos por meio de uma noção de proporção (ou razão). Ou seja, mesmo que seja possível dizer que um aluno que tenha acertado trinta questões tenha tido o dobro de acertos de outro que tenha respondido corretamente a quinze questões, não se pode dizer que este último tenha metade do conhecimento que o primeiro teve na disciplina avaliada. Na Psicologia, para a maioria dos construtos, não faz sentido teórico um resultado que represente um zero absoluto. Não é esperado que uma pessoa possa ter uma inteligência nula, ou nenhuma magnitude em um traço de personalidade.

A escala de razão é, sem dúvida, a escala de medida mais sofisticada, pois preserva os axiomas de identidade, ordem e aditividade. Nesse caso, além das distâncias iguais entre os pontos da escala, a origem, ou seja, o zero absoluto, é conhecida. Pode-se notar que quanto mais axiomas do número a medida preserva, maior será o seu nível, isto é, mais ela se aproximará da escala numérica. Por esse motivo, ela suporta maior quantidade de operações matemáticas (PASQUALI, 1997, 2003). Um exemplo de escala de razão é a distância e o peso. Ambas as escalas apresentam um zero absoluto: uma distância nula entre dois pontos significa que estão no mesmo local, e um peso nulo significa que ou um objeto tem massa igual a zero ou está em um local em que não sofre força gravitacional. Além disso, essas escalas preservam todas as demais propriedades dos números, o que permite a utilização de todas as operações matemáticas.

O principal fator para definição do nível de medida não são as características dos números, pois estes, tais como objeto de estudo da Matemática, possuem todas essas características (ordem natural, origem e distâncias) iguais entre si. Dessa forma, para a Matemática, todas as escalas são de razão. Para a teoria da medida, que trata da utilização dos números para descrever características dos fenômenos em geral, são as características do fenômeno a ser mensurado que limitam o nível de medida, como, por exemplo, se elas

39

permitem uma ordem natural ou o conhecimento do ponto zero e a igualdade de distâncias entre suas mudanças de magnitude (ARIAS, 1996).

Segundo Lord e Novick (1968), existe a necessidade de se avaliarem essas questões do ponto de vista pragmático, portanto, do ponto de vista da utilidade dos resultados da escala. Dessa forma, se as pontuações totais do teste proporcionam mais informação para a classificação adequada dos sujeitos (e também para a predição de determinadas condições) quando são construídas como se fossem escalas de intervalo, então se justifica o uso de procedimentos estatísticos característicos das escalas de intervalo. Ainda porque essas pontuações sempre são examinadas quanto a sua fidedignidade e a sua validade, portanto, é pouco provável que cumpram as exigências requeridas nesses aspectos se não possuem a propriedade de ordem e alguma aproximação com os intervalos de unidades iguais.

Em outras ocasiões, para se tratarem as pontuações dos testes psicológicos em uma escala de intervalos, às vezes utiliza-se o argumento da relação entre os valores da escala e a distribuição normal. Portanto, pode-se dizer que, no que concerne à psicometria, tem-se optado por uma aproximação da medida centrada no sujeito. Ou seja, o interesse fundamental está em situar o sujeito em algum ponto no *continuum* da dimensão psicológica, que geralmente não é observável, e, na maior parte dos casos, ilustrar as diferenças individuais entre os sujeitos (ARIAS, 1996).

A partir da compreensão de que a medida apresenta vários níveis, e de como cada um deles é alcançado, é importante discutir as várias formas de medida reconhecidas, ou seja, as várias maneiras de se atribuírem números às propriedades dos objetos. A forma da medida tem relação com as características dos objetos que se pretende medir, e existem várias taxonomias. Para este trabalho, será adotada uma divisão em três formas diferentes de mensuração: medida fundamental, medida derivada e medida por lei ou teoria (PASQUALI, 1997, 2003).

A medida fundamental é possível quando os objetos ou seus atributos possuem uma unidade base natural, ou seja, eles podem ser divididos em partes menores que mantêm as mesmas características originais. Por exemplo, o comprimento pode ter como base de medida o metro ou o centímetro, e em nenhuma dessas decomposições a medida perde qualquer de suas características elementares. Além de uma unidade base natural, os objetos devem possuir representação extensiva, que são dimensões que permitem a associação ou a ligação entre elas para formar outro objeto de mesma natureza, porém maior. Essas características permitem a construção de um instrumento que possui as mesmas dimensões que se pretende medir nos objetos – por exemplo, o uso de uma unidade de distância para medir o comprimento. Se a distância entre dois pontos quaisquer possui noventa centímetros, pode-se dizer que ela possui noventa partes menores do metro, que por sua vez é formado por cem partes dessas. Essas características fazem com que tal tipo de medida seja conhecido como medida direta (PASQUALI, 1997, 2003). De uma forma simplificada, para que seja feita uma medida fundamental, basta que seja definida a magnitude da unidade utilizada e que se contem quantas vezes ela está presente no objeto a ser mensurado. No nosso dia a dia, costumamos lidar com algumas medidas fundamentais, como distância, tempo, massa (que pelo senso comum é chamado de "peso", apesar de seu significado para Física ser distinto) etc. A medida derivada é outra forma de mensurar objetos ou dimensões que não possuem as características exigidas para medida fundamental. Nem todos os objetos possuem unidade base natural ou representação extensiva (ou seja, não podem ser mensurados diretamente), mas quando suas dimensões puderem ser associadas a objetos que possuam medida fundamental, eles serão passíveis de medida derivada. As relações supostas precisam ser demonstradas empiricamente; assim, quando um ou mais atributos de um objeto são afetados diretamente por dois ou mais componentes de outro objeto que possua medida fundamental, pode-se estabelecer uma medida derivada por meio de uma função entre os componentes com os quais o atributo se relaciona. Por exemplo, a medida da velocidade de um objeto é derivada da relação que ela possui com outras dimensões que possuem medida fundamental, a saber: distância percorrida e tempo. Distância pode ser medida em metros (ou quilômetros, centímetros etc.) e o tempo pode ser medido em horas (ou minutos, segundos etc.). A velocidade é uma medida derivada dessas medidas fundamentais, e é calculada pela fórmula:

$$Velocidade = \frac{distância}{tempo}.$$

A última forma de medida, chamada de medida por lei ou teoria, é, sem dúvida, a mais frequente em Psicologia e em Educação. Os construtos que são objetos de estudo dessas ciências em sua grande maioria não possuem representações extensivas ou unidade base de medida; portanto, não são passíveis de medida direta ou fundamental. Nem mesmo são resultantes de relações com componentes de objetos que possuem representação extensiva e, desse modo, não permitem medida derivada. A maioria dos fenômenos estudados pela Psicologia e pela Educação são mensurados a partir das relações teóricas estabelecidas sobre eles. Um construto psicológico específico, por exemplo, pode ser medido indiretamente pela frequência com que ele se manifesta em termos comportamentais em uma população, e também pela comparação dessa frequência entre populações diferentes. Outra forma de construir medidas dos construtos é pela identificação de relações entre a apresentação do construto e a ocorrência de X's ou Y's variáveis observáveis. O mais importante nesse caso é que o instrumento esteja calibrado para medir a variável com a qual o construto esteja relacionado (PASQUALI, 1997, 2003). Um teste que avalie habilidade específica, por exemplo, é construído a partir das manifestações esperadas das pessoas com diferentes níveis de desenvolvimento no aspecto avaliado. Assim, os itens são construídos de tal maneira que representem da melhor forma possível as possíveis manifestações daquela habilidade que se pretende avaliar. O resultado que as pessoas mostram diante das tarefas apresentadas não consiste na sua habilidade em si, mas em uma manifestação indireta dela. Nas Ciências Naturais, esse tipo de medida é amplamente utilizado em contextos variados. A ocorrência de um buraco negro, por exemplo, é evidenciada pela distorção que ele gera em linhas espectrais de outros corpos celestiais. Nesse caso, os físicos não estão avaliando diretamente um buraco negro, mas as consequências indiretas que ele gera sobre algo mensurável. Uma vez discutidos os tipos de medida, passar-se-á à discussão sobre as possíveis interpretações dos resultados de medidas.

Atribuição de significado aos escores de instrumentos de medida

A partir do entendimento dos níveis de medida e também da forma como essa medida pode ser realizada, permanece a questão de como é feita a atribuição de significado aos resultados dos instrumentos de medida. A experiência mostra que o uso dos resultados brutos, que usualmente representam o número de acertos ou a soma dos pontos indicados pelo respondente, é pobre no sentido de informar sobre as diferenças individuais, sobre a magnitude de determinada habilidade, ou sobre a característica de personalidade (CRONBACH, 1996).

A análise dos resultados brutos de um teste torna difícil a realização da medida, uma vez que as interpretações mantêm-se dependentes de certas características específicas do teste que permanecem desconhecidas. Podemos ilustrar tal dificuldade com o exemplo de uma criança que acerta dez questões em uma prova de Matemática contendo vinte questões, e sete questões em uma prova de Língua Portuguesa contendo igualmente vinte questões. Para um avaliador afoito ou despreparado, esses resultados podem levar à interpretação de que essa criança é mais habilidosa em Matemática do que em Português, ou, ainda, que ela é mais habilidosa em

Matemática do que um colega seu que acertou apenas nove questões na mesma prova. As respostas às questões dos tipos: "Qual a magnitude da habilidade em Matemática de uma criança? Esta criança possui maior habilidade em Matemática ou em Língua Portuguesa? Ela possui maior habilidade que outra criança em Matemática?" dependem de tornarem-se conhecidos alguns parâmetros psicométricos das provas – por exemplo, sua dificuldade e a de seus itens (CRONBACH, 1996).

Tradicionalmente, são usados três tipos de procedimentos para se atribuir significado aos escores brutos de um teste, que são denominados interpretações com referência à norma, ao conteúdo e ao critério. As interpretações com referência à norma são as mais comuns e caracterizam-se pela estimação do desempenho de uma dada população ao responder aos itens de teste. Então, usando os resultados desse grupo como parâmetro de comparação, pode dizer-se qual a posição relativa de um determinado sujeito avaliado (CRONBACH, 1996). Esse tipo de referência possibilita comparar uma pessoa com um grupo que apresenta características semelhantes em relação a um conjunto de variáveis considerados relevantes (usualmente idade, sexo, escolaridade etc.) e informar quanto esses resultados são "típicos", ou próximos à média do grupo normativo.

Assim, os instrumentos de medida são normatizados, combinando um conjunto específico de tarefas de conteúdo definido, os itens, e as respostas de um grupo determinado de pessoas nesses itens são utilizadas como referência. O modelo psicométrico estabelece a avaliação das grandezas psicológicas com referência às normas criadas para cada

45

grupo, determinando que, nesse caso, estará usando uma comparação de sujeitos em relação a grupos, conhecidos como grupo, norma, ou amostra de normatização. Dessa forma, a posição da pessoa no construto psicológico é inferida por meio de uma comparação sujeito-grupo (PASQUALI, 1996; PRIMI, 2002).

As interpretações com referência ao conteúdo são caracterizadas pela análise do tipo de problema presente nas provas. Nessa análise, é verificada a abrangência das questões com relação às informações que se pretendem obter sobre os sujeitos. Por exemplo, se o objetivo da prova é produzir a informação sobre o quanto um determinado indivíduo conhece sobre Matemática, ela deverá abranger os principais campos do conhecimento sobre essa disciplina. Por outro lado, se pretende saber o quanto o indivíduo conhece sobre equações diferenciais, os problemas que constam da prova deverão ser apenas sobre esse tema. As interpretações referenciadas pelo conteúdo consistem, basicamente, na descrição detalhada dos problemas presentes nas provas em relação a um universo mais amplo, do qual aquele conteúdo foi extraído, e essa informação é utilizada para se conferir significado ao resultado alcançado por qualquer sujeito.

O terceiro procedimento usado para a atribuição de significado aos escores de um teste é feito pelo estabelecimento de relações entre eles e variáveis externas, as quais podem ser então preditas a partir dos escores. Essa predição do desempenho do sujeito nas variáveis externas será tão melhor conforme a magnitude das relações encontradas entre elas e as notas no teste. O estabelecimento de relações com variáveis externas pode não apenas possibilitar a predição do desempenho do sujeito nestas, mas também uma descrição sobre sua condição atual no que diz respeito aos elementos dessas variáveis (AERA; APA; NCME, 1999; CRONBACH, 1996). Com esse método, por exemplo, seria possível identificar, a partir de estudos empíricos, que os resultados em determinadas provas educacionais são capazes de prever, de certa forma, o desempenho profissional em determinados aspectos. Alguns testes psicológicos, geralmente utilizados na área clínica, também são validados para esse tipo de interpretação, apresentando indicadores, a partir dos resultados de seus escores, de que as pessoas avaliadas podem apresentar determinadas características consideradas pouco adaptativas.

Os métodos de atribuição de significado, presentes no modelo clássico de construção de instrumentos, trazem consigo algumas desvantagens, já que dificilmente nos permitem uma compreensão aprofundada da capacidade e das principais características dos avaliados. Resultados expressos a partir de normas, por exemplo, apesar de informarem em que posição uma pessoa se apresenta quando comparada a um grupo de indivíduos com características semelhantes, não permitem a inferência de quais habilidades essa pessoa domina e de quais atividades é capaz de realizar.

Outra dificuldade encontrada na interpretação de resultados de testes calculados pela teoria clássica dos testes é que, a não ser em situações muito específicas, eles não são comparáveis a outros instrumentos de mensuração. Acertar 50% dos itens em um teste para avaliação de nível de conhecimento em Matemática, por exemplo, não é equivalente a um resultado semelhante quando obtido em outro teste, mesmo que ambos avaliem exatamente os mesmos conteúdos. A comparabilidade de resultados de testes, quando calculados pela TCT, só é obtida em situações muito específicas, quando o nível de dificuldade de seus itens e o dos testes como um todo forem bastante semelhantes, assim como as suas medidas de dispersão (EMBRETSON; REISE, 2000).

A teoria de resposta ao item

A partir da década de 1950, alguns psicometristas (LAZERFELD,1959; LORD, 1952) iniciaram o desenvolvimento de um novo método de análise de dados, a saber, a Teoria de Resposta ao Item (TRI), que se caracteriza como um modelo de análise de dados que se propôs a resolver alguns problemas da TCT, como a relação entre a amostra e os parâmetros dos itens e dos sistemas interpretativos limitados do modelo clássico. Além de possíveis soluções para essas questões, a TRI permite ainda um avanço da estimativa das magnitudes dos traços latentes do nível das escalas de medida – da ordinal à intervalar.

Ao contrário da psicometria clássica, nesse modelo os parâmetros dos itens e as habilidades das pessoas são estimados a partir de uma função que associa essas estimativas de tal forma que, dadas certas condições, permite a sua estimação com relativa invariância. Assim, é possível obter os mesmos níveis de habilidades das pessoas mesmo quando estimados por diferentes testes, ou obter os mesmos parâmetros dos itens independentemente de amostras da população. Wright e Stone (2004) apresentam um exemplo para ilustrar como é a lógica utilizada para fazer a relação entre os itens e as pessoas, indicando que, se há uma dada quantidade de pedras das quais não se sabe o peso e um grupo de pessoas de quem não se conhece a força, é possível pedir para que todas as pessoas tentem levantar todas as pedras. Verificando-se quais pessoas têm sucesso em levantar quais pedras, é possível gerar um modelo estatístico que associa a força das primeiras com o peso das últimas. Tal relação permite calcular a probabilidade de que pessoas com diferentes magnitudes de força levantem pedras com diferentes pesos. Como esse modelo é hipotético, uma vez que não é feita a medida direta do peso das pedras ou da força das pessoas, a relação entre ambos é dita teórica, e por esse motivo foi dado a essa abordagem o nome de Teoria de Resposta ao Item.

No modelo de um parâmetro, também chamado de Rasch, por exemplo, os gráficos construídos a partir das funções que apresentam a relação entre o nível de habilidade das pessoas e a sua probabilidade de acertos aos itens de um teste seguem uma lógica muito parecida com os propostos por Louis Guttman. A principal diferença entre essas abordagens analíticas é que, na escala de Guttman, também chamada de escalograma, a relação entre os escores obtidos no teste e a posição dos itens nessa escala é feita considerando-se apenas os dados empíricos (GUTTMAN, 1950). No modelo de Rasch, o padrão de respostas de Guttman é o mais provável para uma pessoa quando os itens são ordenados de forma crescente da dificuldade (ANDRICH, 1985) e os gráficos apresentam tendências de respostas modeladas a partir de funções anteriormente estimadas.

O estudo da relação entre a probabilidade de acerto e a dificuldade do item produz uma equação monotônica crescente que descreve a posição do sujeito no traço latente, ou seja, que traça uma estimativa de sua habilidade. A Figura 1 apresenta um exemplo da Curva Característica dos Itens (CCI), na qual se observa que maiores magnitudes do traço latente estão associadas a maior probabilidade de acerto nos itens (PRIMI; ALMEIDA, 2001).

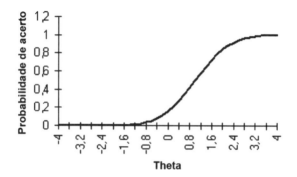

Figura 1 – Curva característica do item

Existem vários modelos que podem ser usados para representar essa relação, porém os mais comuns são os de um, dois e três parâmetros, que descrevem, respectivamente, os seguintes parâmetros dos itens: a – denomina-se Índice de Discriminação do Item; seu valor é dado pela inclinação da CCI em relação ao eixo das abscissas no ponto de inflexão da curva. O valor do ângulo formado por essa inclinação é proporcional ao valor de a, que será tanto maior quanto maior for o ângulo. O parâmetro b é denominado como Índice de Dificuldade do Item; seu valor é dado pelo ponto que representa o valor de (θ) no eixo x do gráfico, quando a probabilidade de o sujeito acertar o item é de 50% (nos modelos de um e dois parâmetros). A característica mais importante desse parâmetro é que ele se encontra na mesma métrica que a variável latente (θ). O parâmetro c, Probabilidade de Acerto ao Acaso, é dado por $P(\theta) \neq 0$ quando $\theta = -\infty$, ou seja, quando a habilidade do sujeito tende à menor representação possível de (θ) e, ainda assim, a probabilidade de acerto se mantém diferente de zero. Isso significa que o sujeito tem uma habilidade menor do que a exigida para a execução adequada do item, e mesmo assim sua probabilidade de acerto ao referido item é diferente de zero (BAKER, 2001; HAMBLETON, 1990; MUÑIZ, 1990).

O primeiro modelo é o logístico de um parâmetro que é conhecido como modelo de Rasch, em referência ao nome de seu idealizador. Trata-se do modelo mais difundido devido a sua parcimônia de medida e à simplicidade de sua lógica. Esse modelo é representado por uma função logística de um parâmetro, a qual considera que as respostas de um sujeito a um conjunto de itens dependem apenas de sua habilidade e da dificuldade dos respectivos itens (BAKER, 2001). Sua expressão matemática é:

$$P_i(\theta) = \frac{e^{D(\theta - b_i)}}{1 + e^{D(\theta - b_i)}}, \text{ onde}$$

$P_i(\theta)$ = probabilidade de se acertar o item i dado um determinado valor de (θ);

θ = valor do traço latente ou variável que se estiver medindo;

b_i = índice de dificuldade do item i;

e = base dos logaritmos neperianos, que vale aproximadamente 2,72;

D = constante de aproximação aos valores da curva normal acumulada (1,7)

O modelo é bastante simples e, conforme a organização de suas variáveis, interpreta-se que, conhecendo a dificuldade do item e a habilidade do sujeito, é possível predizer qual é a probabilidade de esse sujeito acertar o item. O valor de b é dado pelo valor de (q), no qual a probabilidade de acertar o item é de 50%.

O modelo logístico de dois parâmetros, por sua vez, mantém todas as características do modelo de Rasch, porém acrescenta a estimação de outro parâmetro do item, que é o seu poder de discriminação. Pode-se assumir que o conceito de discriminação do item é o mesmo usado na Teoria Clássica, ou seja, a capacidade de o item diferenciar pessoas de diferentes níveis no construto avaliado. É importante notar, no entanto, que a forma de estimativa desse parâmetro na Teoria de Resposta ao Item difere-se da Teoria Clássica dos Testes, além de estar relacionada às curvas de informação do teste de TRI. Sua expressão matemática é:

$$P_i(\theta) = \frac{e^{Da_i(\theta - b_i)}}{1 + e^{Da_i(\theta - b_i)}}$$

Nela, as variáveis são as mesmas descritas na equação anterior, com a diferença de que se acrescentou o valor a, que representa o poder discriminativo do item. Uma relação importante entre os parâmetros θ e a é que a discriminação varia em função da habilidade do sujeito, ou seja, os itens discriminam melhor quando a habilidade coincidir com o ponto de inflexão da curva (MUÑIZ, 1990). Em termos práticos, isso significa que, na abordagem da TRI, uma prova pode apresentar faixas de *thetas* em que a mesma é mais discriminativa, e esta se dará na região em que houver a maior quantidade de itens. Assim, se um teste apresentar principalmente itens com altos níveis de dificuldade, ele será mais discriminativo para pessoas com níveis igualmente altos de habilidade. O modelo logístico de três parâmetros, além de apresentar as informações dos modelos de um e dois parâmetros, acrescenta a possibilidade de se avaliar a probabilidade de o sujeito acertar o item ao acaso, ou seja, sem que tenha habilidade suficiente para fazê-lo naturalmente. Sua expressão matemática é:

$$P_i(\theta) = c_i + (1 - c_i)\,\frac{e^{Da_i(\theta - b_i)}}{1 + e^{Da_i(\theta - b_i)}}$$

As variáveis dessa equação são as mesmas da equação anterior com o acréscimo da variável c, que representa a probabilidade de acerto ao acaso. O valor de c coincide com o valor de $P_i(\theta)$ para um valor de $\theta = -\infty$. Uma consideração importante, quando se trata dos modelos de um ou dois parâmetros, é que para $\theta = b$, $P(\theta) = 0.50$, no modelo de três parâmetros temos $\theta = b$, $P(\theta) = \frac{1+c}{2}$. Em decorrência dessa característica, a interpretabilidade dos escores *theta* nos modelos de um e dois parâmetros é mais facilmente realizável, uma vez que a diferença entre a habilidade das pessoas (em *theta*) e a dificuldade dos itens de um teste dão uma indicação direta sobre a probabilidade de acerto destes.

Segundo Muñiz (1990), alguns autores propõem um modelo logístico de quatro parâmetros que visa a controlar circunstâncias aleatórias, que podem estar relacionadas a falhas na elaboração dos itens, o que pode fazer com que um sujeito com grande competência falhe na sua resolução. Sua expressão matemática é:

$$P_i(\theta) = c_i + (Y_i - c_i) \frac{e^{Da_i(\theta - b_i)}}{1 + e^{Da_i(\theta - b_i)}}$$

Em tal expressão, todas as variáveis são as mesmas, sendo Y uma tentativa de representar a circunstância de falha nos itens, a qual adquire valores pouco menores que um. Até o momento, existem poucas pesquisas sobre esse modelo, e as suas vantagens em relação ao modelo de três parâmetros ainda estão sendo discutidas.

Os três modelos do TRI apresentam uma relação direta entre as habilidades dos sujeitos e a probabilidade de acerto dos itens. Após o processo de estimação, os parâmetros dos itens se tornam conhecidos e, ao submeter-se uma pessoa ao processo de avaliação:

[...] aplica-se um conjunto de itens previamente calibrados, isto é com parâmetros conhecidos..., após a correção das respostas, têm-se duas informações: a probabilidade de acerto, isto é, o padrão de acertos e erros nos itens aplicados, e as dificuldades desses itens... A atribuição do escore ao sujeito é feita comparando-se o perfil de acertos de uma pessoa com as dificuldades dos problemas respondidos para atribuição de um valor numérico que indica a habilidade do sujeito. (PRIMI, 2004, p. 55)

Dessa forma, tem-se uma comparação sujeito-item produzindo uma escala referenciada nos itens e independente de amostras da população. O principal avanço do modelo psicométrico da Teoria de Resposta ao Item, e sua consequente contribuição para o parâmetro de validade das interpretações dos escores de testes, é a possibilidade de estimar a habilidade das pessoas e a dificuldade dos itens em uma escala comum (WOODCOCK, 1999).

Avanços da Psicometria e da Psicologia Cognitiva na construção de escalas

O caminho trilhado pela psicometria até o modelo da Teoria de Resposta ao Item proporcionou as condições metodológicas necessárias para uma associação com as descobertas sobre os processos mentais oriundos da Psicologia Cognitiva. Embretson (1983) descreve como a investigação sobre a validade de construto, originalmente proposta por Cronbach e Meehl (1955), poderia ser decomposta em duas etapas distintas. A primeira, que ela chamou de Representação do Construto, visa a uma investigação sobre quais são os processos cognitivos básicos envolvidos na realização das tarefas presentes nos itens de testes psicológicos; a segunda, denominada de Rede Nomotética, trata dos procedimentos conhecidos em psicometria como referência ao critério, portanto visa à investigação das relações da medida com variáveis externas que permitem explicar os resultados encontrados. A primeira etapa está mais claramente associada às contribuições da Psicologia Cognitiva e em especial à Teoria do Processamento da Informação.

As relações entre a psicometria e a psicologia cognitiva foram aprimoradas a partir de dois procedimentos denominados *Linear Logistic Latent Trait Model* (LLTM) e *Multicomponent Latent Trait Models* (MLMT). Em relação à psicometria, especialmente para os resultados levantados com a utilização da TRI, esses procedimentos geraram a possibilidade de se estimar a habilidade do sujeito vinculada às características dos itens que influenciam a sua dificuldade. Em relação à psicologia cognitiva, a explicação da dificuldade dos itens pode ser vinculada às variações na sua estrutura interna. Assim, por exemplo, é possível explicar como certas características dos itens, como os atributos utilizados em seus estímulos, ou o uso de variadas construções gramaticais em itens verbais, influenciam na estimação da sua dificuldade. O uso desse tipo de procedimento, de investigação da representação do construto, proporcionou outra forma de se atribuir significado aos escores de testes, chamada de "interpretação com referência nos itens". No contexto da avaliação psicológica e da educacional, tal método permite detalhar grandemente as possíveis explicações para os resultados encontrados pelas pessoas que respondem a um teste, indicando quais componentes de um dado construto (que podem ser inteligência, personalidade, habilidades, conhecimentos sobre uma dada disciplina) uma pessoa apresenta e em qual magnitude.

O LLTM foi desenvolvido inicialmente nos trabalhos de Fischer (1973). O autor trabalhava com processos educacionais, especialmente pesquisando a possibilidade de se criarem instruções ideais para o aprendizado. Ele identificou que a dificuldade dos itens pode ser explicada pelas características presentes neles, ou seja, está implícita em cada tarefa. Propôs a decomposição da dificuldade dos itens entre as variáveis descritas na equação a seguir como forma de estimar valores de dificuldade de cada um dos componentes.

$$b_i = \sum_m \eta_m q_{im} + a, \text{ onde}$$

b_i = parâmetro de dificuldade do item i;

η = dificuldade do fator de complexidade m;

q_{im} = representação da magnitude que o item i exige em relação ao fator de complexidade m;

a = constante de normalização;

m = número de fatores de complexidade exigido para o item i.

Substituindo o b na fórmula do modelo de Rasch pela equação proposta por Fischer para a decomposição da dificuldade, temos a seguinte equação:

$$P_i(\theta) = \frac{e^{D(\theta - (\sum_m \eta_m q_{im} + a))}}{1 + e^{D(\theta - (\sum_m \eta_m q_{im} + a))}}$$

Essa expressão apresenta as variáveis do modelo de Rasch explicadas anteriormente, porém com o parâmetro de dificuldade decomposto entre as variáveis que representam os elementos estruturais de cada item. A equação resultante representa a possibilidade de estimação quantitativa da influência dos processos cognitivos, descritos pela Psicologia Cognitiva, presentes em um determinado item de teste.

O MLTM foi desenvolvido por Embretson (1983), também com a intenção de operacionalizar a integração entre os dois campos, o cognitivo e o psicométrico. Esse método apresenta uma proposta de decomposição da dificuldade da tarefa, mas difere do método de Fischer porque acrescenta uma proposta de decomposição da habilidade dos sujeitos entre os componentes cognitivos associados à resolução do item. Dessa forma, o valor de θ, que é uma representação da habilidade do sujeito, é decomposto entre o conjunto de processos básicos que compõem a habilidade que é exigida para a resolução adequada da tarefa, permitindo uma quantificação da magnitude de cada processo. A equação a seguir descreve as variáveis tratadas pelo MLTM:

$$P_{(x_{ij}=1/\theta_j, b_i)} = \prod_k P_{(x_{ijk}=1/\theta_{jk}, b_{ik})}, \prod_k \frac{e^{(\theta_{jk}-b_{ik})}}{1+e^{(\theta_{jk}-b_{ik})}}$$, onde

$P_{(x_{ij}=1/\theta_j, b_i)}$ = probabilidade que o sujeito j acerte o item i;

$P_{(x_{ijk}=1/\theta_{jk}, b_{ik})}$ = probabilidade que o sujeito j acerte a tarefa associada ao componente específico k envolvido na resolução do item i;

θ_{jk} = habilidade do sujeito j no componente k;

b_{ik} = dificuldade do item i no componente k;

K = subscrito usado para identificar os componentes.

Trata-se de uma das aplicações mais afortunadas da TRI: a possibilidade de agregar aos índices de dificuldade dos itens informações mais precisas ou particularizadas referentes ao significado do desempenho. Essa aplicação encontrada nos trabalhos de Embretson (1983, 1985, 1994) também pode ser vista no conjunto de procedimentos utilizados para realizar o escalonamento comportamental proposto por Carroll (1993).

O escalonamento comportamental agrega, em sua proposta, a possibilidade de se atribuírem descrições comportamentais aos resultados de testes, em termos de realização ou conhecimento dos sujeitos avaliados. Assim, esses procedimentos elucidam aspectos da validade, pois oferecem descrições de como os traços latentes se manifestam por meio de comportamentos característicos ou habilidades específicas.

O processo de construção de escalas, cujo significado está referenciado nos componentes que influenciam a dificuldade dos itens, possui algumas etapas e tem início na estimação da habilidade dos sujeitos (θ), do parâmetro de dificuldade (b) dos itens e, consequentemente, da probabilidade que tem cada sujeito de acertar itens de dificuldades diferentes. Esses dados permitem que seja construída a curva característica do sujeito, na qual está agregada um conjunto de informação sobre em quais faixas de dificuldade seu desempenho é melhor ou pior. O próximo passo é decompor as tarefas entre os seus fatores de complexidade (CARROLL, 1993).

O método de investigação dos construtos que estão por trás da realização de tarefas ou da representação do construto consiste basicamente em estabelecer procedimentos capazes de identificar os mecanismos cognitivos teóricos que podem explicar o desempenho dos sujeitos nas tarefas. A aplicação desses procedimentos parte do pressuposto de que existe uma relativa dependência em uma tarefa entre o desempenho e processos cognitivos, estratégias cognitivas e conhecimento armazenado. O objetivo da pesquisa de representação do construto é decompor as tarefas ou os itens nos menores elementos que os compõem. Portanto, assume-se que os elementos e as transformações sofridas por esses elementos na dinâmica de cada item de teste são os componentes que estão implicados na sua solução (EMBRETSON, 1983).

A utilização desse método para a investigação da representação do construto depende da satisfação de quatro critérios gerais para demonstrar sua adequação, os quais foram propostos por Embretson (1983). O primeiro critério defende que as *performances* das pessoas devem estar relacionadas às características dos itens do teste. Diferentemente da análise psicométrica tradicional, na qual se avaliam as diferenças entre os sujeitos pela resposta ao item "intacto" em uma relação com o grupo, essa proposta implica uma análise de decomposição dos itens e a consequente identificação de características que possam explicar o desempenho de um único sujeito por vez. Pressupõe-se que a resposta correta é encontrada pelo sujeito por meio da utilização de processos cognitivos diferentes para solução de cada característica encontrada nos itens. Como o objetivo de testes, também nessa perspectiva, é a medida das diferenças individuais e não das diferenças nas características dos itens, a sua identificação é apenas um meio de se avaliarem um ou mais construtos, e de demonstrar que as diferenças individuais nos respectivos construtos é que definem o desempenho no teste.

O segundo critério propõe que os métodos de representação do construto devem proporcionar a comparação entre hipóteses teóricas alternativas sobre os construtos envolvidos na realização dos itens de teste. Esse critério está relacionado com a proposta de Cronbach e Meehl (1955) de que a demonstração de validade de construto é equivalente a construir uma teoria e, então, demonstrá-la empiricamente. Uma forma efetiva de comparar teorias, segundo esses autores, é operacionalizá-las em modelos quantitativos para explicar o mesmo fenômeno e, então, comparar o ajuste dos modelos.

O terceiro critério diz respeito à viabilidade da quantificação dos processos cognitivos, também chamados de construtos teóricos, por meio da estimação dos parâmetros psicométricos dos elementos nos quais foram decompostos os itens. Isto é, se o teste foi decomposto com sucesso em muitos processos cognitivos básicos, é necessário que se faça a estimação dos mesmos parâmetros que tradicionalmente se calcula para os itens para cada um dos processos cognitivos que estão envolvidos na sua solução. Trata-se de uma forma de demonstrar a representação dos processos cognitivos básicos, a partir da medida de sua manifestação.

É bastante conhecido na literatura sobre psicometria (ANASTASI; URBINA, 2000; PASQUALI, 1999, 2003) que as propriedades dos testes dependem das características estatísticas dos itens, e que essas propriedades permitem avanços na interpretação de resultados, o que representa um incremento na validade. Por exemplo, a testagem adaptativa, na qual se selecionam os itens que melhor se ajustam à medida dos construtos que estão envolvidos por meio de uma comparação entre os parâmetros de cada item com o perfil dos testados expresso durante a realização do teste, garante maior precisão do que as provas tradicionais.

O último critério diz respeito ao fato de que os métodos de representação do construto devem providenciar medidas particulares, ou seja, medidas das habilidades individuais sobre os processos cognitivos. Isto é, eles devem possuir parâmetros individuais de rendimento que meçam diferenças individuais sobre os construtos, ao passo que ao se definirem quais são os processos cognitivos necessários à realização de cada item do teste e ao se estimarem os valores dos parâmetros dos itens para cada construto, pode-se deduzir o valor das habilidades do sujeito necessárias à realização adequada do item, também em cada construto.

Considerações finais

O presente capítulo teve como objetivo apresentar, de uma forma geral, questões referentes à viabilidade da construção de instrumentos de medida. Pretendeu-se ainda abordar questões atuais da psicometria, as quais apontam para problemas que estão sendo trabalhados e que estão incrementando cada vez mais o alcance das interpretações possíveis com instrumentos de medida.

Inicialmente, foi discutida a temática da comparabilidade do sistema numérico e de construtos usualmente avaliados por instrumentos psicométricos. Nesse sentido, foram apresentadas algumas possibilidades e alguns limites para a construção de medidas em Psicologia e Educação. Foram ainda abordados os avanços da Psicologia com o desenvolvimento da Teoria de Resposta ao Item, que trouxe soluções importantes para problemas discutidos pela Teoria Clássica dos Itens. A TRI propõe métodos que permitem a estimativa dos parâmetros dos itens com relativa independência da amostra usada para tanto e, de forma inversa, a viabilidade da estimação do nível de habilidade das pessoas com testes diferentes, desde que sejam equalizados. É indicado ainda que o uso da TRI permite alcançar medidas intervalares e, em situações específicas, até escalas de razão (EMBRETSON; RAISE, 2000). Foram abordados ainda os avanços alcançados com a aproximação entre Psicometria e Psicologia Cognitiva no sentido do enriquecimento das interpretações dos resultados de testes. Com tal aproximação, estão sendo realizados estudos que visam a verificar quais são os elementos fundamentais para a determinação dos parâmetros dos itens, principalmente a sua dificuldade. Com tal mapeamento, é possível, diante da observação dos padrões de respostas de pessoas a um dado teste, inferir quais foram os processos usados para a elaboração das suas respostas e mensurar a magnitude da proficiência das pessoas nesses processos. A aplicabilidade desse método vai além de avaliações de processos cognitivos e pode, efetivamente, ser utilizada para avaliação de outros aspectos psicológicos (como personalidade, quadros clínicos etc.) e educacionais (como proficiência em determinadas competências fundamentais para a aprendizagem de certas áreas do conhecimento).

Referências bibliográficas

ALMEIDA, L. S. *Teorias da inteligência*. Porto: Edições Jornal de Psicologia, 1988.

AMERICAN EDUCATIONAL RESEARCH ASSOCIATION; AMERICAN PSYCHOLOGICAL ASSOCIATION; NATIONAL COUNCIL ON MEASUREMENT IN EDUCATION. *Standards of educational and psychological testing*. Washington: American Educational Research Association, 1999.

ANASTASI, A.; URBINA, S. *Testagem psicológica*. 7. ed. Porto Alegre: Artes Médicas, 2000.

ANDRICH, D. An elaboration of Guttman scaling with Rasch models for measurement. In: BRANDON-TUMA, N. (Ed.). *Sociological methodology*. San Francisco: Jossey-Bass, 1985. p. 33-80.

ARIAS, R. M. *Psicometria*: teoria de los tests psicológicos y educativos. Madrid: Editorial Sintesis, 1996.

BAKER, F. B. *The basics of item response theory*. Washington: ERIC Clearinghouse on Assessment and Evaluation, 2001.

CARROLL, J. B. Test theory and the behavioral scaling of test performance. In: FREDERIKSEN, N.; MISLEVY, R. J.; BEJAR, I. I. (Eds.). *Test theory of a new generation of tests*. Hillsdale: Lawrence Erlbaum Associates, 1993.

_____. The three-stratum theory of cognitive abilities. In: FLANAGAN, D. P.; GENSHEFT, J. L.; HARRISON, P. L. (Eds.). *Contemporary intelectual assesment*: theories, tests and issues. New York: The Guilford Press, 1997.

CRONBACH, L. J. *Fundamentos da testagem psicológica*. Porto Alegre: Artes Médicas, 1996.

CRONBACH, L. J.; MEEHL, P. E. Construct validity in psychological tests. *Psychological Bulletin*, v. 52, p. 281-302, 1955.

EMBRETSON, S. E. Construct validity: construct representation versus nomothetic span. *Psychological Bulletin*, v. 93, n. 1, p. 179-197, 1983.

_____. Studying intelligence with test theory models. In: DETTERMAN, D. K. (Ed.). *Current topics in human intelligence*. Norwood: Ablex, 1985.

_____. Applications of cognitive design systems to test development. In: REYNOLDS, C. R. (org.). *Cognitive assessment*: a multidisciplinary perspective. New York: Plenum Press, 1994.

EMBRETSON, S.; REISE, S. *Item response theory for psychologists*. Mahwah: Lawrence Erlbaum Associates, 2000.

FISCHER, G. H. The linear logistic test model as an instrument in educational research. *Acta Psychologica*, v. 37, p. 359-374, 1973.

GUTTMAN, L. The basis for scalogram analysis. In: STOUFFER et al. *Measurement and prediction*. New York: Wiley, 1950. (The American Soldier Vol. IV).

HAMBLETON, R. K. Item response theory: introduction and bibliography. *Psicothema*, v. 2, n. 1, p. 97-107, 1990.

LAZARSFELD, P. F. Latent structure analysis. In: KOCK, S. *Psychology*: a study of science. New York: Mcgraw-Hill, 1959. p. 476-543.

LORD, F. M. *A theory of test scores*. Iowa City: Psychometric Society, 1952. (Psychometric Monograph n. 7).

LORD, F. M.; NOVICK, N. R. *Statistical theories of mental test scores*. Reading, Massachussets: Addison-Weslley, 1968.

MUÑIZ, J. *Teoría de respuesta a los ítens*: un nuevo enfoque en la evolución psicológica y educativa. Madrid: Ediciones Pirámide, 1990.

_____. *Teoría clássica de los tests*. Madrid: Ediciones Pirámide, 1994.

_____. (Org.). *Psicometria*. Madrid: Editorial Universitas, 1996.

PASQUALI, L. *Teoria e métodos de medida em ciência do comportamento*. Brasília: INEP, 1996.

_____. *Psicometria*: teoria e aplicações – A teoria clássica dos testes psicológicos. Brasília: Editora da UnB, 1997.

_____. Testes referentes a construto: teoria e modelo de construção. In: PASQUALI, L. (Ed.). *Instrumentos psicológicos*: manual prático de elaboração. Brasília: IBAPP, 1999. p. 37-71.

_____. *Psicometria*: teoria dos testes psicológicos. Brasília: Editora da UnB, 2000.

_____. *Psicometria*: teoria dos testes na Psicologia e na Educação. Petrópolis: Vozes, 2003.

_____. Aplicações práticas da TRI: testes sob medida – CAT. In: PASQUALI, L. *Teoria de resposta ao item*: teoria, procedimentos e aplicações. Brasília: Laboratório de Pesquisa em Avaliação e Medida – LabPAM/UnB, 2007. p. 187-202.

PRIMI, R. Avanços na concepção psicométrica da inteligência. In: CAPOVILLA, F. C. (Org.). *Neuropsicologia e aprendizagem*: uma abordagem multidisciplinar. Sociedade Brasileira de Neuropsicologia – SBNp, 2002.

_____. Avanços na interpretação de escalas com a aplicação da teoria de resposta ao item. *Avaliação Psicológica*, v. 1, n. 3, p. 53-58, 2002.

PRIMI, R.; ALMEIDA, L. S. Teoria de resposta ao item. In: FERNANDES, E. M.; ALMEIDA, L. S. (Orgs.). *Métodos e técnicas de avaliação*: contributo para a prática e investigação psicológica. Braga: Centro de Estudos em Educação e Psicologia, Universidade do Minho, 2001. p. 205-232.

PRIMI, R.; NUNES, C. H. S. S. Validação de provas educacionais em larga escala. In: LAROS, J. A.; ANDRADE, J. M.; JESUS, G. R. (Eds.). *Avaliação educacional*: aspectos práticos e teóricos. Brasília: Editora da UnB, 2007.

THURSTONE, L. L. Psychology as a quantitative rational science. *Science*, v. 85, p. 227-232, 1937.

WECHSLER, S. M.; NAKANO, T. d. C. Caminhos para a avaliação da criatividade: perspectiva brasileira. In: PRIMI, R. (Ed.). *Temas em avaliação psicológica*. Campinas: Ibap, 2002.

WOODCOCK, R. W. What can Rasch-based scores convey about a person's test performance? In: EMBRETSON, S. E.; HERSHBERGER, S. L. (Eds.). *The new rules of measurement*: what every psychologist and educator should know. Mahwah: Lawrence Erlbaum Associates, 1999.

WRIGHT, B. D.; STONE, M. H. *Making measures*. Chicago: The Phaneron Press, 2004.

LOS TESTS PSICOLÓGICOS EN LA PSICOLOGÍA CONTEMPORÁNEA

Edgardo R. Pérez[1]
Fabián O. Olaz[2]

En Argentina, los tests psicológicos son abordados sistemáticamente en las diferentes currículas de la carrera de Psicología en sólo una o dos asignaturas específicas, bastante desconectadas del resto de las asignaturas más "prácticas" o "profesionales". Esta enseñanza descontextualizada frecuentemente ocasiona que el estudiante perciba a los tests psicométricos como "instrumentos metodológicos" que sólo resultan útiles para aquéllos profesionales dedicados a la investigación cuantitativa, pese a su importancia en prácticamente todos los ámbitos de la psicología aplicada. En el transcurso de la carrera también suele generarse otra creencia opuesta pero igualmente infundada, considerándose

---

[1] Facultad de Psicología, Universidad Nacional de Córdoba, Argentina.
[2] *E-mail*: edrape@onenet.com.ar

a los tests como herramientas "infalibles", muy semejantes a los métodos de medición empleados en las ciencias "duras". El objetivo esencial de este capítulo es suministrar una perspectiva menos sesgada de los tests como métodos relevantes para la psicología científica. Para ello nos proponemos: a) delimitar el concepto de tests psicológicos, b) analizar sus alcances y límites, y c) revisar y actualizar una clasificación clásica de los tests psicológicos, haciendo una breve referencia al trabajo psicométrico realizado en Argentina.

Delimitación de los tests psicológicos

El hecho de que las personas difieren en sus características psicológicas y que esas diferencias puedan medirse se ha reconocido desde los albores de la civilización. Platón y Aristóteles escribieron sobre las diferencias individuales hace casi 2.500 años, y el gobierno de China, desde la dinastía Chan (1.115 a.C.), tenía un programa de pruebas para seleccionar funcionarios públicos que evaluaba destrezas importantes para la época, tales como arquería, equitación, música, escritura y matemática (COHEN; SWERDLIK, 2000).

No obstante, en su acepción actual, el empleo de los tests psicológicos se inició en Europa a fines del siglo XIX. Durante la Edad Media fue escasa la preocupación por la individualidad, y es en los períodos históricos del Renacimiento y la Ilustración cuando renace el interés por el aprendizaje y la creatividad (AIKEN, 2003). Los tests se desarrollaron dentro del contexto intelectual y social de la formulación de la teoría de la evolución por parte de Darwin, así como de las fases tardías de la Revolución Industrial, con una creciente preocupación por el aumento de la población y de la mano de obra, así como una paulatina democratización de las escuelas. En este contexto surge un llamativo interés por las diferencias individuales, especialmente aquéllas de carácter heredado, como así también por la adaptabilidad diferencial de los seres humanos a las exigencias de un entorno cambiante (STERNBERG, 1987).

A partir de ese momento la Psicometría se constituye en una de las áreas fundamentales de la psicología, abocándose al estudio sistemático de los procedimientos de medición del comportamiento humano, incluyendo a los denominados tests psicológicos. Según Muñiz (2001) la teoría de los tests es sólo uno de los dominios de la psicometría, que además incluye la teoría de la medición o fundamentación teórica de las operaciones de medida, y la estadística aplicada a la construcción y análisis de los instrumentos de medición.

El término inglés test (prueba, examen) proviene del vocablo latino testa-testis, utilizado para denominar una balanza utilizada en la antigüedad para pesar vasijas de oro. Según Anastasi y Urbina (1998), un test es un instrumento de evaluación cuantitativa de los atributos psicológicos de un individuo, a partir del cual pueden inferirse o predecirse otros comportamientos relevantes. La *American Psychological Association* (en adelante APA, 1999) define a los tests como un procedimiento por medio del cual una muestra de comportamiento de un dominio especificado es obtenida, y posteriormente calificada, empleando un proceso estandarizado.

Los tests psicológicos se construyen casi siempre para medir constructos psicológicos que no pueden observarse directamente. Nunnally y Bernstein (1995) expresan que nunca se miden las personas *"per se"*, sino algunos de sus atributos. En Psicología nadie se propone "medir" un niño, por ejemplo, sino su inteligencia, estabilidad emocional o autoestima. Por otro lado, las operaciones de medición en psicología son casi siempre indirectas, vale decir, suponen la determinación de los indicadores operacionales del fenómeno a medir puesto que la mayoría de las variables psicológicas no son observables directamente.

Tal como argumentó Martínez Arias (1995), esto implica una serie de dificultades para la construcción de tests:

a) Un mismo constructo (concepto teórico) puede ser definido operacionalmente de manera diferente y, por consiguiente, los diversos procedimientos de medida pueden conducir a diferentes inferencias en relación al mismo;
b) Es difícil determinar las características de la muestra de elementos de un test (ítems) para que sea representativa en cuanto a número y variedad de contenidos del constructo que se intenta medir;
c) Siempre existen errores en las mediciones como consecuencia de lo expresado en los puntos anteriores;
d) Las escalas de medición usadas en psicología carecen de cero absoluto y de unidades de medidas constantes.

Aun con estas limitaciones, el nivel de precisión alcanzado por la medición psicológica le permite exhibir algunas ventajas respecto a la observación natural o no formal, particularmente en lo referente a objetividad, economía de tiempo y utilidad predictiva (TORNIMBENI; PÉREZ; OLAZ; FERNÁNDEZ, 2004). Hasta mediados del siglo pasado los instrumentos de medición en psicología fueron aplicados con escaso control de su calidad. De esta manera, la administración e interpretación de los tests se realizaba sin una clara demostración de su utilidad para los fines propuestos, ni de sus límites y alcances. Esto ocasionó innumerables críticas y, en muchos casos, un rechazo social abierto a la utilización de tests. Como reacción a estos cuestionamientos surgió una corriente de revisión y análisis de la fundamentación científica de las pruebas. En Estados Unidos (USA) se publicaron documentos cuyo objetivo fue especificar los requisitos técnicos mínimos que deben reunir las pruebas utilizadas en el ámbito de la Psicología y la Educación, conocidos como las Normas Técnicas de los Tests Psicológicos y Educativos (APA, 1999). Los profesionales usuarios de tests deben conocer estas normas y ajustarse estrictamente a ellas en lo concerniente a la interpretación de los resultados de pruebas.

La psicometría moderna se caracteriza por el: a) predominio de la evaluación asistida por computadora sobre la convencional de lápiz y papel, b) empleo de modelos estadísticos más sofisticados de construcción de tests, tales como la teoría de respuesta al ítem, y c) uso creciente de la denominada "evaluación auténtica", vale decir, tests que incluyen ítems más semejantes a la vida real mediante el uso del video y la simulación computarizada (Muñiz, 2001).

Clasificación de los tests psicológicos

En la literatura psicométrica, encontramos diversas taxonomías que utilizan criterios disímiles para clasificar los tests psicológicos. Así, por ejemplo, éstos suelen agruparse en: a) individuales o grupales, según se administren a una persona por vez o a un grupo de individuos simultáneamente; b) de ejecución, lápiz y papel, visuales, auditivos, o computarizados, de acuerdo al formato y materiales de presentación de los tests; o, c) basados en la teoría clásica o de respuesta al ítem, conforme al modelo teórico de construcción. Cronbach (1998) distinguió entre tests de ejecución máxima y medidas de ejecución o respuesta típica, según demanden el mayor rendimiento del examinado (como acontece en los tests de habilidades) en sus respuestas, o midan el comportamiento habitual sin requerir respuestas correctas (a la manera de los inventarios de personalidad, por ejemplo).

Consideramos que la clasificación planteada por Cronbach (1998) continúa siendo la más adecuada, puesto que refiere a diferencias esenciales entre los tests y permite una adecuada taxonomía de los instrumentos incluidos en sus dos categorías (ejecución máxima y respuesta típica). No obstante, en este capítulo realizamos algunos agregados a esa clasificación clásica. En efecto, incluimos en nuestra revisión la medición de las creencias de autoeficacia (BANDURA, 1997), constructo que hoy no puede ignorarse dada su importancia conceptual y empírica. Además, introducimos el comentario de teorías relevantes en relación a cada constructo y mencionamos tests psicológicos desarrollados en estas dos últimas décadas (internacionalmente y en nuestro ámbito).

74

Tests de ejecución máxima

La característica principal de los tests de ejecución máxima es que en los mismos se demanda a los examinados para responder de la forma más eficiente que puedan frente a tareas problemáticas que deben resolver (problemas matemáticos, por ejemplo). En estos tests se miden diferencias individuales en el nivel de ejecución máximo ante diferentes tareas, cuando se intenta realizarlas (NUNNALLY; BERNSTEIN, 1995). Esta última aseveración alude a que los desempeños solamente pueden medirse cuando las personas estén motivadas para realizar una tarea de la mejor manera posible.

Bajo el concepto genérico de tests de ejecución máxima se incluyen variables relacionadas, tales como las aptitudes, las habilidades y la inteligencia. Debe aclararse que la delimitación de estos conceptos es uno de los problemas más controvertidos de la psicología, al igual que el dilema subyacente de la determinación genética o cultural del comportamiento. Para Juan-Espinosa (1997), una habilidad desarrollada representa el logro en algún dominio (escritura, por ejemplo) y la inteligencia una condición necesaria para ese logro. De acuerdo con este autor, la inteligencia general y las aptitudes (verbal, espacial o matemática, por ejemplo) dependen de características ligadas a la constitución cerebral y disposiciones genéticas de las personas y son más resistentes al entrenamiento que las variables medidas por los tests de logro o habilidades desarrolladas. No obstante, en algunos tests de inteligencia o aptitudes se incluyen ítems que parecen medir habilidades desarrolladas más que aptitudes.

La postulación de un factor cognitivo general (g) que permite resolver problemas novedosos de cualquier naturaleza se opone a la concepción de aptitudes relativamente independientes, también tradicional en la psicología. La existencia de un factor general de inteligencia es apoyada por investigaciones psicométricas y de la genética del comportamiento (PLOMIN; DE FRIES; McCLEARN; McGUFFIN, 2002), pero esto no implica negar la existencia de aptitudes más específicas. En general se asocia este factor g a la velocidad de procesamiento cognitivo cuyas bases biológicas no están aun bien determinadas, aunque se ha encontrado alguna evidencia preliminar en relación con la velocidad de conducción nerviosa y el número de neuronas corticales, entre otros indicadores psicobiológicos. Se ha definido a la inteligencia general como flexibilidad comportamental y mental para encontrar soluciones novedosas a problemas. Claramente, la inteligencia no es exclusiva de la especie humana aunque el hombre sea el mamífero más inteligente (ROTH; DICKE, 2005).

Un test que se considera un indicador adecuado de g es el de Matrices Progresivas de Raven (1993). Esta es una prueba no verbal, cuyos ítems muestran un patrón de relaciones (cruces y círculos, por ejemplo) incompleto ante los cuales los examinados deben responder seleccionando la secuencia faltante que completa la serie. Si bien sus autores aseguran que este test mide "educción de relaciones", un concepto estrechamente relacionado con la inteligencia general, diversos análisis factoriales han cuestionado esta estructura interna unitaria del test. Se ha afirmado que el Raven, en realidad, mide tres factores cognitivos (percepción, razonamiento analógico y capacidad espacial) y que debería complementarse con una medida del razonamiento verbal para ofrecer un perfil más completo en relación a las teorías actuales de la inteligencia (HOGAN, 2004).

Howard Gardner (1994, 1999) efectuó una crítica radical al modelo de inteligencia general con su teoría de las Inteligencias Múltiples (*multiple intelligences*, MI). Para Gardner, los tests de inteligencia miden preferentemente capacidades relacionadas con los requerimientos académicos de la cultura occidental y por eso sólo identifican dos o tres dimensiones (lingüística, espacial y lógico-matemática) de la inteligencia. Su teoría, basada primordialmente en criterios neuropsicológicos, propone ocho potenciales biopsicológicos de procesamiento de información ("inteligencias") que permiten resolver problemas o crear productos valorados en una cultura determinada. Estas inteligencias, según Gardner (1999), son: Linguistica, Lógico-Matemática, Espacial, Cinestésico-Corporal, Musical, Interpersonal, Intrapersonal y Naturalista. La teoría MI, de fuerte atractivo entre los educadores, constituye una fuente riquísima de hipótesis que no poseen una corroboración empírica exhaustiva ni técnicas objetivas de medición de sus constructos e indicadores (HOOD; JOHNSON, 2002). En efecto, los tests construidos para medir aspectos relacionados con las inteligencias múltiples, tales como MIDAS (SHEARER, 1999) o IAMI (PÉREZ, 2001), evalúan habilidades autopercibidas o autoeficacia (concepto desarrollado más adelante) para actividades relacionadas con las ocho inteligencias y no las inteligencias propiamente dichas.

También existen desarrollos teóricos contemporáneos que representan una solución de compromiso entre ambas posturas, admitiendo la existencia de un factor g pero también de aptitudes y habilidades relativamente independientes. Una de estas teorías es la de Cattell-Horn-Carroll (CHC) (CARROLL, 1993; McGREW; FLANAGAN; KEITH; VANDERWOOD, 1997), que propone un modelo de tres estratos: la inteligencia general en el estrato superior (g), un estrato medio de aproximadamente diez aptitudes cognitivas (procesamiento visual, por ejemplo) y un estrato inferior con numerosas habilidades más específicas (habilidades manuales, por ejemplo). Un instrumento contemporáneo basado explícitamente en la teoría CHC es la batería Woodcock-Johnson-III (WJ-III) (WOODCOCK; McGREW; MATHER, 2001). Las aptitudes medidas por este test son: rapidez en el procesamiento, procesamiento visual, procesamiento auditivo, memoria, comprensión-conocimiento, razonamiento fluido, lectura-escritura y aptitud cuantitativa. Existen versiones de la WJ-III en varios idiomas (incluida una versión en español) y con un rango de aplicación de 2 a 90 años. Este test es de administración individual y posee buenas propiedades psicométricas de estandarización, confiabilidad y validez.

La teoría CHC representa un notable esfuerzo para la conceptualización de la inteligencia. Sin embargo, aún existen desacuerdos básicos entre los defensores de esta teoría. Por ejemplo, algunos investigadores aceptan la existencia de g como un tercer estrato mientras que otros hablan de sólo dos estratos (aptitudes amplias y habilidades específicas). Del mismo modo, no existe consenso respecto a la cantidad de aptitudes de segundo estrato.

En síntesis, la investigación parece apoyar la existencia de un factor general de inteligencia, que no explica la variabilidad total del comportamiento inteligente, y de aptitudes cognitivas que realizan una contribución específica al comportamiento inteligente más allá de la contribución de g. Las aptitudes consensuadas en las diferentes teorías de mayor relevancia son las denominadas verbal y espacial; las demás aptitudes generales y específicas asociadas constituyen todavía un dominio altamente controversial. La revista *Intelligence* es una de las publicaciones más autorizadas en relación a la investigación y medición de la inteligencia y allí regularmente aparecen artículos relacionados con las diferentes teorías que hemos mencionado.

Las escalas más utilizadas para la medición de la inteligencia en Argentina son las elaboradas por David Wechsler en la primera mitad del siglo pasado, con varias actualizaciones posteriores; las últimas referentes al WISC-IV (WECHSLER, 2005), para niños y adolescentes, y el WAIS-III (WECHSLER, 1999), para adultos. Todas las escalas de Wechsler comprenden subtests verbales y de ejecución. Los ítems de los subtests verbales plantean problemas del tipo de "Qué significa arrogante?", o Menciona un planeta de nuestro sistema solar que no sea la Tierra; los subtests no verbales comprenden, por ejemplo, actividades de ensamblar objetos a la manera de un rompecabezas.

Varios análisis psicométricos de las escalas Wechsler identificaron cuatro factores de inteligencia subyacentes (organización perceptual, memoria de trabajo, comprensión verbal y velocidad de procesamiento). En la última versión del WISC-IV, las puntuaciones se interpretan en función de esos cuatro factores y no en la forma tradicional de inteligencia verbal y de ejecución. Además, en las versiones actuales de las escalas Wechsler los ítems están ordenados según los parámetros de dificultad y discriminación determinados mediante la teoría de respuesta al ítem (HOGAN, 2004). Las escalas Wechsler son muy empleadas en Psicología Clínica y Educacional y han sido estandarizadas cuidadosamente en Estados Unidos y España, entre otros países, con muestras nacionales representativas y estratificadas por edad, sexo, raza, educación y ocupación.

La Orientación de Carrera (Vocacional) y la Selección de Personal son áreas de trabajo del psicólogo donde resulta de significativa importancia la medición de aptitudes cognitivas. En estos ámbitos son muy empleadas pruebas multifactoriales como el Test de Aptitudes Diferenciales (DAT-5) (BENNET; SEASHORE; WESMAN, 2000), compuesto por ocho subtests que permiten obtener puntuaciones en aptitudes requeridas para el éxito académico u ocupacional (verbal, numérica, espacial, abstracta, mecánica, administrativa, lenguaje y ortografía). Se ha criticado a este tipo de tests su falta de poder predictivo diferencial, puesto que los mejores predictores resultan ser los puntajes combinados de sus subtests verbales y numéricos, algo equivalente a un test de inteligencia general aunque innecesariamente más extenso; así como la confusión conceptual de incluir aptitudes (como las administrativas) que en realidad son un compuesto de factores cognitivos y de personalidad (KLINE, 2000). No obstante, para fines de orientación o selección suministran información más específica que los tests de inteligencia general, y tal vez en esto radique su popularidad entre los orientadores. El desarrollo de pruebas de aptitudes con bases científicas sólidas (en especial tests colectivos) es uno de los grandes desafíos del futuro para la psicología aplicada.

En Argentina, Cortada de Kohan (1998) elaboró el test de aptitud verbal Buenos Aires. Este test consta de 98 ítems, divididos en dos mitades: sinónimos y definiciones. Todos los ítems son de opción múltiple con 4 alternativas de respuesta, de las cuales una es la correcta. El tiempo de administración es libre pero suelen ser suficientes 25 minutos para terminar la prueba, que puede ser aplicada tanto en forma individual como colectiva. El test Buenos Aires posee baremos para Argentina, Ecuador, Colombia y España. Se han realizado los estudios psicométricos clásicos (confiabilidad, validez, análisis de ítems) pero además se han obtenido para todos los ítems los parámetros de dificultad y discriminación según la teoría de respuesta al ítem, algo muy novedoso en nuestro país. Puede ser utilizado con adolescentes mayores y adultos, desde los 16 años y con tres años cursados de educación secundaria. También se dispone de una versión abreviada que mantiene las propiedades de confiabilidad y validez de la forma completa y que debe administrarse con un tiempo límite de ocho minutos.

Uno de los desarrollos contemporáneos más relevantes son los tests adaptativos o a la medida, basados en la teoría de respuesta al ítem. En especial los tests de rendimiento educativo han comenzado a adoptar crecientemente esta modalidad. A partir de un banco de ítems la mayoría de los tests adaptativos operan mediante una estrategia de ramificación variable para la selección progresiva de los ítems, que requiere establecer: a) un procedimiento de inicio, a partir del cual se determina el primer ítem a presentar; b) un procedimiento para seleccionar, tras una estimación provisional del nivel del individuo en el dominio, el siguiente ítem a presentar, y c) un criterio para dar por finalizada la prueba (OLEA; PONSODA; PRIETO, 1999). En comparación con los tests convencionales de longitud fija, mediante un algoritmo adaptativo se consigue una mejor adecuación entre la dificultad de los ítems y el nivel de rasgo del sujeto, y por tanto una estimación precisa de su nivel de rasgo con la presentación de pocos ítems y en un tiempo de aplicación reducido. Además, dado que diferentes individuos reciben ítems distintos, los tests a la medida previenen que los ítems no sean conocidos antes de su aplicación. Estos beneficios resultan especialmente importantes para los responsables de programas de evaluación educativa a gran escala, donde es necesario aplicar los tests de forma continua a muestras extensas.

Tests de respuesta típica

En este tipo de tests ninguna respuesta puede ser calificada como correcta o incorrecta. Aquí se evalúa el comportamiento habitual de los individuos, recurriendo a distintas afirmaciones ante las cuales el examinado debe indicar su nivel de acuerdo o agrado, por ejemplo. Los tests de respuesta típica comprenden las medidas de rasgos de personalidad, intereses y actitudes, así como de otros constructos afectivos y motivacionales relacionados, tales como las creencias de autoeficacia (CRONBACH, 1998). Los tests de respuesta típica son inventarios de autoinforme en su gran mayoría, donde se demanda al individuo información sobre sí mismo. Esta medición introspectiva y basada exclusivamente en el lenguaje genera varias limitaciones importantes, tales como no ser aplicables a niños pequeños y que sus respuestas pueden falsearse (de manera intencional o no). Si bien se han ideado procedimientos para atenuar (no eliminar) las respuestas negligentes, deshonestas o tendenciosas, los resultados de estos tests deben interpretarse con precaución y no deberían ser nunca el único criterio utilizado para tomar decisiones clasificatorias o diagnósticas respecto a las personas. En este capítulo solamente nos referiremos a manera de ejemplo a las escalas de autoeficacia, un constructo de gran relevancia en la psicología contemporánea y para cuya medición existen algunos tests construidos en Argentina.

La Teoría Social Cognitiva ha destacado el papel de la autoeficacia entre las variables motivacionales y afectivas. Bandura (1997) definió la autoeficacia como creencias en las propias capacidades para realizar determinados cursos de acción. Para este eminente teórico, las creencias de las personas acerca de sí mismas son elementos claves para la determinación del comportamiento. Las creencias de autoeficacia son un elemento de gran influencia y desempeñan un rol clave en las elecciones efectuadas por las personas, el esfuerzo que ellas invierten, la perseverancia para alcanzar metas y el grado de ansiedad o confianza que experimentan frente a las tareas de la vida.

La autoeficacia se relaciona fuertemente con los intereses vocacionales pero se trata de una relación asimétrica, puesto que tal como se ha comprobado en numerosas investigaciones, las personas tienden a interesarse por aquéllas actividades para las cuales se sienten capaces de realizarlas exitosamente (LENT; BROWN; HACKETT, 1994). La autoeficacia también se relaciona con las aptitudes, puesto que las personas se sienten más seguras de emprender aquéllas actividades en las que han experimentado éxito. No obstante, personas con igual nivel de habilidad pueden experimentar diferente seguridad para emprender determinados cursos de acción, por lo cual la autoeficacia permite mejorar la predicción del rendimiento que realizaríamos si sólo nos guiáramos por el nivel de habilidad real. Esto es así porque el desarrollo de creencias de autoeficacia no sólo depende del éxito previo sino de otras fuentes, tales como el aprendizaje vicario y la persuasión social.

El sitio web del profesor Frank Pajares, (http://www. des.emory.edu/mfp/), constituye un tesoro informativo sobre teoría, investigación y medición de la autoeficacia. Se han construido escalas de autoeficacia para el aprendizaje, la matemática, la computación, la escritura, las conductas de prevención de enfermedades de transmisión sexual, el manejo de la tentación de beber y fumar, la enseñanza, el aprendizaje de idiomas, varias de las cuales pueden consultarse en la página mencionada. Bandura (2001) elaboró una monografía para orientar la construcción y análisis psicométrico de este tipo de escalas, la cual es de consulta indispensable para investigadores interesados en la medición de la autoeficacia.

En Argentina, Pérez (2001) construyó un Inventario de Autoeficacia para Inteligencias Múltiples (IAMI) que mide la seguridad percibida de los adolescentes para realizar exitosamente actividades asociadas con las ocho inteligencias múltiples propuestas por Gardner (1999). El IAMI incluye

8 escalas obtenidas por análisis factorial (Lingüística, por ejemplo) y 64 ítems ("Resolver problemas numéricos", por ejemplo). El usuario de la prueba debe responder utilizando un formato de 10 alternativas, desde (1) "no puedo realizar esa actividad" a (10) "totalmente seguro de poder realizar exitosamente esa actividad". Este inventario está incluido en un Sistema de Orientación Vocacional Informatizado (FOGLIATTO; PÉREZ, 2003), que también incluye información académica y un cuestionario de intereses vocacionales, y se ha obtenido evidencia favorable de su confiabilidad y validez, esta última respecto a criterios de rendimiento académico y metas de elección de carrera.

También se esta construyendo escalas de autoeficacia de utilidad para la evaluación en Psicología Clínica. Olaz (2007) desarrolló una escala de Autoeficacia Social para estudiantes Universitarios (EAS-U) para su utilización en programas de entrenamiento en Habilidades Sociales. Numerosas investigaciones han puesto de manifiesto que la autoeficacia social se relaciona con diversas conductas sociales y que los programas de entrenamiento de estas conductas impactan en la autoeficacia, demostrando la utilidad del constructo para la explicación del comportamiento social. La EAS-U incluye 5 escalas obtenidas por análisis factorial (Habilidades Conversacionales, Habilidades Heterosociales, Aceptación Asertiva, Oposición Asertiva, y Habilidades Sociales Académicas) y 35 ítems ("Invitar a bailar a una persona que te presentaron en una fiesta", por ejemplo). El usuario de la prueba debe responder utilizando un formato de 10 alternativas, desde (1) "no puedo realizar esa actividad" a (10) "totalmente seguro de poder realizar exitosamente esa actividad".

Los estudios realizados permiten concluir que la EAS-U, es un instrumento inicialmente válido y confiable para evaluar autoeficacia social. Además, constituye una escala con sustento teórico y abarca las dimensiones fundamentales propuestas para el constructo. No obstante, se requieren estudios adicionales para una validación mas exhaustiva, tales como estudios de estabilidad, y evidencias de las relaciones del test con otras variables (evidencia de las relaciones test- criterio y evidencia convergente). Una vez realizados estos estudios se podrá contar con una escala de utilidad en el ámbito clínico, para ser utilizada a lo largo de las cuatro fases del proceso terapéutico: a) antes del tratamiento, para determinar los déficits de los pacientes; b) durante el tratamiento, para evaluar la modificación de la conducta y de las cogniciones que pudieran interferir con el comportamiento social competente del sujeto; c) después del tratamiento, donde la evaluación permitirá tener una idea de la mejoría del paciente; y d) en el período de seguimiento, para determinar si el paciente ha mantenido los cambios logrados en el proceso terapéutico, y verificar si los mismos han sido generalizados (CABALLO, 2000).

Conclusión

En este capítulo hemos intentado brindar un panorama sintético de los tests psicológicos, sus alcances y limitaciones, con una referencia sucinta a la investigación y desarrollo realizada en Argentina. Los tests son instrumentos de medición de características psicológicas de las personas que, para ser aplicados de un modo responsable y técnicamente riguroso, deben respetar estándares técnicos consensuados por la comunidad psicológica. Se utilizan prácticamente en todas las áreas de la psicología, con fines de facilitar el autoconocimiento, clasificar personas (con fines de diagnóstico o selección) y/o investigar (CRONBACH, 1998). Si bien estos instrumentos poseen limitaciones evidentes si se los compara con los instrumentos de medición de las ciencias naturales, la psicometría es una de las disciplinas más dinámicas de la ciencia psicológica y, en estos últimos años, se han producido desarrollos significativos (ítems más semejantes a la vida real, computarización del proceso de evaluación, métodos estadísticos más poderosos, teorías de base más refinadas) que hacen prever una optimización creciente de estos valiosos procedimientos. Uno de los problemas fundamentales de los tests se deriva del estado de la psicología como ciencia en la actualidad. En efecto, para Bunge y Ardila (2002), muchos constructos (conceptos teóricos que no son directamente observables) y sus indicadores operacionales no han sido definidos ni explicados claramente por teorías científicas y, por consiguiente, la medición por medio de tests no sólo es indirecta (lo cual no sería un problema grave) sino meramente empírica y ambigua. En realidad no existe una clasificación objetiva y fiable de la inteligencia o la personalidad, y una de las características de la psicología contemporánea es su fuerte fragmentación en "sistemas y escuelas" rivales. Kaplan y Saccuzzo (2006) expresaron que los tests psicológicos no pueden ser mejores que las teorías y supuestos en los que se basan. Los tests psicológicos, pese a sus limitaciones (carecen de cero absoluto, unidades de medición significativas y no miden variables estrictamente cuantitativas), poseen un indiscutible valor pragmático en la psicología aplicada (ocupacional, clínica o educacional, por ejemplo) y, por consiguiente, no deberían ser abandonados hasta que la psicología disponga de teorías biológicas y cognitivas válidas que le permitan elaborar herramientas de medición de superior calidad (KLINE, 2000).

Referencia

AIKEN, A. *Tests psicológicos y evaluación*. Naucalpan: Prentice Hall, 2003.

AMERICAN PSYCHOLOGICAL ASSOCIATION. *Standards for psychological and educational tests*. Washington: American Psychiatric Association, 1999.

ANASTASI, A.; URBINA, S. *Tests psicológicos*. Naucalpan: Prentice Hall Latinoamericana, 1998.

BANDURA, A. *Self-efficacy*: the exercise of control. New York: Freeman, 1997.

_____. Guía para la construcción de escalas de autoeficacia. *Evaluar*, v. 1, n. 2, p. 7-38, 2001.

BENNET, G.; SEASHORE, H.; WESMAN, A. *Tests de aptitudes diferenciales, versión cinco (DAT-5)*. Madrid: TEA Ediciones, 2000.

BUNGE, M.; ARDILA, R. *Filosofía de la Psicología*. Barcelona: Ariel, 2002.

CABALLO, V. *Manual de evaluación y entrenamiento de las habilidades sociales*. Madrid: Siglo XXI, 2000.

CARROLL, J. *Human cognitive abilities*. Cambridge: University Press, 1993.

COHEN, R.; SWERDLIK, M. *Pruebas y evaluación psicológicas:* introducción a las pruebas y a la medición. Santa Fe: McGraw Hill, 2000.

CORTADA DE KOHAN, N. La teoría de respuesta al ítem y su aplicación al test verbal. *Interdisciplinaria*, Buenos Aires, v. 15, p. 101-129, 1998.

CRONBACH, L. *Fundamentos de la evaluación psicológica*. Madrid: Biblioteca Nueva, 1998.

FOGLIATTO, H.; PÉREZ, E. *Sistema de Orientación Vocacional Informatizado*: SOVI 3. Buenos Aires: Paidós, 2003.

GARDNER, H. *Estructuras de la mente*: la teoría de las inteligencias múltiples. Tlalpan: Fondo de Cultura Económica, 1994.

_____. *Intelligence reframed*. New York: Basic Books, 1999.

HOOD, A.; JOHNSON, R. (2002). *Assessment in Counseling*. Alexandria, VA: American Counseling Association.

HOGAN, T. *Pruebas psicológicas*: una introducción práctica. México: El Manual Moderno, 2004.

JUAN-ESPINOSA, M. *Geografía de la inteligencia humana*. Madrid: Pirámide, 1997.

KAPLAN, R.; SACCUZZO, D. *Pruebas psicológicas*: principios, aplicaciones y temas. México: Thompson Learning, 2006.

KLINE, P. *Handbook of psychological testing*. London: Routledge, 2000.

LENT, R. Toward a unifying theoretical and practical perspective of well-being and psychosocial adjustement. *Journal of Counseling Psychology*, v. 51, p. 482-509, 2004.

LENT, R.; BROWN, S.; HACKETT, G. Toward a unifying social cognitive theory of career and academic interest: choice and performance. *Journal of Vocational Behavior*, v. 45, p. 79-122, 1994.

MARTÍNEZ ARIAS, R. *Psicometría*. Madrid: Síntesis Psicológica, 1995.

MCGREW, K. et al. Beyond g: the impact of Gf-Gc especific cognitive abilities research on the future use and interpretation of intelligence tests in the school. *School Psychology Review*, v. 26, p. 189-210, 1997.

MUÑIZ, J. *Teoría clásica de los tests*. Madrid: Pirámide, 2001.

NUNNALLY, J.; BERNSTEIN, I. Teoría psicométrica. *Educational Research Quality*, México, v. 14, n. 3, p. 26-30, 1995.

OLAZ, F. *Construcción de una escala de autoeficacia social para estudiantes universitarios*. Informe Beca Doctoral CONICET. Córdoba: Facultad de Psicología, Universidad Nacional de Córdoba, Argentina, 2007. Inédito.

OLEA, J.; PONSODA, V.; PRIETO, G. *Tests adaptativos informatizados*. Madrid: Pirámide, 1999.

PÉREZ, E. *Construcción de un inventario de autoeficacia para inteligencias múltiples*. Tesis (Doctoral) – Facultad de Psicología, Universidad Nacional de Córdoba, Córdoba, 2001.

PLOMIN, R. et al. *Genética de la conducta*. Barcelona: Ariel Ciencia, 2002.

RAVEN, J. *Test de matrices progresivas*. Buenos Aires: Paidós, 1993.

ROTH, G.; DICKE, U. Evolution of the brain and intelligence. *Trends in Cognitive Sciences*, v. 9, p. 250-257, 2005.

SHEARER, B. *Multiple Intelligence Developmental Assessment Scale (MIDAS)*. Kent: University of Kent Press, 1999.

STERNBERG, R. *Inteligencia humana*. Barcelona: Paidós, 1987. v. 1.

TORNIMBENI, S. et al. *Introducción a los tests psicológicos*. 3. ed. Córdoba: Brujas, 2004.

WECHSLER, D. *WAIS-III*: test de inteligencia para adultos. Buenos Aires: Paidós, 1999.

_____. *WISC-IV*. Madrid: TEA, 2005.

WOODCOCK, R.; MCGREW, K.; MATHER, N. *Woodcock-Johnson III tests of cognitive abilities*. Itasca: Riverside Publishing, 2001.

TESTES VOCACIONAIS: REFLEXÕES SOBRE AS PUBLICAÇÕES CIENTÍFICAS NOS CONTEXTOS NACIONAL E ESTRANGEIRO

Ana Paula Porto Noronha[1]
Maiana Farias Oliveira Nunes[2]
Mariana Varandas de Camargo Barros[3]
Rodolfo Augusto Matteo Ambiel[4]

Os primeiros trabalhos de Psicologia acerca do campo vocacional ocorreram no início do século XX, na Alemanha, devido à fundação do Centro de Orientação Profissional, que tinha como objetivo detectar trabalhadores inaptos para

---

[1] Universidade São Francisco – USF.
   E-mail: ana.noronha@saofrancisco.edu.br
[2] Universidade São Francisco – USF.
   E-mail: maiananunes@mac.com
[3] Universidade São Francisco – USF.
   E-mail: mariana_varandas@yahoo.com.br
[4] Universidade São Francisco – USF.
   E-mail: ambielram@yahoo.com.br

determinadas ocupações nas indústrias. Ainda na Europa, outros trabalhos semelhantes foram desenvolvidos no primeiro quarto do século XX em países como Itália, Inglaterra, Suíça, França, Holanda e Bélgica. Nos Estados Unidos, a criação do *Vocational Bureau of Boston* e o lançamento do livro *Choosing a vocation*, ambos coordenados por Frank Parsons, marcaram o surgimento da área na América. No Brasil, destaque deve ser dado aos trabalhos iniciados pelo Liceu de Artes e Ofícios de São Paulo, em 1924 (CARVALHO, 1995; SPARTA, 2003).

Ao longo do século passado, a Orientação Profissional (OP) foi beneficiada pelos avanços na testagem, promovidos pelas necessidades de avaliação criadas pelas grandes guerras e pelos trabalhos teóricos de autores como Rogers, Super e Holland, que, até hoje, exercem influência sobre os profissionais da área (SPARTA, 2003). No Brasil, segundo Abade (2005), a orientação profissional teve seu enfoque voltado às teorias e aos métodos que baseiam os processos grupais nesse âmbito. A autora afirma que, ao longo do tempo, houve uma diversificação de técnicas, métodos e teorias em OP e um aumento considerável de sua produção, especialmente a partir da década de 1990.

Vale destacar, antes de continuar a descrever os avanços da área, que há nomenclaturas distintas utilizadas pelos profissionais da área, tais como "orientação vocacional", "orientação educacional" e "orientação profissional". O termo "vocacional", a rigor, remete à vocação, a um chamado da profissão, a um talento ou à disposição pessoal. "Educacional" refere-se às práticas realizadas durante a trajetória escolar do sujeito, no sentido da escolha de disciplinas e atividades que mais se aproximam de áreas do seu interesse. Já o conceito profissional é usado por muitos no sentido das intervenções voltadas para a escolha de uma profissão ou ofício. A expressão mais utilizada por psicólogos é "orientação profissional", referindo-se às intervenções que visam a solucionar problemas relativos à escolha de uma profissão (MELO-SILVA; LASSANCE; SOARES, 2004). Neste texto, as expressões "orientação vocacional" ou "orientação profissional" serão utilizadas como sinônimos, uma vez que, internacionalmente, as duas servem como referência à busca de literatura especializada.

Para Lisboa (2002), no contexto brasileiro, a visão mais comum da Orientação Profissional é a de ajuda na escolha de uma profissão ou carreira, com vistas à satisfação individual, buscando conciliar os desejos pessoais com a realidade do mundo de trabalho. Nesse sentido, a OP tem buscado a promoção de conhecimento pessoal mais aprofundado juntamente com o de conhecimento da realidade externa, ou seja, das profissões inseridas no mercado de trabalho, daquilo que cada profissão oferece, bem como suas exigências e propostas. Na mesma direção, Nunes e Levenfus (2002) indicam que, com vistas a promover o autoconhecimento, os profissionais da Psicologia muitas vezes utilizam-se de instrumentos de avaliação psicológica. Para que isso ocorra de maneira apropriada, o orientador profissional deve examinar sua preparação teórica e técnica para trabalhar com testes, uma vez que, para realizar avaliação psicológica e psicodiagnóstico, é necessário que se compreendam e se apliquem, na prática, os conceitos de validade, fidedignidade, padronização e normatização.

Segundo Sbardelini (2001), o uso de testes psicológicos não pode ocorrer de maneira estática, fechada, incompleta ou desvinculada da fundamentação teórica, pois é preciso aprofundamento em seus procedimentos, mantendo-se atento às características do instrumento, como suas possibilidades de aplicação, suas deficiências e suas limitações, para lidar com elas de maneira apropriada. Quando se trata de orientação profissional, os testes devem surgir como um meio de avaliar as capacidades dos sujeitos e de enriquecer as informações e hipóteses já levantadas de outras formas. Savickas (2004) acrescenta que a avaliação para a orientação vocacional deve ser realizada com vistas ao ajustamento entre o autoconhecimento e a informação ocupacional, e que esse processo se dá por meio da avaliação das capacidades e dos interesses, uma vez que se relacionam respectivamente com o nível e com o campo ocupacional.

A avaliação psicológica realizada em OP segue dois modelos principais no âmbito nacional e no estrangeiro, sendo um deles voltado para o resultado, e o outro, para o processo. No modelo centrado no resultado, compreende-se que o principal objetivo da avaliação é a definição da escolha por uma área/profissão, uma vez que se busca um resultado consistente com as características pessoais e com as da profissão em questão. Os testes são usados, nessa abordagem, como auxiliares do levantamento de características pessoais relevantes para uma determinada profissão, sendo que os testes de interesse, de personalidade e de inteligência são os principais focos. As bases desse modelo são a Psicometria e a Psicologia Diferencial (SPARTA; BARDAGI; TEIXEIRA, 2006).

Os autores discutem que o outro modelo, centrado no processo, enfatiza três aspectos principais, a saber: a evolução do indivíduo em estágios de maturidade para a escolha, a atuação não diretiva do orientador e a psicologia clínica.

Nessa abordagem, é defendido que as pessoas podem ocupar posições de trabalho independentemente de suas características pessoais, uma vez que estas podem ser adquiridas ou potencializadas. Os testes, considerando essa abordagem, são utilizados no início do processo de OP, para complementar dados sobre a condição geral do sujeito. Assim, os testes podem ou não ser utilizados, e, por outro lado, as entrevistas assumem papel central. Os processos de OP passam a visar ao autoconhecimento, e não à escolha de uma carreira específica. Nesse sentido, outros construtos são avaliados, tais como a maturidade para escolha, a indecisão profissional, a exploração de profissões, o bem-estar psicológico, entre outros. Os objetivos mais amplos da OP, de acordo com essa abordagem, são voltados para a construção de uma identidade vocacional.

Mais especificamente com relação à avaliação da inteligência nesse contexto, Almeida e Simões (2004) sugerem que os instrumentos utilizados para a promoção do autoconhecimento devem ser entendidos dentro da história pessoal, da experiência acadêmica, de motivações e de projetos. Nesse sentido, o foco da avaliação da inteligência é o percurso psicossocioeducativo a partir do qual as capacidades tomam formas e níveis diferenciados. Desse modo, contextualizando-se a informação obtida, consideram-se os conteúdos e os processos inerentes aos testes dos quais se obtêm melhores e piores desempenhos. Os autores sugerem que as experiências escolares envolvem um investimento diferenciado nas diversas matérias, o que ajuda a explicar o desempenho individual nas diferentes funções cognitivas e que se torna um elemento importante na concretização das escolhas vocacionais.

Conforme já mencionado, em um processo de avaliação profissional/vocacional, outros construtos além da inteligência devem ser considerados, e deve-se tentar obter informações a partir de fontes variadas para, assim, compor um panorama mais completo do perfil psicológico do indivíduo. Exemplo pode ser retratado pelo trabalho de Bueno, Lemos e Tomé (2004), que buscaram verificar as relações entre interesses profissionais, inteligência e personalidade, usando, respectivamente, o Levantamento de Interesses Profissionais (LIP), o teste de Raven e o 16-PF. Também Primi, Noronha, Nunes e Ambiel (2006) estudaram a utilidade dos instrumentos Inventário Fatorial de Personalidade (IFP), Bateria Fatorial CEPA e Inventário de Levantamento das Dificuldades da Decisão Profissional (IDDP) em um processo de OP. Ambos os trabalhos concluíram que a compilação de dados provenientes de vários instrumentos é fundamental para a facilitação do autoconhecimento e, consequentemente, da escolha profissional.

Mesmo reconhecendo a importância dessa avaliação multifacetada, Leitão e Miguel (2004) afirmam que os interesses têm um lugar de destaque na psicologia vocacional. Segundo os autores, apesar da importância dada a esse construto, são poucos os trabalhos que buscam defini-lo e teorizá-lo, uma vez que a maioria dos pesquisadores trabalha com a operacionalização do construto empiricamente, por meio de inventários de levantamento dos interesses. Os autores destacam metodologias qualitativas e quantitativas na avaliação dos interesses utilizadas em Portugal. Nesse sentido, explicitam as características de instrumentos quantitativos como o *Strong Interest Inventory* (HARMON; HANSEN; BORGEN; HAMMER, 1994), *Self-Directed Search* (SDS)

(HOLLAND; FRITZSCHE; POWELL, 1994), *Kuder Occupational Interest Survey* (KUDER, 1966), *Campbell Interest and Skill Survey* (CAMPBELL; HYNE; NIELSEN, 1992), *Career Occupational Preference System* (WICKWIRE; FALDET, 1994), *Jackson Vocational Interest Survey* (SHUTE, 2002) e o *Amsterdan Beropen Interessen Vragenlijst* (EVERS, 1992). Entre as metodologias qualitativas, discutem o uso do *Vocational Card Sort* (VCS) (TYLER, 1961), que visa a auxiliar na busca por caminhos e papéis ocupacionais alternativos com o intuito de facilitar a tomada de decisão no que diz respeito à carreira.

No Brasil, com relação aos instrumentos de avaliação dos interesses, Noronha, Freitas e Ottati (2003) realizaram um estudo em que analisaram a qualidade desses testes. Quando da realização do trabalho, foi identificado um total de oito, a saber: o Questionário Vocacional de Interesses (QVI) (OLIVEIRA, 1982), Levantamento de Interesses Profissionais (LIP) (DEL NERO, 1975), Kuder – Inventário de Interesses (BRAGA, 2000), Inventário de Interesses (ANGELINI, s.d.), Geist – Inventário Ilustrado de Interesses (NICK, s.d.), Teste de Catálogo de Livros Bessa-Tramer (BESSA, 1998), Teste das Estruturas Vocacionais (TEV) (MINICUCCI, 1983) e Questionário de Avaliação Tipológica (QUATI) (ZACHARIAS, 2000). Inicialmente, verificaram a existência de dados de identificação nos manuais dos instrumentos, tais como editor, autor e data de publicação. Os resultados indicaram que apenas o editor apareceu em todos os trabalhos. Com relação à descrição dos parâmetros psicométricos, percebeu-se que quase um terço dos manuais não continha qualquer informação sobre estudos de padronização, um quarto não indicava estudos de validade e praticamente dois terços não mostravam estudos de precisão. Apenas 25% dos instrumentos analisados traziam informações sobre esses três parâmetros conjuntamente.

Em um estudo com objetivos semelhantes, Ottati, Noronha e Salviatti (2003) examinaram os instrumentos de avaliação de interesses publicados no Brasil por meio de um questionário que avaliou os manuais de quatro testes nacionais e de três estrangeiros, traduzidos e adaptados para o Brasil. Verificou-se a qualidade geral do material e a presença de estudos de validade, precisão e normatização, e percebeu-se que apenas um continha as informações necessárias. Por fim, os autores constataram que os testes nacionais eram mais completos, enquanto que os instrumentos traduzidos não apresentavam várias das informações necessárias, o que inviabilizaria seu uso. Vale lembrar que ambos os estudos foram realizados antes da promulgação da Resolução 02/2003 do Conselho Federal de Psicologia (CFP, 2003) que regulamentou o uso e a comercialização de testes psicológicos no Brasil.

Nesse sentido, Noronha e Alchieri (2005) comentaram a melhoria da qualidade que ocorreu entre os instrumentos nacionais desde tal resolução, sendo eles cada vez mais específicos e voltados a diversas necessidades, diferentemente do que ocorria antigamente. No entanto, no que diz respeito às necessidades para o crescimento da área de avaliação em OP, Sparta et al. (2006) ainda argumentam como prioritários a qualificação dos instrumentos disponíveis, o aumento do esforço para disponibilizar um maior número de testes e a necessidade de maior agilidade na comercialização de testes desenvolvidos em pesquisas.

Deve-se destacar, contudo, uma renovação no que toca à área de OP, a qual pode ser detectada nos estudos de Melo-Silva (2005) e de Noronha e Ambiel (2006). Esses trabalhos destacam que a produção científica na área de OP acompanha a melhoria dos instrumentos e das práticas profissionais. Esse último artigo analisou a produção científica brasileira da área de OP no período entre a década de 1950 e o ano de 2005, a partir de levantamento nas bases de dados eletrônicos da Biblioteca Virtual da Saúde (BVS-Psi) e IndexPsi. No total, foram encontrados 191 artigos com as palavras-chaves "Orientação Profissional", "Orientação Vocacional", "Interesses Profissionais", "Escolha Profissional" e "Testes de Interesse". Os resultados mostraram que, até a metade da primeira década de 2000, o número de publicações já era superior a toda a produção da década de 1990, que, por sua vez, já apresentava um aumento considerável em relação aos anos anteriores. Entre os instrumentos mais utilizados no período, destacaram-se o *Kuder Preference Record* (décadas de 1960 e 1970) e o BBT (JACQUEMIN, 2000; JACQUEMIN et al., 2006), nas décadas de 1990 e 2000.

Ainda no que diz respeito à caracterização da área de OP e do uso de testes nesse âmbito, Noronha et al. (2006) analisaram teses e dissertações que abordavam a orientação profissional por meio do banco de teses da Coordenação de Aperfeiçoamento de Pessoal de Nível Superior (CAPES) e do BVS-Psi, utilizando-se das palavras-chaves "Orientação Profissional", "Orientação Vocacional", "Testes de Interesses", "Testes Psicológicos" e "Teste Vocacional". Foram encontrados trabalhos que datavam de 1969 a 2005, prioritariamente do tipo "relato de pesquisa" (81%), sendo que

101

apenas 22% faziam referência ao uso de testes, e os mais citados foram o BBT e a Escala de Maturidade para Escolha Profissional (EMEP) (NEIVA, 1999). Os autores também analisaram as palavras-chave dos resumos, e encontraram 128 termos diferentes, sendo que os mais frequentes foram "Orientação Profissional", com 33 citações, "Escolha Profissional", com treze, "Orientação Vocacional", com onze, "Adolescente", com nove, e "Avaliação", com seis. As demais palavras-chave apareceram com frequência inferior a cinco ocorrências.

O presente capítulo buscou, por meio de uma pesquisa documental, trazer à discussão aspectos pertinentes ao uso de testes voltados para o contexto de OP. Nesse sentido, destaca-se que as pesquisas documentais e de levantamento são de grande importância para o desenvolvimento da ciência, e, em especial, para a Psicologia. A compreensão das temáticas estudadas, seus métodos e resultados durante certo período histórico tendem a indicar novos caminhos e possibilidades de desenvolvimento científico, guiando as ações dos pesquisadores em trabalhos futuros (WITTER, 1999).

Mais especificamente, o presente trabalho tem por objetivo analisar o conteúdo dos resumos de artigos nacionais e estrangeiros que tratam de assuntos relacionados à orientação profissional, obtidos a partir de buscas em bases de dados digitais. Essa análise permitiu a obtenção de um quadro descritivo sobre o uso de testes em orientação profissional/vocacional no contexto nacional e no contexto estrangeiro, ainda que essa tenha sido realizada em uma amostra de trabalhos, selecionados a partir de três bases relevantes na área.

Método

Fonte e procedimentos

A fim de cumprir os objetivos propostos, foram acessadas as bases de dados BVS-Psi, *Academic Search Premier* e EBSCO, buscando-se as palavras-chaves "Teste Vocacional" na base nacional e "*Vocational Test*" nas bases estrangeiras. Na consulta brasileira, foram encontrados sete resumos, enquanto que nas duas bases internacionais foram listados 142. Após análise preliminar, foram excluídos 44 trabalhos estrangeiros que se tratavam de capítulos ou livros, totalizando 105 resumos.

Resultados e discussão

As revistas nacionais pelas quais os artigos foram publicados foram *Revista da Associação Brasileira de Orientação Profissional* (42,9%), *Interação* (14,3%), *Arquivos Brasileiros de Psicotécnica* (14,3%), *Alethéia* (14,3%) e *Jornal Brasileiro de Psiquiatria* (14,3%). No âmbito estrangeiro, foram encontradas 48 revistas distintas, com predominância de publicação no *Journal of Applied Psychology* (20,4%), seguida pelo *Journal of Counseling Psychology*, *Journal of Clinical Psychology*, *Educational and Psychological Measurement*, *Personnel Journal* e *British Journal of Psychology*, cada uma com 4% das produções. No entanto, revistas aparentemente menos relacionadas ao tema também foram localizadas, tais como *Journal of Criminal Law and Criminology* e *Ophthalmic and Physiological Optics*. O fato de encontrar publicações em áreas não convencionais pode demonstrar uma expansão da OP/OV em âmbito estrangeiro, incluindo temáticas específicas, o que aparentemente não se encontra em consonância com as pesquisas brasileiras. Além disso, o fato de a função de conselheiro de carreira (*counseler*) não ser internacionalmente ocupada exclusivamente por psicólogos garante uma maior variabilidade no tipo de revista escolhida para publicação.

No que diz respeito ao período de publicação, houve aumento dos resumos estrangeiros ao longo dos anos, com destaque para o período entre as décadas de 1920 e 1940, que foi superior às demais (Tabela 4.1).

Tabela 4.1 – Frequência de décadas de apresentação dos trabalhos

Década	Nacional F	%	Estrangeiro F	%
1910	0	-	5	5,1
1920	0	-	11	11,2
1930	0	-	16	16,3
1940	0	-	24	24,5
1950	1	14,3	9	9,2
1960	0	-	4	4,1
1970	0	-	9	9,2
1980	0	-	6	6,1
1990	2	28,6	8	8,2
2000	4	57,1	6	6,1
Total	7	100,0	98	100

Esse aumento em âmbito estrangeiro pode estar associado às demandas criadas pelos soldados que retornavam das I e II Grandes Guerras Mundiais e precisavam de reorientação de carreira ou de ajuda na adaptação ao trabalho, uma vez que muitos haviam desenvolvido distúrbios psicológicos ou limitações físicas (SPARTA, 2003). A interpretação dos resultados dos trabalhos nacionais fica prejudicada em razão do pequeno número de resumos encontrados a partir da palavra--chave escolhida para o presente estudo. De qualquer forma, a partir dos dados disponíveis, é possível afirmar que o maior número de trabalhos se deu a partir da década de 1990, o que, por sua vez, reafirma os achados de outros estudos (MELO--SILVA, 1999; NORONHA; AMBIEL, 2006).

As áreas de aplicação dos trabalhos, levando-se em conta o contexto nacional, foram a Psicologia (85,7%) e a Medicina (14,3%), conforme dados apresentados na Tabela 4.2. No estrangeiro, observou-se maior variação, havendo uma liderança da área da Psicologia (79,6%), seguida pela área de *counseling* (que engloba toda a atividade de aconselhamento de carreira, independente da formação acadêmica do profissional que presta esse serviço), com 14,3%, e, com menores frequências, a Medicina (2%), a Educação (2%), o Direito (1%) e a Enfermagem (1%).

Ainda na Tabela 4.2, é possível observar a distribuição das áreas por décadas. Foi realizado o teste de qui-quadrado para verificar se a distribuição de frequências entre as áreas e os anos de publicação variou significativamente. Os resultados revelaram diferenças significativas no caso dos estrangeiros (χ^2 [45]= 78,736, p= 0,001), porém não no caso dos nacionais (χ^2 [2]= 0,875, p= 0,645).

Tabela 4.2 – Área de publicação, considerando-se as décadas

Origem	Década	Psicologia	Medicina	Enfermagem	Educação	Counseling	Direito	Total
Nacional	1950	1	0	0	0	0	0	1
	1990	2	0	0	0	0	0	2
	2000	3	1	0	0	0	0	4
Total		6	1	0	0	0	0	7
Estrangeiro	1910	5	0	0	0	0	0	5
	1920	11	0	0	0	0	0	11
	1930	13	0	0	0	2	1	16
	1940	23	0	0	0	1	0	24
	1950	8	0	0	0	1	0	9
	1960	4	0	0	0	0	0	4
	1970	6	0	0	0	3	0	9
	1980	5	0	0	0	1	0	6
	1990	2	1	0	2	3	0	8
	2000	1	1	1	0	3	0	6
Total		78	2	1	2	14	1	98

O público abordado nos resumos analisados permitiu identificar uma variedade nos trabalhos estrangeiros, nos quais houve uma predominância de grupos profissionais (11,2%), seguido por estudantes de ensino médio ou de curso técnico (8%) e de cursos de graduação (8%), conforme pode ser observado na Tabela 4.3. A comparação com o cenário nacional ficou prejudicada, uma vez que, dos resumos obtidos, não foi possível identificar essa informação, ou esse tipo de investigação não se aplicava.

Tabela 4.3 – Frequência do público abordado nos trabalhos

	Nacional		Estrangeiro	
	F	%	F	%
Estudante de ensino médio/técnico	1	14,3	8	8,2
População em processo avaliativo/ aconselhamento	0	-	3	3,1
Graduação	0	-	8	8,2
Grupo profissional	0	-	16	16,3
Trabalhadores desempregados	0	-	1	1,0
Grupos com patologia específica	0	-	4	4,1
Militares	0	-	2	2,0
Latinos e hispânicos	0	-	1	1,0
Negros	0	-	1	1,0
Mulheres	0	-	2	2,0
Não se aplica	3	42,9	35	35,7
Não informado ou não especificado	3	42,9	17	17,3
Total	7	100,0	98	100

Quanto aos testes utilizados, o Rorscharch (14,3%), o BBT (28,6%) e o Ômega (28,6%) foram os únicos relatados nas pesquisas nacionais. O BBT já havia sido identificado como mais referenciado em outra pesquisa (NORONHA et al., 2006), porém, na presente investigação, não houve menção ao EMEP, assim como houve a observação de dois testes antes não relacionados por Noronha et al. (2006). Nos trabalhos estrangeiros, encontraram-se 54 testes diferentes, com uma frequência total de 81 citações de testes. Houve uma predominância da utilização do *Minnesota Vocational Test for Clerical Workers*, que foi mencionado 24 vezes em trabalhos distintos, seguido pelo *Strong Vocational Interest Test for*

Women, que obteve uma frequência de três utilizações, e do *Dailey Vocational Tests* (DVTs) (F= 2).

Outros testes obtiveram frequências maiores, quando consideradas as várias formas deles, como o O'Rourke (F= 4), o Strong (F= 4), o Thurstone (F= 3), o Kuder (F= 2), o O'Connor (F= 2) e o Otis (F= 2). Os demais instrumentos foram mencionados apenas uma vez, como pode ser observado na Tabela 4.4.

Tabela 4.4 – Testes utilizados nos resumos estrangeiros

Teste	F	%
A modified Thurstone	1	1,2
A-S Reaction Test	1	1,2
Bennett Mechanical Comprehension Test Form AA	1	1,2
Bennett's Stenographic Aptitude Test	1	1,2
Bernreuter Personality Inventory	1	1,2
Bureau Test VI	1	1,2
Career Decision-Making Self-Efficacy Scale-Short Form	1	1,2
Career Maturity Inventory	1	1,2
Cattell's Sixteen Personality Factor test	1	1,2
Character sketches	1	1,2
Chicago Test of Clerical Promise	1	1,2
Dailey Vocational Tests (DVTs)	2	2,5
Detroit Clerical Aptitude Examination	1	1,2
General Clerical Battery of the United States Employment Service	1	1,2
General Clerical Test, PCI Selection Form 20	1	1,2
Hand-Tool Dexterity Test	1	1,2
Holland Vocational Preference Inventory (VPI)	1	1,2
Kuder Preference Record	1	1,2
Kuder Vocational Test	1	1,2

Continuação da Tabela 4.4

MacQuarrie Test for Mechanical Ability	2	2,5
Minnesota Paper Form Board Test	1	1,2
Minnesota Rate of Manipulation Test	1	1,2
Minnesota Vocational Test for Clerical Workers	24	29,6
Occupational Interest Blank for Women	1	1,2
O'Connor Finger and Tweezer Dexterity tests	1	1,2
O'Connor Vocabulary Test	1	1,2
O'Rourke Clerical Aptitude Test (junior grade)	1	1,2
O'Rourke Clerical Aptitude Test	1	1,2
O'Rourke Clerical Aptitude Test (senior grade)	1	1,2
O'Rourke Vocabulary	1	1,2
Otis Quick-Scoring Mental Ability Test	1	1,2
Otis-Lennon Test of Mental Ability	1	1,2
Peg board	1	1,2
Penta-County Vocational Test Battery	1	1,2
Pressey Senior Classification	1	1,2
Professor Munsterberg's vocational tests	1	1,2
Revised Beta Examination	1	1,2
RN e LPN vocational tests	1	1,2
Rorschach Test	1	1,2
Self-Ideal-Ordinary (S-I-O)	1	1,2
Self-Knowledge Self-Efficacy Scale	1	1,2
Standard Clerical Profile Test	1	1,2
Strong Vocational Interest Test for Women	3	3,7
Strong-Campbell Interest Inventory	1	1,2
Tests of logical relations	1	1,2
Thurstone Clerical Test	1	1,2
Thurstone Examination in Clerical Work	1	1,2
Thurstone Vocational Interest Schedule	1	1,2
Trabue Language Test	1	1,2

Continuação da Tabela 4.4

Turse Shorthand Aptitude Test	1	1,2
Vocational Development Inventory (VDI)	1	1,2
Vocational Preference Inventory	1	1,2
Vocational test to measure clerical ability	1	1,2
Woodworth-Wells Tests	1	1,2
Total	81	100,0

Vale destacar, ainda, que aqui foram considerados apenas os testes, excluindo-se da análise as entrevistas ou os questionários. Esses dados, de alguma forma, coincidem com as observações de Leitão e Miguel (2004) e de Noronha, Freitas e Ottati (2003), no que diz respeito ao teste de Strong e ao de Kuder. Outros testes que aparecem na presente listagem eram bastante utilizados em períodos mais remotos, e provavelmente a pesquisa com eles não foi continuada.

Para a análise do construto avaliado pelo teste, as 84 ocorrências foram consideradas, sendo que em seis casos não foi possível especificar o tipo de teste usado, uma vez que a descrição feita pelos autores no resumo do seu trabalho não fornecia essa informação. Encontrou-se uma predominância dos testes de interesses (60,7%), seguidos pelos testes de inteligência (10,7%) na análise dos trabalhos internacionais, conforme indica a Tabela 4.5. Em contexto nacional, em função da pequena amostra, não é possível fazer análises mais detalhadas, porém vale destacar que foram utilizados dois instrumentos de interesses e um de personalidade. No resto dos casos, essa análise não se aplicava, uma vez que os autores não relataram o uso de instrumentos.

Tabela 4.5 – Classificação dos testes por construto avaliado

Tipo de teste	Nacional		Estrangeiro	
	F	%	F	%
Interesses	2	66,7	51	60,7
Inteligência/habilidades	0	0	9	10,7
Vocabulário/linguagem	0	0	3	3,6
Personalidade	1	33,3	3	3,6
Autoeficácia	0	0	3	3,6
Atitudes	0	0	3	3,6
Maturidade/maturidade vocacional	0	0	2	2,4
Autopercepção	0	0	1	1,2
Compreensão mecânica	0	0	1	1,2
Teste de reação	0	0	1	1,2
Levantamento de características e atuação profissionais	0	0	1	1,2
Não especificado	0	0	6	7,1
Total	3	100	84	100

Com vistas a compreender a natureza do trabalho (Tabela 4.6), foram definidas categorias de análise, elaboradas a partir dos preceitos de Bardin (1971). Determinaram-se seis categorias, quais sejam: pesquisa empírica; pesquisa documental; relato de experiência; artigo teórico; revisões (comparação do estado da arte do uso de testes vocacionais entre países distintos, da comparação entre métodos de aconselhamento ou descrição e comparação de manuais de testes) e outros (quando não foi possível identificar a natureza a partir do resumo).

Tabela 4.6 – Natureza do resumo

Natureza do resumo	Nacional F	%	Estrangeiros F	%
Pesquisa empírica	2	28,6	46	46,9
Pesquisa documental	2	28,6	8	8,2
Relato de experiência	1	14,3	6	6,1
Teórico	1	14,3	21	21,4
Revisões	0	-	16	16,3
Outros	1	14,3	1	1,0
Total	7	100,0	98	100

Tal como pode ser observado na Tabela 4.6, os resultados revelaram mais pesquisas empíricas e documentais em âmbito nacional. Em relação às estrangeiras, ao lado das empíricas, ficaram os resumos teóricos. Em contrapartida, o relato de experiência foi menos frequente em âmbito estrangeiro, enquanto as revisões teóricas não estiveram representadas nos resumos nacionais. Essa análise parcialmente corrobora com teses e dissertações os achados de Noronha et al. (2006) no que diz respeito ao tipo de trabalho, uma vez que em uma amostra de cem trabalhos, observou-se uma ocorrência de 81% de relato de pesquisa, 16% de reflexão teórica, e apenas em 3% não foi possível identificar o tipo.

A temática do resumo foi analisada a partir da organização de nove categorias, a saber: qualidade do instrumento (trabalhos que versavam sobre a qualidade psicométrica dos instrumentos, tais como estudos de construção, validade, precisão, normatização, padronização das condições de testagem, adaptação e comparação das diferentes formas do teste); qualidade da técnica (estudos que buscaram avaliar técnicas, formas de aprimoramento destas e comparação de diferentes procedimentos); OP voltada para público específico (descrição de processos de orientação profissional com clientes de populações específicas, como no caso da reabilitação de esquizofrênicos); caracterização (engloba os trabalhos que buscaram caracterizar populações específicas com relação a variáveis dos construtos estudados ou a adequação de determinados testes na avaliação dessas populações); apresentação da metodologia de instrumento (descreve e introduz aspectos básicos de instrumentos psicoeducacionais); descrição de processos de OP (relato da experiência envolvendo técnicas e instrumentos no processo de orientação); descrição de características profissionais dos *counselers* (trabalhos que visaram a avaliar ou descrever competências e habilidades dos profissionais que realizam orientação); aspectos teóricos e metodológicos relacionados a testes vocacionais (trabalhos que discutiram pressupostos teóricos, visando a contribuir para a compreensão dos fenômenos psicológicos ou a argumentar sobre as possibilidades de refinamento de metodologias); não se aplica (casos muito específicos, que extrapolavam e divergiam dos aspectos abordados nesta análise ou que, apesar de possuírem resumo, não forneciam informações suficientes para análise). As frequências das categorias podem ser visualizadas na Tabela 4.7.

DA PSICOLOGIA CONTEMPORÂNEA
TEMAS EM AVALIAÇÃO PSICOLÓGICA

Tabela 4.7 – Temática abordada nos resumos

Temática	Nacional F	%	Estrangeiro F	%
Apresentação de metodologia	2	28,6	5	5,1
Aspectos teóricos/metodológicos	0	-	29	29,6
Caracterização	0	-	20	20,4
Descrição de características dos *counselers*	0	-	5	5,1
Descrição de processos de OP	0	-	3	3,1
Qualidade da técnica	0	-	11	11,2
Qualidade do instrumento	2	28,6	19	19,4
Não se aplica	1	14,3	6	6,1
Sem resumo	2	28,6	0	-
Total	7	100	98	100

Os trabalhos que possuíam apenas os dados de identificação, portanto sem resumo, não foram contemplados nesta análise. Vale destacar que dois autores deste capítulo realizaram a categorização individualmente. Considerando-se que a concordância entre eles foi inferior a 70%, tal como minimamente desejável, realizou-se nova categorização de forma consensual entre os autores. Nesse particular, uma justificativa plausível para a baixa concordância inicial deveu-se ao fato de que se optou por considerar apenas uma temática por trabalho, e em alguns casos, mais de uma opção poderia ser contemplada.

No caso dos trabalhos nacionais, receberam destaque as temáticas sobre apresentação de metodologia e qualidade dos instrumentos. Nos casos estrangeiros, os aspectos teóricos metodológicos tiveram a maior frequência, o que pode apontar para um maior avanço dos referenciais teóricos em contexto internacional. Ao lado disso, observa-se uma ênfase na qualidade dos instrumentos e na caracterização de populações quanto aos construtos estudados. O teste do qui-quadrado também foi realizado por década para as variáveis revista, tipo de artigo, temática e público abordado. Quanto à revista que originou a publicação, não foi encontrada diferença significativa entre os dados nacionais (χ^2 [8]= 10,500, p= 0,232), embora o tenha sido, dentre os internacionais (χ^2 [432]= 573,932, p< 0,001). Resultado semelhante foi revelado quanto ao público-alvo das pesquisas, já que se observaram diferenças significativas nos casos estrangeiros (χ^2 [108]= 147,921, p= 0,007), porém não nos nacionais (χ^2 [4]= 7,000, p= 0,136). No que diz respeito ao tipo de artigo, não houve diferenças significativas em nenhum dos casos (nacional [χ^2 {8}= 11,375, p= 0,181]; estrangeira [χ^2 {45}= 49,432, p= 0,301]). O mesmo ocorreu no caso da temática abordada (nacional [χ^2 {2}= 1,875, p= 0,392]; estrangeira [χ^2 {63}= 75,634, p= 0,132]).

No que se refere às palavras-chaves, foram consideradas até as quatro primeiras citadas pelos autores. Entre as pesquisas brasileiras, apenas três trabalhos forneceram as palavras-chaves, totalizando catorze termos, dos quais apenas "Orientação Vocacional" repetiu-se (Tabela 4.8).

DA PSICOLOGIA CONTEMPORÂNEA
TEMAS EM AVALIAÇÃO PSICOLÓGICA

Tabela 4.8 – Palavras-chaves nacionais

Termo	F	%
Ajustamento social	1	7,1
Atividades cotidianas/psicologia	1	7,1
Avaliação educacional	1	7,1
Escolha da profissão	1	7,1
Esquizofrenia/reabilitação	1	7,1
Estudantes de Medicina	1	7,1
Orientação vocacional	2	14,3
Reabilitação vocacional	1	7,1
Técnicas projetivas	1	7,1
Teste de Admissão Acadêmica	1	7,1
Testes neuropsicológicos	1	7,1
Transtornos cognitivos/psicologia	1	7,1
Transtornos cognitivos/reabilitação	1	7,1
Total	14	100

Foram encontradas 328 ocorrências de palavras-chaves estrangeiras, sendo 238 distintas, e quinze termos que apresentaram frequência igual ou superior a três, o que justificou a escolha deles para compor a Tabela 4.9.

116

Tabela 4.9 – Palavras-chaves estrangeiras

Termo	F	%
Aptitude	3	3,3
Clerk	8	8,9
Counseling	5	5,6
Guidance	3	3,3
Industrial And Personnel Problems	5	5,6
Interest	3	3,3
Selection	4	4,4
Social Functions Of The Individual	4	4,4
Test	17	18,9
Test Absurdities	4	4,4
Tests & Testing	3	3,3
Vocation	9	10,0
Vocational	7	7,8
Vocational Guidance	6	6,7
Vocational testing	9	10,0
Total	90	100

Considerações finais

O presente estudo objetivou realizar um levantamento da produção científica em três bases de dados eletrônicos (uma nacional e duas estrangeiras), buscando-se, para tanto, as palavras-chaves "Testes vocacionais" e *"Vocational tests"*. Trabalhos dessa natureza têm sido frequentes no Brasil em determinadas áreas de conhecimento. Adicionalmente, são razoavelmente utilizados em outros países. A justificativa para a realização desse estudo centra-se na necessidade de desenvolvimento da área de orientação profissional. De acordo com Witter (1999), à medida que se revela o que já foi produzido em alguma área de conhecimento, é possível indicar novos caminhos e possibilidades de desenvolvimento científico, com vistas a guiar as ações dos pesquisadores em trabalhos futuros.

A primeira reflexão que os resultados permitem é na direção da discrepância encontrada quanto ao número de trabalhos na base brasileira e nas outras duas. Dois aspectos podem ser destacados; um relativo à produção ainda incipiente da área, e outro à necessidade de ampliação da indexação de revistas brasileiras nas bases eletrônicas. Ambas as questões merecem atenção e, de alguma forma, podem estar relacionadas entre si. Nesse ensejo, há de se ressaltar que todas as outras análises com os trabalhos brasileiros devem ser observadas com cautela, em razão do pequeno número encontrado.

As publicações, quando estudadas à luz das décadas, informam que a produção estrangeira manteve-se presente durante todo o período investigado, sendo que, na década de 1940, o número de trabalhos foi superior. A comparação com o cenário nacional destaca a discrepância das realidades, sendo que, no âmbito nacional, o registro mais frequente de trabalhos ocorreu a partir de 1990. Os achados corroboram outros levantamentos apresentados na fundamentação teórica desse estudo (MELO-SILVA, 1999; NORONHA; AMBIEL, 2006). Também Carvalho (1995) e Sparta (2003) historiam que a construção da orientação no exterior aconteceu já nos primórdios do século XX, enquanto que, no Brasil, um início tímido se deu em São Paulo na década de 1920.

No que se refere às áreas de conhecimento relacionadas aos testes vocacionais, tanto nos trabalhos brasileiros como nos estrangeiros, a Psicologia foi predominante, embora certa diversidade tenha sido encontrada nos estrangeiros. Nessa mesma direção, estão os testes psicológicos. O pequeno espectro encontrado no Brasil revela a necessidade de mais investimentos na construção e nos estudos de verificação dos parâmetros psicométricos (SBARDELINI, 2001; SAVICKAS, 2004; Sparta et al., 2006). Em consonância com essa informação está a natureza dos resumos. Os resultados revelaram que, nos documentos nacionais, o relato de experiência ainda apareceu com alguma importância, ao mesmo tempo em que a pesquisa empírica não se sobressaiu em relação à documental, por exemplo. Esses dados podem apontar para uma divulgação das formas de operacionalizar os processos de OP, porém sem a necessária utilização de fundamentação teórica e de resultados de avanços científicos obtidos por meio de pesquisas com critérios mais rigorosos.

Embora este estudo não objetivasse diretamente uma comparação entre os contextos nacional e estrangeiro, em razão da diferença de ocorrências obtidas nas bases pesquisadas, os achados permitiram análises nesse sentido. À guisa de conclusão, a necessidade de mais pesquisas na área, de mais investimentos na construção de tecnologia de coleta de informação, assim como a organização de produção científica, mostrou-se eminente no contexto nacional.

Referências bibliográficas

ABADE, F. L. Orientação profissional no Brasil: uma revisão histórica da produção científica. *Revista Brasileira de Orientação Profissional*, v. 6, n. 1, p. 15-24, 2005.

ALMEIDA, L. S.; SIMÕES, M. R. Os testes de inteligência na orientação vocacional. In: LEITÃO, L. M. (Ed.). *Avaliação psicológica em orientação escolar e profissional*. Coimbra: Quarteto, 2004. p. 79-100.

ANGELINI, A. L.. *Inventário de interesses*. São Paulo: CEPA, s/d.

BARDIN, L. *Análise de conteúdo*. São Paulo: Edições 70, 1971.

BESSA, P. P. *Teste do catálogo de livros Bessa-Tramer*: manual técnico. Rio de Janeiro: CEPA, 1998.

BRAGA, G. L. *Kuder* – Inventário de interesses. Rio de Janeiro: CEPA, 2000.

BUENO, J. M. H.; LEMOS, C. G.; TOMÉ, F. A. M. F. Interesses profissionais de um grupo de estudantes de psicologia e suas relações com inteligência e personalidade. *Psicologia em Estudo*, v. 9, n. 2, 2004.

CAMPBELL, D. P.; HYNE, S. A.; NIELSEN, D. L. *Manual for the Campbell interest and skill survey (CISS)*. Minneapolis: National Computer Systems, 1992.

CARVALHO, M. M. M. J. *Orientação profissional em grupo*: teoria e técnica. Campinas: Psy, 1995.

DEL NERO, C. *LIP* – Levantamento de Interesses Profissionais. São Paulo: Vetor, 1984.

EVERS, A. *Amsterdamse Beroepen Interesse Vrangenlijst (ABIV)*. Lisse: Swets & Zeitlinger, 1992.

HARMON, L. et al. *Strong Interest Inventory applications and technical guide*. Stanford: Stanford University Press, 1994.

HOLLAND, J. L.; FRITZSCHE, B. A.; POWELL, A. B. *SDS* – Self-Directed Search. Los Angeles: Psychological Assessment Resources, 1994.

JACQUEMIN, A. *O BBT-Br*: teste de fotos de profissões – normas, adaptação brasileira, estudos de caso. São Paulo: CEPA, 2000.

JACQUEMIN, A. et al. *O BBT-Br Feminino*: teste de fotos de profissões – adaptação brasileira, normas e estudos de caso. São Paulo: Centro Editor de Testes e Pesquisas em Psicologia, 2006.

KUDER, D. F. *General manual*: Occupational Interest Survcy, form DD. Chicago: Science Research Associates, 1966.

LEITÃO, L. M.; MIGUEL, J. P. Avaliação dos interesses. In: LEITÃO, L. M. (Ed.). *Avaliação psicológica em orientação escolar e profissional*. Coimbra: Quarteto, 2004. p. 179-262.

LISBOA, M. D. Orientação profissional e mundo do trabalho: reflexões sobre uma nova proposta frente a um novo cenário. In: LEVENFUS, R. S.; SOARES, D. H. P. (Orgs.). *Orientação Vocacional Ocupacional*: novos achados teóricos, técnicos e instrumentais para a Clínica, a Escola e a Empresa. Porto Alegre: Artmed, 2002. p. 33-49.

MELO-SILVA, L. L. *Pesquisas brasileiras no domínio da Orientação Vocacional e Profissional*. Disponível em: <http://www.aiospconference2005.pt/abstracts/178.pdf>. Acesso em: mar. 2006.

MELO-SILVA, L. L.; LASSANCE, M. C. P.; SOARES, D. H. P. A orientação profissional no contexto da Educação e Trabalho. *Revista Brasileira de Orientação Profissional*, v. 5, n. 2, p. 31-52, 2004.

MINICUCCI, A. *Teste das Estruturas Vocacionais – TEV*: manual técnico. São Paulo: Vetor, 1983.

NEIVA, K. M. C. *Escala de Maturidade para Escolha Profissional (EMEP)*: manual. São Paulo: Vetor, 1999.

NICK, E. *Inventário Ilustrado de Interesses Geist*: manual técnico. Rio de Janeiro: CEPA, s/d.

NORONHA, A. P. P.; ALCHIERI, J. C. Reflexões sobre os instrumentos de avaliação psicológica. In: PRIMI, R. *Temas em avaliação psicológica*. Campinas: Instituto Brasileiro de Avaliação Psicológica, 2005. p. 19-36.

NORONHA, A. P. P.; AMBIEL, R. A. M. Orientação profissional e vocacional: análise da produção científica. *Psico-USF*, v. 11, n. 1, p. 75-84, 2006.

NORONHA, A. P. P. et al. Análise de teses e dissertações em orientação profissional. *Revista da ABOP*, v. 7, n. 2, 2006.

NORONHA, A. P. P.; FREITAS, F. A.; OTTATI, F. Análise de instrumentos de avaliação de interesses profissionais. *Psicologia: Teoria e Pesquisa*, v. 19, n. 3, p. 287-291, 2003.

NUNES, M. L. T.; LEVENFUS, R. S. O uso de testes psicológicos em Orientação Profissional. In: LEVENFUS, R. S.; SOARES, D. H. P. (Orgs.). *Orientação Vocacional Ocupacional*: novos achados teóricos, técnicos e instrumentais para a Clínica, a Escola e a Empresa. Porto Alegre: Artmed, 2002. p. 195-208.

OLIVEIRA, R. *QVI – Questionário Vocacional de Interesses*. São Paulo: Vetor, 1982.

OTTATI, F.; NORONHA, A. P. P.; SALVIATTI, M. Testes psicológicos: qualidade de instrumentos de interesse profissional. *Interação em Psicologia*, v. 7, n. 1, p. 65-71, 2003.

PRIMI, R. et al. Estudo correlacional entre habilidades, personalidade e dificuldade de escolha profissional. In: MACHADO, C. et al. (Eds.). *XI Conferência Internacional de Avaliação Psicológica*: formas e contextos. Braga: Psiquilíbrios, 2006. p. 423-435.

SAVICKAS, M. L. Um modelo para a avaliação de carreira. In: LEITÃO, L. M. (Ed.). *Avaliação psicológica em orientação escolar e profissional*. Coimbra: Quarteto, 2004. p. 21-44.

SBARDELINI, E. T. B. Avaliação Psicológica e Orientação Profissional: contribuições do teste de fotos profissões – BBT. In: SISTO, F. F.; SBARDELINI; E. T. B.; PRIMI, R. (Orgs.). *Contextos e questões da Avaliação Psicológica*. São Paulo: Casa do Psicólogo, 2001 p. 85-97.

SHUTE, R. E. Jackson Vocational Interest Survey (JVIS). In: KAPES, J. T.; WHITFIELD, E. A. (Eds.). *A counselor's guide to career assessment instruments*. Alexandria: National Career Development Association, 2002. p. 250-256.

SPARTA, M. O desenvolvimento da orientação profissional no Brasil. *Revista Brasileira de Orientação Profissional*, v. 4, n. 1/2, p. 1-11, 2003.

SPARTA, M.; BARDAGI, M. P.; TEIXEIRA, M. A. P. Modelos e instrumentos de avaliação em Orientação Profissional: perspectiva histórica e situação no Brasil. *Revista Brasileira de Orientação Profissional*, v. 7, n. 2, p. 19-32, 2006.

TYLER, L. Research exploration in the realm of choice. *Journal of Counseling Psychology*, v. 8, p. 195-202, 1961.

WICKWIRE, P. N.; FALDET, B. Review of the Career Occupational Preference System Inventory (COPS). In: KAPES, J. T.; MASTIE, M. M.; WHITFIELD, E. A. (Eds.). *A counselor's guide to career assessment instruments*. Alexandria: National Career Development Association, 1994. p. 158-161.

WITTER, G. P. Metaciência e leitura. In: WITTER, G. P. (Org.). *Leitura*: textos e pesquisas. Campinas: Alínea, 1999. p. 13-22.

ZACHARIAS, J. J. M. *Questionário de Avaliação Tipológica (QUATI)* – versão II: Manual. São Paulo: Vetor, 2003.

5

UMA PERSPECTIVA INTEGRATIVA E EVOLUTIVA DA PERSONALIDADE

Lucas Francisco de Carvalho[1]
Ricardo Primi[2]

A Psicologia, enquanto ciência que se propõe a estudar o Homem, os diversos domínios que o integram e as suas intricadas relações, frequentemente depara-se com conceitos e construtos de difícil acesso ou mensuração. Um exemplo a se observar é a personalidade. Oriunda do senso comum, tendo passado pela reflexão filosófica, a personalidade se configura como um amplo campo de estudo dentro da Psicologia. De modo geral, ela pode ser considerada como o estudo das diferenças e semelhanças psicológicas entre os indivíduos (CLAPIER-VALLADON, 1988; CLONINGER, 1999; HALL; LINDZEY; CAMPBELL, 2000).

---

[1] Doutorando vinculado ao LabAPE.
[2] Professor Doutor da Universidade São Francisco, coordenador do LabAPE.

DA PSICOLOGIA CONTEMPORÂNEA
TEMAS EM AVALIAÇÃO PSICOLÓGICA

Tudo indica que o termo "personalidade" seja indiretamente derivado da palavra etrusca *phersu*, que tinha a conotação de "máscara" e "personagem" (POULSEN, 1922). De maneira mais direta, sabe-se que a palavra "personalidade" tem suas raízes no latim com o termo *persona*, usualmente utilizado no teatro greco-romano. *Persona* referia-se à máscara de teatro, que era utilizada pelos atores tanto para dar aparência (caracterização) de acordo com o personagem pretendido como para amplificar a voz para a plateia (CLAPIER-VALLADON, 1988).

Nota-se que, ao longo dos anos, o uso do termo "personalidade" foi-se modificando. No passado, sugeria uma aparência pretendida que caracterizaria um personagem; atualmente é mais bem entendida como o próprio indivíduo, suas características explícitas e implícitas, e a relação destas com o meio (MILLON; DAVIS, 1996). A despeito do significado subjacente ao termo, o estudo da personalidade sempre refletiu uma busca do ser humano em entender a natureza do seu próprio funcionamento (OLDHAM; MORRIS, 1995).

Como apontam Hall, Lindzey e Campbell (2000), são diversas as definições de personalidade, as quais podem tender para diferentes perspectivas. Apesar disso, esses autores alertam que nenhuma definição isolada da personalidade é completa e, portanto, não deve ser generalizada. A despeito da divergência sobre como o tema pode ser mais bem definido, há um consenso geral de que a personalidade é uma inferência abstrata, um conceito ou um construto, mais do que um fenômeno tangível com existência material (MILLON, 1986, 1993).

Segundo Oldham e Morris (1995), cada indivíduo possui um padrão próprio de funcionamento que engloba pensamentos, sentimentos, atitudes, comportamentos, mecanismos de enfrentamento, entre outros atributos. O funcionamento de cada indivíduo corresponde ao seu padrão de personalidade, que é um amálgama de diferentes estilos separados e identificáveis.

Cada padrão de personalidade é único, como colocam F. H. Allport e G. W. Allport (1921). Personalidades são como faces, não têm duplicatas; cada uma é uma mistura única de variados graus de diversos traços. Nesse sentido, no que concerne ao funcionamento psicológico, a personalidade pode ser considerada como o princípio organizador, aquilo que faz de cada indivíduo um ser singular (MILLON; DAVIS, 1996; OLDHAM; MORRIS, 1995).

Verifica-se que os diversos autores consideram, de um modo geral, a personalidade como o funcionamento de base e persistente ao longo do tempo no que concerne ao atributo psicológico de cada indivíduo. É possível que o fato de referir-se ao funcionamento psicológico seja argumento suficiente, por si só, para o estudo da personalidade. Contudo, existem aspectos suficientes que fazem o estudo da personalidade algo imprescindível para o entendimento de cada indivíduo (HALL; LINDZEY; CAMPBELL, 2000; OLDHAM; MORRIS, 1995).

Handler e Meyer (1997), em uma tentativa de enfatizar a importância de se estudar a personalidade, apontam para três importantes áreas atreladas ao estudo desse construto. Em síntese, essas áreas se referem à contribuição do estudo da personalidade na formulação de psicodiagnósticos, ao entendimento da dinâmica do funcionamento psíquico de um indivíduo e ao desenvolvimento do autoconhecimento. Assim, a personalidade é de importância tanto em processos psicoterapêuticos como na realização de pesquisas científicas.

Mesmo sendo consenso a importância do estudo da personalidade, observa-se uma clara divergência quanto ao modelo teórico que mais adequadamente seja capaz de definir esse construto (MILLON et al., 2004). Embora diversidade e pluralismo científico sejam atributos úteis, a acumulação sistematizada de dados a partir de diversas abordagens e a comunicação entre pesquisadores são atributos difíceis de serem atingidos em meio a um grande número de conceitos e propostas de avaliação, como se observa no campo de estudo da personalidade (SRIVASTAVA; JOHN; GOSLING; POTTER, 2003).

Entretanto, parece ser consenso sobre as abordagens contemporâneas que se dedicam ao estudo da personalidade que esse construto está mais relacionado ao funcionamento psicológico de um indivíduo do que a uma aparência simulada (OLDHAM; MORRIS, 1995). Millon afirma que o termo "personalidade" refere-se a um padrão de características inter-relacionadas, constantes, frequentemente não conscientes e quase automáticas que são manifestadas nos ambientes típicos de um determinado organismo (MILLON; DAVIS, 1996).

Modelo integrativo e evolutivo da personalidade

Embora muitas teorias da personalidade coexistam atualmente, constata-se a emergência de uma proposta que integre os distintos pontos teóricos e filosóficos das diversas abordagens, sistematizando, assim, os avanços da ciência psicológica. A teoria dos estilos de personalidade de Theodore Millon, assim como os instrumentos para a avaliação da personalidade e de seus transtornos decorrentes dessa teoria, são exemplos a serem observados, e suas avaliações se encontram indicadas aos aspectos saudáveis ("normais") e patológicos ("desadaptados") da personalidade (ALCHIERI, 2004; MILLON; DAVIS, 1996).

A proposta teórica de Millon caracteriza-se por ser um modelo integrativo, que considera a personalidade em seus diversos domínios, bem como o entrelaçamento entre esses domínios e sua relação com o ambiente. Para Millon, uma teoria completa e madura da personalidade deve ter, ao menos, cinco elementos explícitos (DAVIS, 1999; MILLON; DAVIS, 1996):

1. Princípios científicos universais pautados nas leis da teoria evolutiva encontradas na natureza;
2. Modelos orientados para temas específicos, ou esquemas conceituais explanatórios e heurísticos para tópicos específicos (tais como a personologia e a psicopatologia), que expliquem o desenvolvimento e o curso das diferentes possibilidades de funcionamento psicológico;

3. Classificação dos estilos de personalidade e de seus transtornos, ou seja, uma taxonomia nosológica logicamente derivada da teoria;
4. Instrumentos clínicos para avaliação da personalidade, ou ferramentas empiricamente baseadas e suficientemente sensitivas às proposições teóricas e às hipóteses investigadas e avaliadas;
5. Intervenções terapêuticas personalizadas, ou estratégias elaboradas e modalidades de tratamento de acordo com o caso específico.

Em síntese, uma teoria da personalidade deve ter como objetivo acessar, avaliar, diagnosticar os diferentes estilos de personalidade, intervindo neles. Diferente dos sistemas tradicionais utilizados para o diagnóstico da personalidade, os quais frequentemente se pautam ou na idiossincrasia, ou nos aspectos comuns entre os indivíduos, o modelo de Millon considera ambos os aspectos, ou seja, naquilo que é comum entre os indivíduos (perspectiva nomotética) e naquilo que é específico para um indivíduo (perspectiva idiográfica) (MILLON et al., 2004).

Segundo Alchieri, Cervo e Núñes (2005), Millon buscou criar protótipos da personalidade edificados por meio de deduções. Entende-se que o desenvolvimento da personalidade, assim como dos transtornos da personalidade, ocorre do resultado do interjogo entre o organismo e as forças ambientais, sendo que esse interjogo tem início no momento da concepção e continua ao longo da história de cada organismo (MILLON; DAVIS, 1996).

Uma teoria da personalidade não deve ficar limitada ao estudo de suas dimensões e das suas relações entre si e com o ambiente; ela deve ir além dos componentes que integram a personalidade (MILLON et al., 2004). A proposta de Millon, na busca por um sólido pano de fundo que englobasse os diferentes domínios que representam os estilos de personalidade, utiliza-se de três esferas que são baseadas nos princípios evolutivos, nomeadas de "fases evolutivas": Orientações para Existência, Modos de Adaptação e Estratégias para Replicação (ALCHIERI, 2004; DAVIS, 1999; MILLON; DAVIS, 1996).

A primeira fase evolutiva, Orientações para Existência (Existência), refere-se à tendência de o organismo adaptado expressar mecanismos que favoreçam o aumento e a preservação da vida. Em outras palavras, refere-se à transformação de estados menos organizados em estados de grande organização com estruturas distintas. As polaridades características dessa fase referem-se ao "prazer", no qual o indivíduo tende a procurar estímulos que aumentem a probabilidade de sobrevivência, e à "dor", no qual há um decréscimo na qualidade de vida e aumento de riscos à própria existência.

Uma vez que exista uma estrutura integrada (organismo), há necessidade de manutenção da própria existência do organismo por meio de trocas de energia e de informação com o meio ambiente. A fase evolutiva seguinte, Modos de Adaptação (Adaptação), refere-se ao processo homeostático aplicado à sobrevivência em sistemas ecológicos abertos, ou seja, aos modos de se adaptar de um organismo que tornam as trocas entre organismo e ambiente possíveis. Estas podem ser realizadas a partir de uma orientação ativa, caracterizada por indivíduos que tendem a modificar o ambiente ao redor, ou de uma orientação passiva, caracterizada por indivíduos que tendem a acomodar-se ao ambiente em que vivem, que expressam as polaridades dessa fase.

Ainda que o organismo que existe esteja adaptado, a existência é limitada, e é na terceira fase evolutiva, Estratégias de Replicação (Replicação), que os organismos são capazes de driblar essa limitação, desenvolvendo estratégias para reprodução da prole, permitindo a continuidade dos genes na espécie. A Replicação refere-se a modos de reprodução que maximizam a diversificação e a seleção de atributos ecológicos efetivos. As estratégias variam de uma tendência a visar o eu (polo "eu"), com foco na autoperpetuação, à visar o outro (polo "outro"), com foco na proteção e sustento da família.

Ao lado de cada fase evolutiva, Millon refere-se aos estágios neuropsicológicos do desenvolvimento (MILLON; DAVIS, 1996; MILLON et al., 2004). Os estágios têm início enquanto o bebê está no útero da mãe, e desenvolvem-se por toda a vida do indivíduo. O que diferencia um estágio do outro são os períodos de pico (ou críticos) do desenvolvimento, quando certos processos e certas tarefas são proeminentes e centrais. Os períodos de pico são os aspectos do desenvolvimento esperados para cada um dos estágios. Os estágios são: Apego Sensório, Autonomia Sensório-Motora e Identidade Intracortical-Reprodutiva.

O primeiro estágio, Apego Sensório, refere-se aos primeiros meses de vida, durante os quais o bebê depende em absoluto do Outro; tal período é dominado por processos sensitivos, devido aos quais a criança adquire a capacidade de construir alguma organização em relação aos estímulos experienciados, sobretudo ao distinguir objetos prazerosos de objetos dolorosos.

O estágio seguinte, Autonomia Sensório-Motora, caracteriza-se pelo desenvolvimento de atividades musculares focadas, como brincar, sentar e falar, e não mais movimentos não organizados. O foco desse estágio é a percepção da criança sobre sua existência e suas competências em relação ao ambiente ao redor; é um período em que o estabelecimento de ligações afetivas é muito importante.

O terceiro e último estágio, Identidade Intracortical--Reprodutiva, caracteriza-se pela iniciação de atividades sexuais que são preparatórias para emergência de fortes impulsos sexuais e características da autonomia adulta. É o período durante o qual o processo de desenvolvimento refina o indivíduo, antes difuso e com senso indiferenciado do eu, e os resultados experienciados dos relacionamentos amorosos (reais ou fantasiosos) revisam e definem sua identidade sexual.

Em síntese, os pressupostos evolutivos na proposta teórica de Millon referem-se às fases evolutivas, cada qual representada por bipolaridades, também caracterizadas por respectivos estágios neuropsicológicos do desenvolvimento. A depender das experiências vivenciadas pelo indivíduo e de sua capacidade para lidar com os obstáculos enfrentados ao longo das fases (e estágios) descritos, há uma maior ou menor probabilidade do desenvolvimento dos transtornos da personalidade (MILLON et al., 2004).

O funcionamento patológico – transtornos da personalidade

No modelo teórico de Millon, o que diferencia o patológico e o saudável não está relacionado a uma distinção categórica e qualitativa (patológico x saudável), mas refere-se a um *continuum* no qual são encontrados modos de funcionamento mais ou menos adaptados (MILLON et al., 2004). Os mesmos fatores que estão presentes no desenvolvimento saudável também são encontrados no desenvolvimento de estilos patológicos da personalidade – contudo, com frequência e intensidade diferentes (DAVIS, 1999; MILLON; DAVIS, 1996; STRACK, 1999).

Não é raro que os transtornos da personalidade sejam abordados como doenças, refletindo a noção arcaica de que todos os transtornos mentais representam intrusões externas ou processos internos de doenças (MILLON, 1993). Essa visão reflete um desdobramento da ideia pré-científica de que demônios ou espíritos possuiriam ou lançariam encantos na pessoa. Embora a visão científica não fale sobre demônios, muitas vezes os transtornos da personalidade são compreendidos como invasores externos ou forças malevolentes que invadem o *status* saudável do paciente – o que implica em localizar e destruir o invasor (MILLON; DAVIS, 1996).

Tanto os problemas de saúde física nunca são simples questões de vírus intrusivos, refletindo deficiências na capacidade do corpo em lidar com ambientes físicos particulares, como os problemas de saúde psicológica não decorrem de meros produtos de estresse psíquico, representando, sim, deficiências na capacidade do sistema personológico em lidar com ambientes psicossociais específicos (MILLON, 1986). Do mesmo modo que transtornos físicos emergem quando há um desbalanço dos componentes internos do sistema biológico, quando uma estrutura particular é traumatizada ou deteriorada, ou quando entidades estranhas (como vírus e bactérias) entram e devastam a integridade do sistema, os transtornos da personalidade emergem a partir de falhas no modelo de dinâmica do sistema psicológico de competências adaptativas (MILLON, 1993).

Os transtornos físicos (biológicos) são classificados e agrupados a partir de mudanças corpóreas em um modelo racional de sinais e sintomas coerentes em termos de como as estruturas anatômicas e processos fisiológicos são alterados (e, portanto, disfuncionais). Existem evidências favoráveis às psicopatologias também exibirem uma tendência para se agrupar a partir de determinadas características, o que justifica o desenvolvimento de um sistema de classificação para as diferentes possibilidades de estilos de transtornos da personalidade (MILLON et al., 2004). Quando muitos traços típicos da personalidade ocorrem em conjunto, constituindo aquilo que Millon aponta como protótipo da personalidade, verifica-se o desenvolvimento dos transtornos da personalidade (MILLON, 1993).

Os transtornos da personalidade podem ser conceituados como construtos empregados para representar uma variedade de estilos que exibem reações consistentemente inapropriadas, mal-adaptativas ou deficientes frente ao sistema social no qual o indivíduo está inserido (MILLON; DAVIS, 1996). Um modelo de personalidade desadaptativo caracteriza-se por atividades e habilidades rígidas (inflexibilidade adaptativa), pela percepção de mundo, desejos e comportamentos que perpetuam dificuldades preexistentes (círculos viciosos) e por uma tendência do indivíduo em apresentar baixa resiliência frente a situações de estresse (estabilidade frágil) (ALCHIERI, 2004; MILLON et al., 2004). Com base em seu modelo teórico integrativo e nos pressupostos evolucionistas, assim como nos grupos propostos no Eixo II da quarta edição revisada do *Manual diagnóstico e estatístico de transtornos mentais*[3] (AMERICAN PSYCHOLOGICAL ASSOCIATION, 2003), Millon propôs quatorze transtornos da personalidade (sumarizados na Tabela 5.1) que representam protótipos nomotéticos (perspectiva filogenética), que por sua vez se subdividem em diferentes subtipos idiográficos (perspectiva ontogenética), conforme proposto por ele (MILLON; DAVIS, 1996).

---

[3] O *Manual diagnóstico e estatístico de transtornos mentais* (DSM-IV-TR) é dividido em cinco eixos distintos, quais sejam: Eixo I (Transtornos Clínicos); Eixo II (Transtornos da Personalidade e Retardo,Mental); Eixo III (Condições Médicas Gerais); Eixo IV (Problemas Psicossociais e Ambientais); e Eixo V (Avaliação Global do Funcionamento).

Tabela 5.1 – Funcionamento global dos transtornos da personalidade

Transtornos da personalidade	Funcionamento global
Esquizoide	Ausência de necessidade de se relacionar
Evitativo	Inibição social e sentimento de inadequação com sensibilidade exagerada à possibilidade de críticas, desaprovação e humilhação
Depressivo	Humor triste, com frequentes autocríticas; culpabiliza-se e se vê como inadequado e inútil
Dependente	Submissão e aderência ao outro, devido a uma necessidade excessiva de proteção e cuidados, de modo que se preocupa demasiadamente em errar e decepcionar os outros
Histriônico	Sentimento de desamparo e necessidade de fazer dos outros o centro de suas vidas, de modo que chama excessivamente a atenção dos outros
Narcisista	Superioridade, de modo que porta uma arrogância inviolável; grandiosidade, necessidade por admiração e falta de empatia
Antissocial	Há uma mistura entre maldade e loucura; exibe desconsideração e violação dos direitos alheios
Sádico	Causar sofrimento aos outros causa prazer a ele; portanto, há um desejo de causar dor psicológica e/ou física aos outros
Compulsivo	Preocupação com organização, perfeccionismo e controle, de modo que evita os menores erros ou falhas para que não haja culpa
Negativista	Insegurança frente às mudanças; não aceita controle externo e é contrário aos outros, exibindo ambivalência constante, assim como teimosia, irritabilidade e contrariedade
Masoquista	Busca por obstáculos na própria vida, de modo que procura por sofrimento e necessita falhar

Continuação da Tabela 5.1

Paranoide	Questiona sobre tudo que é dito com desconfiança e suspeitas, de modo que as intenções dos outros são interpretadas como maldosas
Esquizotípico	Apresenta excentricidade, estranheza e mistério, de modo que sente um desconforto agudo em relacionamentos íntimos, assim como exibe distorções cognitivas ou de percepção e comportamentos excêntricos
Borderline	Mostra instabilidade e irritabilidade quando sozinho, de modo que manifesta instabilidade nos relacionamentos interpessoais, autoimagem e afetos, bem como uma acentuada impulsividade

Avaliação dos transtornos da personalidade

A avaliação do funcionamento da personalidade, patológica ou não, possibilita ao clínico compreender a função dos comportamentos do paciente e a interação deste com o ambiente, assim como a dinâmica subjacente ao comportamento manifesto. Sobretudo no funcionamento desadaptativo da personalidade, como nos casos dos transtornos da personalidade, a avaliação do funcionamento permite que o clínico explore os conflitos intrapsíquicos do paciente, permitindo um tratamento mais adequado durante o processo psicoterapêutico (HALNDLER; MEYER, 1997).

A avaliação da personalidade deve abranger um amplo conjunto de variáveis. A avaliação dessas variáveis implica em estimar o nível de suas magnitudes por meio de observações e entrevistas, escalas de autorrelato, *checklists*, inventários, técnicas projetivas e testes psicológicos (URQUIJO, 2000).

Os testes, sobretudo os de autorrelato, têm sido um dos meios mais frequentes para avaliação de determinadas características da personalidade (ALCHIERI, 2004), até mesmo por serem práticos e rápidos para a aplicação. Contudo, instrumentos que tenham como objetivo a avaliação de transtornos da personalidade são escassos na literatura nacional.

Segundo Millon (MILLON; MILLON; DAVIS, 1994), desenvolver um instrumento que tem como objetivo desvelar o funcionamento da personalidade de um indivíduo – ou seja, elementos do seu passado e presente – não é uma tarefa fácil. Para facilitá-la e até mesmo torná-la possível, é necessário que se dê foco para determinados comportamentos que se manifestam de maneira mais saliente. Ainda segundo Millon, esse delicado processo de redução demanda uma série de decisões com relação a quais informações são mais relevantes para se atingir o objetivo do instrumento. Portanto, deve ser escolhido um núcleo de fatores que satisfaça critérios mínimos, que possibilitem a distinção dos elementos característicos de cada transtorno. O instrumento de avaliação dos transtornos da personalidade desenvolvido por Millon, o MCMI-III (MILLON et al., 1994), e os antecessores de tal instrumento (MCMI-I e MCMI-II) foram todos desenvolvidos a partir dessa reflexão.

O instrumento para avaliação e diagnóstico de transtornos da personalidade de Millon foi chamado inicialmente de *Millon-Illinois Self-Report Inventory* (MI-SRI) e começou a ser desenvolvido em 1971 (MILLON et al., 1994). Somente em 1977, após diversas reformulações e adequações a partir do DSM-III, o instrumento passou a ser chamado de *Millon Clinical Multiaxial Inventory* (MCMI). Dando continuidade aos estudos e às pesquisas, o grupo de Millon lançou em 1987 a segunda versão do MCMI, e em 1994, sua versão mais atual, o MCMI-III (MILLON; DAVIS, 1996; RETZLAFF, 1996).

Segundo Craig (1999), o *Millon Clinical Multiaxial Inventory III* (MCMI-III) tornou-se um importante instrumento de avaliação, comumente usado por psicólogos clínicos. Trata-se de um instrumento de autorrelato desenvolvido por Millon et al. (1994) para avaliação e diagnóstico de transtornos da personalidade (Eixo II do DSM) e possíveis relações com transtornos clínicos do Eixo I do DSM-IV-TR (TEPLIN; O'CONELL, DAITER; VARENBUT, 2004). Atualmente, alguns estudos apontam também para a eficácia desse instrumento em detectar dissimulação, a partir das escalas de validade e adaptação, por parte dos pacientes ao responder ao teste (SCHOENBERG; DORR; MORGAN; BURKE, 2004). É um inventário autoaplicável, estruturado a partir de critérios psicométricos de validade e precisão, composto por 175 itens e formulado com base no modelo teórico-integrativo e evolucionista de Millon, assim como nos critérios diagnósticos do DSM-III, do DSM-III-R e do DSM-IV-TR (MILLON; DAVIS, 1996; MILLON et al., 2004; ROSSI; VAN DEN BRANDE; TOBAC; SLOORE; HAUBEN, 2003).

Os 175 itens do inventário estão distribuídos em 28 escalas (MILLON et al., 1994). Em um primeiro momento, essas escalas podem ser divididas em três grupos distintos: 24 escalas clínicas, três escalas de adaptação e uma escala de validade. Em um segundo momento, os três grupos podem ser subdivididos nas seguintes categorias: onze escalas de transtornos moderados da personalidade, três escalas de transtornos severos da personalidade, sete escalas de transtornos clínicos moderados, três escalas de transtornos clínicos severos, três escalas de adaptação e uma escala de validade. As escalas de transtornos moderados da personalidade e transtornos severos da personalidade se referem aos quatorze protótipos de transtornos da personalidade propostos por Millon (MILLON et al., 2004), sejam eles Esquizoide, Evitativo, Depressivo, Dependente, Histriônico, Narcisista, Antissocial, Sádico, Compulsivo, Negativista, Masoquista, Paranoide, Esquizotípico e *Borderline*. As escalas de transtornos clínicos moderados e transtornos clínicos severos se referem aos transtornos descritos no Eixo I (Ansiedade, Transtorno Somatoforme, Transtorno Bipolar) do DSM-IV--TR: Mania, Distimia, Dependência de Álcool, Dependência de Drogas, Transtorno de Estresse Pós-Traumático, Transtorno do Pensamento, Depressão Maior e Transtorno Delirante; as escalas de adaptação são utilizadas como indicativo de tendências nas respostas dos sujeitos para expressar mais ou menos patologia em relação ao seu verdadeiro funcionamento; e, a escala de validade visa a verificar se o indivíduo demonstrou mais dificuldade que o esperado para responder ao instrumento (MILLON et al., 1994).

Na construção e no desenvolvimento do MCMI-III, um dos principais objetivos era manter o número total de itens do instrumento pequeno o bastante para encorajar seu uso no diagnóstico e na avaliação das diferentes áreas da Psicologia e da Psiquiatria; ainda assim, o instrumento deveria estender-se o suficiente para garantir o acesso de uma ampla gama de comportamentos clinicamente relevantes (MILLON et al., 2004).

Observa-se que as versões do MCMI são instrumentos breves, sobretudo quando comparados a instrumentos similares (como o MMPI-2, que contém 567 itens no total), e possui terminologia adequada para a oitava série (nos EUA). Como resultado do número relativamente pequeno de itens e da facilidade para sua leitura, muitas pessoas costumam respondê-lo em até trinta minutos, o que contribui para a aderência de profissionais da área clínica a esse instrumento (MILLON et al., 2004).

Millon (MILLON et al., 1994; MILLON et al., 2004) ressalta que o instrumento pode ser utilizado em diversos campos de atuação por psicólogos e psiquiatras, como em ambulatórios, postos de saúde, centros de saúde mental, programas de clínica-escola, hospitais gerais e psiquiátricos, tribunais, consultórios particulares, entre outros. Contudo, trata-se de um instrumento desenvolvido e recomendado para amostras clínicas, e não para amostras não clínicas.

Para a escolha adequada de instrumentos de avaliação psicológica, é essencialmente importante que o profissional atente para os parâmetros psicométricos do instrumento em questão. No que diz respeito às propriedades psicométricas do MCMI-III, os dados apontam para a adequação de suas escalas a partir de estudos de validade e fidedignidade (CRAIG; OLSON, 2001; HADDY; STRACK; CHOCA, 2005; MILLON et al., 1994). O manual do MCMI-III (MILLON et al., 1994) apresenta alguns estudos sobre o instrumento, os quais sugerem uma alta concordância entre as escalas desse instrumento e de sua versão anterior, o MCMI-II. O estudo de fidedignidade realizado junto a 368 pacientes, também apresentado por Millon et al. (1994), verificou a consistência interna (coeficiente alfa) das escalas clínicas do instrumento, que excedeu 0,80 em pelo menos vinte escalas do teste. No mesmo estudo, foi verificada a fidedignidade a partir do teste--reteste, para todas as escalas, junto a 87 pacientes, sendo que a reaplicação do instrumento variou entre cinco e catorze dias. As correlações variaram entre 0,82 e 0,96, com média igual a 0,91 (MILLON et al., 1994).

Como pode ser observado, os estudos realizados no exterior com o MCMI-III sugerem propriedades psicométricas adequadas para este instrumento, e não somente para sua versão original, mas também para adaptações em outros países, como é o caso dos resultados obtidos pela versão alemã do inventário (MILLON et al., 1994; ROSSI et al., 2003). Ressaltando a amplitude de uso desse instrumento, alguns estudos verificaram que o MCMI-III é eficaz não somente para avaliação e diagnóstico de transtornos da personalidade, mas também para verificação de possíveis relações dos transtornos do Eixo II (DSM) com transtornos do Eixo I, e até mesmo para a investigação de dissimulação (*fake-bad* e *fake-good*) nas respostas dos pacientes. Portanto, o MCMI-III demonstra ser um instrumento clinicamente útil e de fácil administração, possíveis reflexos de mais de vinte anos de estudos e reavaliações desde o lançamento do MCMI-I (CRAIG, 1999).

Tal característica do MCMI-III reflete também a complexidade e a abrangência do modelo teórico de Millon. Os dados obtidos pelos instrumentos de avaliação da personalidade baseados na teoria de Millon, de modo geral, apresentam um grau de confiabilidade elevado e evidências satisfatórias de validade, o que implica na validação do modelo da personalidade proposto por Millon (MILLON; DAVIS, 1996).

Considerações finais

Em síntese, na teoria proposta por Millon, a personalidade pode ser conceituada como estilos de funcionamento mais ou menos adaptativos e, a partir disso, esses estilos podem ser discriminados, dentro de um *continuum*, como saudáveis ou patológicos. Tratam-se de estilos mais ou menos adaptativos apresentados pelos indivíduos frente aos obstáculos do cotidiano, representando um padrão de características inter-relacionadas, constantes, não conscientes e quase automáticas (ALCHIERI, 2004). Da mesma maneira, os modos disfuncionais da personalidade, os transtornos da personalidade, são conceituados como estilos particulares de funcionamento mal-adaptativo que se caracterizam por deficiências, descompassos e conflitos na capacidade de lidar com o ambiente (MILLON; DAVIS, 1996).

A despeito da importância do estudo da personalidade e de seus transtornos, a partir de um modelo que se proponha integrativo, são raros os trabalhos nacionais que apontem para o modelo teórico da personalidade desenvolvido por Millon; do mesmo modo, verifica-se um número limitado de instrumentos que tenham como objetivo principal a avaliação ou o diagnóstico desses transtornos – o que poderia explicar a ausência de dados sobre sua incidência no Brasil.

No que se refere aos instrumentos desenvolvidos para avaliação de transtornos da personalidade, em uma revisão na literatura nacional, foi encontrado apenas um instrumento validado para uma amostra brasileira, o *Psychopathy Checklist Revised* (PCL-R) (MORANA, 2003), que tem como objetivo avaliar um dos transtornos da personalidade descritos no DSM-IV-TR, o transtorno da personalidade antissocial. Esse instrumento é um exemplo relevante para se observar a importância dos resultados que se pode obter por meio dos instrumentos para avaliação dos transtornos da personalidade, uma vez que o PCL-R possibilita a predição e a prevenção da reincidência criminal (Morana, s.d.).

Não foram encontrados dados acerca da incidência e da prevalência dos transtornos do Eixo II (DSM) no Brasil, o que não parece ser incoerente, já que o país dispõe de um número bastante limitado de instrumentos para a avaliação desses transtornos. No que concerne à lacuna na avaliação da personalidade no Brasil, verifica-se uma necessidade de se desenvolver um instrumento que tenha como objetivo a avaliação dos transtornos da personalidade seguindo a teoria de Millon.

Como apontam Handler e Meyer (1997), a avaliação do funcionamento da personalidade (patológico ou não) possibilita ao clínico compreender a função dos comportamentos do paciente e a interação deste com o ambiente, assim como sua dinâmica subjacente ao comportamento manifesto. Sobretudo no funcionamento desadaptativo da personalidade, como nos casos dos transtornos da personalidade, a avaliação do funcionamento permite que o clínico explore os conflitos intrapsíquicos do paciente, permitindo um tratamento mais adequado durante o processo psicoterapêutico. Essa afirmação ressalta a importância de se compreender o funcionamento do paciente a partir da avaliação de sua personalidade, para que o clínico possa elaborar, com mais clareza, um delineamento interventivo mais adequado em psicoterapia.

Referências bibliográficas

ALCHIERI, J. C. *Modelo dos estilos de personalidade de Millon*: adaptação do Inventário Millon de Estilos de Personalidade. 2004. Tese (Doutorado em Psicologia do Desenvolvimento) não publicada, Instituto de Psicologia, Universidade Federal do Rio Grande do Sul, Rio Grande do Sul, 2004.

ALCHIERI, J. C.; CERVO, C. S.; NÚÑEZ, J. C. Avaliação de estilos de personalidade segundo a proposta de Theodore Millon. *PSICO*, v. 36, n. 2, p. 175-179, 2005.

ALLPORT, F. H; ALLPORT, G. W. Personality traits: their classification and measurement. *Journal of Abnormal and Social Psychology*, v. 16, p. 6-40, 1921.

AMERICAN PSYCHOLOGICAL ASSOCIATION. *Manual diagnóstico e estatístico de transtornos mentais DSM-IV-TR*. 4. ed. Porto Alegre: Artmed, 2003.

CLAPIER-VALLADON, S. *As teorias da personalidade*. São Paulo: Martins Fontes, 1988.

CLONINGER, S. C. *Teorias da personalidade*. São Paulo: Martins Fontes, 1999.

CRAIG, R. J. Overview and current status of the Millon Clinical Multiaxial Inventory. *Journal of Personality Assessment*, v. 72, n. 3, p. 390-406, 1999.

CRAIG, R. J.; OLSON, R. E. Adjectival descriptions of personality disorders: a convergent validity study of the MCMI-III. *Journal of Personality Assessment*, v. 77, n. 2, p. 259-271, 2001.

DAVIS, R. D. Millon: essentials of his science, theory, classification, assessment, and therapy. *Journal of Personality Assessment*, v. 72, n. 3, p. 330-352, 1999.

HADDY, C.; STRACK, S.; CHOCA, J. P. Linking personality disorders and clinical syndromes on the MCMI-III. *Journal of Personality Assessment*, v. 84, n. 2, p. 193-204, 2005.

HALL, C. S.; LINDZEY, G.; CAMPBELL, J. B. *Teorias da personalidade*. 4. ed. Porto Alegre: Artmed, 2000.

HANDLER, L.; MEYER, G. J. The importance of teaching and learning personality assessment. In: HANDLER, L.; HILSENROTH, M. (Eds.). *Teaching and learning personality assessment*. New Jersey: Lawrence Erlbaum Associates, 1997. p. 3-30.

MILLON, T. A theoretical derivation of pathological personalities. In: MILLON, T.; KLERMAN, G. L. (Eds.). *Contemporary directions in Psychopathology*: toward the DSM-IV. New York: Guildford, 1986.

_____. Personality disorders: conceptual distinctions and classification issues. In: COSTA, P. T.; WIDIGER, T. A. (Eds.). *Personality disorders and the five-factor model of personality.* Washington: APA, 1993.

MILLON, T.; DAVIS, R. D. *Disorders of personality*: DSM-IV and beyond. New Jersey: Wiley, 1996.

MILLON, T.; MILLON, C. M.; DAVIS, R. D. *MCMI-III Manual*. Minneapolis: Dicandrien, 1994.

MILLON, T. et al. *Personality disorders in modern life*. New Jersey: Wiley, 2004.

MORANA, H. C. P. *Identificação do ponto de corte para a escala PCL-R (Psychopathy Checklist Revised) em população forense brasileira*: caracterização de dois subtipos da personalidade; transtorno global e parcial. Tese (Doutorado em Psiquiatria) não publicada, Faculdade de Medicina, Universidade de São Paulo, São Paulo, 2003.

_____. *Reincidência criminal*: é possível prevenir? Produzido por Instituto Comportamento, Evolução, Direito. Disponível em: <http://www.iced.org.br/artigos.htm>. Acesso em: 31 mar. 2007.

OLDHAM, J. M.; MORRIS, L. B. *The new personality self-portrait*: why you think, work, love, and act the way you do. New York: Bantam Books, 1995.

POULSEN, F. *Etruscan tomb paintings* – their subjects and significance. Oxford: Clarendon Press, 1922.

RETZLAFF, P. MCMI-III diagnostic validity: bad test or bad validity study. *Journal of Personality Assessment*, v. 66, n. 2, p. 431-437, 1996.

ROSSI, G. et al. Convergent validity of the MCMI-III personality disorder scales and the MMPI-2 scales. *Journal of Personality Disorders*, v. 17, n. 4, p. 330-340, 2003.

SCHOENBERG, M.R. et al. A comparison of the MCMI-III personality disorder and modifier indices with the MMPI-2 clinical and validity scales. *Journal of Personality Assessment*, v. 82, n. 3, p. 273-280, 2004.

SRIVASTAVA, S. et al. Development of personality in early and middle adulthood: set like plaster or persistent change? *Journal of Personality and Social Psychology*, v. 84, p. 1041-1053, 2003.

STRACK, S. Millon´s normal personality styles and dimensions. *Journal of Personality Assessment*, v. 72, n. 3, p. 426-436, 1999.

TEPLIN, D. et al. A psychometric study of the prevalence of DSM-IV personality disorders among office-based Methadone maintenance patients. *The American Journal of Drug and Alcohol Abuse*, v. 30, n. 3, p. 515-524, 2004.

URQUIJO, S. Modelos circumplexos da personalidade – o MCMCI-II como instrumento de avaliação clínica. In: SISTO, F. F.; SBARDELINI, E. T. B.; PRIMI, R. (Eds.). *Contextos e questões da avaliação psicológica*. São Paulo: Casa do Psicólogo, 2000. p. 31-50.

A ESCALA HARE (PCL-R) COMO MEDIDA PROTOTÍPICA DA PSICOPATIA RELACIONADA AOS ATOS INFRATORES

Marco Antônio Silva Alvarenga[1]
Carmen Elvira Flores Mendoza Prado[2]

Introdução

A conduta antissocial é facilmente observada e, em algumas situações, inferida pela manifestação de diversos comportamentos, tais como agressão, impulsividade, irresponsabilidade, propensão à adição (alcoolismo, drogas e jogos de azar), relações afetivas superficiais, egocentrismo, manipulação, falta de remorso, vida sexual trivial e dificuldade de estabelecer um plano de carreira. Dependendo da situação e/

---

[1] E-mail: alvarenga.mas@gmail.com
[2] E-mail: carmencita@ufmg.br

ou do contexto, qualquer pessoa pode manifestar, em maior ou menor grau, essas atitudes. Porém, tais manifestações, em alguns indivíduos, parecem ser mais estáveis e consistentes. Nesse caso, a psicologia das diferenças individuais afirma haver problemas relacionados aos traços de personalidade, uma vez que são estes os que guiam as ações, os sentimentos e os pensamentos dos indivíduos (HARE, 1996b; LYKKEN, 1995).

Entretanto, reconhecer padrões estáveis de ações e sentimentos desviantes ainda não é o bastante para compreender plenamente tais indivíduos. Para isso, é necessário formular e sistematizar conceitos que possam traduzir essa realidade psicológica, criando aquilo que se chama usualmente de construto (PASQUALI, 2004, 2006; URBINA, 2007). Essa maneira de operacionalizar e denominar um fenômeno psicológico (no caso, o padrão antissocial de conduta) surgiu há muito tempo por meio da propedêutica médica e passou por diversas reformulações ao longo da história da Psiquiatria e da Psicologia. Inicialmente concebida por Cardamo como Improbidade (BALLONE, 2002), e posteriormente por Pinel como Mania sem Delírio (PINEL, 1801), essa condição é clinicamente conhecida nos dias de hoje como Transtorno de Personalidade Antissocial (TPAS) (AMERICAN PSYCHIATRIC ASSOCIATION, 1994, 2000; HARE, 1996a; LYKKEN, 1995; ORGANIZAÇÃO MUNDIAL DA SAÚDE, 1993).

O problema do diagnóstico do TPAS é que os critérios presentes nos mais recentes manuais de classificação dos distúrbios mentais – a Classificação Internacional de Doenças (CID-10) (OMS, 1993), e o Manual Diagnóstico e Estatístico dos Distúrbios Mentais (DSM-IV) (AMERICAN

PSYCHIATRIC ASSOCIATION, 1994, 2000) – são insuficientes para a identificação de um grupo específico: a psicopatia (PP). Nesse sentido, autores como Hare (1996a; HARE; HART; HARPUR, 1991), Lykken (1995) e Widiger (2006) argumentam que o CID-10 e o DSM-IV apresentam problemas conceituais e limitações nos critérios de classificação nosológica, uma vez que esses manuais não apresentam o diagnóstico de PP como uma categoria distinta dentro das condições clinicamente conhecidas como transtornos de personalidade, considerando esse construto semelhante ao TPAS.

As dificuldades taxonômicas da psicopatologia clínica no que se refere ao estudo dos distúrbios antissociais e à necessidade de compreender esse fenômeno psicopatológico requerem a utilização de instrumentos capazes de medir os traços de PP de modo mais preciso. Por esse motivo surgiu o *Psychopathy Checklist-Revised*[3] (PCL-R) de Robert Hare (HARE, 1991), o instrumento mais utilizado para avaliar a PP tanto em contexto acadêmico como nas práticas forenses criminais (SHIPLEY; ARRIGO, 2001; WALTERS, 2004).

A criação do PCL foi inspirada a partir de estudos qualitativos desenvolvidos por Hervey Cleckley (1976) e da necessidade que o próprio Hare apresentou durante sua carreira para compreender a relação existente entre os traços de personalidade, o comportamento antissocial e a conduta de homens encarcerados (HARE, 1993).

A influência inicial de Cleckley sobre a escala de Hare recaiu sobre o fato de as anotações existentes para a

---

[3] O PCL-R é conhecido no Brasil como Escala Hare (MORANA, 2003).

classificação da personalidade antissocial serem difusas e se referirem a diferentes distúrbios de personalidade. Nesse sentido, o funcionamento das emoções era o ponto-chave da teoria de Cleckley para entender como as pessoas desenvolviam suas relações interpessoais, seu senso de normas sociais e de responsabilidade.

Cleckley observou sistematicamente duas mulheres e treze homens brancos, pertencentes à classe média, que exibiam padrões hedonistas, desvio de conduta, manipulação, egoísmo e incapacidade de experimentar laços afetivos. Ele supôs que esses indivíduos seriam incapazes de experimentar emoções necessárias para o reforço moral e o social. Por esse motivo, não eram suscetíveis a desenvolver noções de propriedade, compaixão, solidariedade, empatia e compromisso. O estudo de tais padrões permitiu a Cleckley desenvolver dezesseis critérios (ver Quadro 6.1) para designar a psicopatia (CLECKEY, 1976; DIGENS; ATLIS; VICENT, 1998; HART; HARE, 1997).

Entretanto, Cleckley estudou poucos psicopatas criminosos. Sua amostra era pequena e composta por pessoas com desvios emocionais, sem histórico de recolhimento em uma instituição penal formal, de fuga do sistema penal ou de cometimento de atos de extrema violência (WILSON, 2003).

Quadro 6.1 – As dezesseis descrições sintomáticas
de Cleckley para a psicopatia

CRITÉRIOS CLECKLEY
Encanto superficial e boa inteligência
Ausência de delírios e outros sinais de pensamento irracional
Ausência de nervosismo ou manifestações psiconeuróticas
Inconfiabilidade
Falsidade e/ou falta de sinceridade
Falta de remorso ou vergonha
Conduta antissocial inadequadamente motivada
Fraco juízo crítico e incapacidade de aprender com a experiência
Egocentrismo patológico e incapacidade de amar
Pobreza geral nas reações afetivas importantes
Perda específica de *insight*
Falta de reciprocidade nas relações interpessoais em geral
Conduta extravagante e desagradável com (e às vezes sem) bebidas
Raramente chega ao suicídio
Vida sexual impessoal, trivial e pouco integrada
Fracasso ao tentar seguir um plano de vida

Fonte: Adaptado de *The mask of sanity* de Hervey Cleckley, 1976, p. 338-364.

Diferentemente de Cleckley, Hare estudou várias amostras carcerárias durante mais de três décadas desde que o PCL foi criado. Sua intenção era clara: desenvolver um procedimento que fosse capaz de avaliar quão propensos eram os sujeitos em engajar-se repetidamente em atividades criminosas. Para isso, Hare também precisou definir e operacionalizar melhor o construto que pretendia investigar antes de submeter tais indivíduos a um procedimento de avaliação.

O termo "psicopatia", empregado por Hare para definir as dimensões antissociais da personalidade, refere-se ao:

transtorno socialmente devastador definido por uma variedade de características que envolvem aspectos afetivos, interpessoais e comportamentais, tais como egocentrismo; impulsividade; irresponsabilidade; superficialidade emocional; falta de empatia, culpa ou remorso; mentira patológica; manipulação e violação persistente das normas e expectativas sociais. (HARE, 1996b, p. 25)

O instrumento que operacionalizou o termo passou por diversos estudos e por algumas versões até a sua composição atual. A seguir, é feita uma breve descrição.

O desenvolvimento da Escala Hare (PCL-R)

A definição de PP utilizada por Hare vem sendo estudada empiricamente desde a criação do PCL. Como objetivo inicial, o PCL avaliava psicopatas entre a população carcerária por meio da análise de uma série de variáveis comportamentais e afetivas ao longo da vida de um interno. Investigava além do que o sujeito apresentava sobre si mesmo em entrevistas e questionários de triagem. Dessa forma, procurava uma entrevista que pudesse ultrapassar os aspectos autorrelatados pelos internos para chegar até um procedimento de avaliação mais seguro dos elementos constituintes da PP (HARE, 1980, 1983). Fica evidente, então, que dentre os motivos principais que propiciaram o surgimento do PCL estava a falta de instrumentos com critérios confiáveis, válidos e capazes de fornecer generalizações sobre o construto acessado (HARE, 1980; HARE; NEUMANN, 2005, 2006).

O PCL-R atualmente é considerado uma escala prototípica. A palavra "prototípica" carrega consigo dois distintos significados. Hare a utiliza como uma condição elementar que define e compõe o transtorno psicopático de personalidade. Todavia, os sistemas de avaliação psicológica definem o termo "prototípico" como a característica de uma escala que permite estabelecer critérios arbitrários – ou seja, normas – para detectar as variações de um determinado construto, tornando-o tanto contínuo como categórico, como é o caso do Transtorno Global de Personalidade ou PP (FARMER, 2000). Nesse sentido, o PCL contempla os dois significados para "prototípico".

O trabalho inicial de validação do PCL foi constituído por uma amostra de 143 homens brancos encarcerados, entre 18 e 53 anos, com média de idade igual a 26,3 e desvio padrão de 6,9. Os internos foram avaliados por dois investigadores treinados em procedimento global de identificação de psicopatia, uma escala desenvolvida por Hare e Cox (1978), a partir dos critérios de Cleckley, que varia de zero a sete pontos, e em PCL (HARE, 1980). Tanto os critérios Cleckley quanto o PCL foram submetidos à Análise Fatorial Exploratória (AFE). Ambos os sistemas geraram cinco fatores responsáveis, respectivamente, por 64% e 60,9% da variância. Especificamente, a solução fatorial do PCL apontou 22 itens (ver Quadro 6.2) distribuídos entre esses cinco fatores (HARE, 1980).

Os estudos iniciados por Hare no final dos anos setenta, e que originaram a primeira versão do PCL permitiram diversas outras pesquisas, inclusive aquelas que compararam o instrumento a outros critérios diagnósticos do comportamento e da personalidade antissocial (HARE, 1985a).

Em 1985, Hare criou uma versão rascunho (*draft version*) do PCL que, posteriormente, tornar-se-ia a versão revisada do instrumento, o PCL-R (HARE, 1985b; HARE; NEUMANN, 2006). Dois itens foram retirados do teste, reduzindo de 22 para 20 o número de observações: o "Diagnóstico prévio de psicopatia" (Item 2) e o "Abuso de álcool ou uso de drogas sem ser necessariamente causado pelo comportamento antissocial" (Item 22). O primeiro não se mostrou válido e fornecia, de fato, pouquíssima informação; o segundo apresentava dificuldades nos critérios de pontuação. Além disso, ambos mostravam baixa correlação com a pontuação total do teste (HARE et al., 1990; HARE; NEUMANN, 2006). O Item 6 ("Comportamento irresponsável como pai"), por ser muito específico, foi transformado em "Irresponsabilidade", que se aplica de maneira geral a várias áreas da vida do indivíduo, e passou a ser computado como Item 15 na nova versão. Outros itens sofreram pequenas variações na sua designação e sua descrição geral foi ampliada, permitindo que algumas descrições inconsistentes fossem removidas em prol de outras mais precisas e bem definidas (HARE, 1985b; HARE; NEUMANN, 2006).

A pontuação do PCL continuou a variar entre zero e dois. Se não houvesse observação de um determinado aspecto comportamental ou de personalidade, o item pontuava-se como 0 (ausente). Caso um desses aspectos caracterizasse parcialmente um item ou houvesse dúvida sobre a presença ou a ausência da característica em questão, atribuía-se o valor 1. Finalmente, pontuava-se como 2 um traço ou um comportamento que preenchia as descrições do item fornecidas pelo teste.

Harpur, Hakstian e Hare (1988) estudaram as propriedades fatoriais do PCL com uma amostra de 1.119 sujeitos encarcerados. Eles concluíram que o PCL é uma escala que mede um único construto e possui dois fatores correlacionados em aproximadamente 0,50. O Fator 1 (F1) descreveu oito traços de personalidade relacionados ao comprometimento afetivo e ao estilo interpessoal, e foi considerado como o componente nuclear no reconhecimento da PP. O Fator 2 (F2) descreveu nove tipos de padrões comportamentais instáveis e estilo de vida antissocial. Os itens restantes (11, 17 e 20) apresentaram baixas correlações entre os dois fatores, mas se correlacionaram moderadamente com ambos no escore total do teste (ver Tabela 6.1).

Quadro 6.2 – Itens da versão original do
Psychopathy Checklist (PCL)

ITENS DA PRIMEIRA VERSÃO DO PCL (1980)	
1	Loquacidade/Charme superficial (2)
2	Diagnóstico prévio como psicopata (4)
3	Egocentrismo/Superestima (2)
4	Tendência ao tédio/Baixa tolerância à frustração (1)
5	Mentira patológica (5)
6	Manipulação/Falta de sinceridade (2)
7	Ausência de remorso ou culpa (2)
8	Insensibilidade afetivo-emocional (3)
9	Crueldade/Falta de empatia (2)

Continuação do Quadro 6.2

10	Estilo de vida parasitário (1)
11	Pobre controle comportamental e temperamento explosivo (4)
12	Promiscuidade sexual (3)
13	Transtornos de conduta na infância (4)
14	Ausência de metas realistas a longo prazo (1)
15	Impulsividade (1)
16	Comportamento irresponsável como pai (3)
17	Problemas conjugais frequentes (3)
18	Delinquência juvenil (4)
19	Risco em caso de liberdade condicional (5)
20	Fracasso em aceitar responsabilidades pelas próprias ações (2)
21	Diferentes tipos de delito (5)
22	Abuso de álcool ou uso de drogas sem ser necessariamente causado pelo comportamento antissocial (2)

Fonte: Adaptado de Hare (1980). (1) O Fator 1 é responsável por 27,3%; (2) o Fator 2, por 13%; (3) o Fator 3, por 8%; (4) o Fator 4, por 6,9% e, (5) o Fator 5, por 5,7% da variância.

O estudo de confiabilidade e estrutura fatorial do PCL foi realizado por Hare e colaboradores, em 1990, para comparar a primeira versão da escala com a versão revisada (PCL-R). A pesquisa foi composta por nove amostras distintas: cinco amostras da população carcerária (n= 925), três amostras de população psiquiátrica forense (n= 356), e a última amostra constituída apenas pela análise de 101 prontuários, perfazendo um total de 1.389 sujeitos do sexo masculino, originários do Canadá e dos Estados Unidos da América, com idade entre

16 e 69 anos, majoritariamente caucasianos e menores de 40 anos. O estudo apontou que o escore total da primeira versão do PCL correlacionou com o escore total do PCL-R, F1 e F2 em 0,88, 0,82 e 0,81, respectivamente. Isso significa que ambas as versões do PCL, a original e a revisada, mensuravam o mesmo construto: psicopatia. O ponto de corte para atribuir o diagnóstico de PP foi estabelecido em trinta pontos (HARE et al., 1990). É necessária uma explicação sobre como foi elaborada essa linha de corte:

Tabela 1 - Segunda versão do PCL, o *Psychopaty Checklist-Revised* (PCL-R)

PSYCHOPAHTY CHECKLIST - REVISED (1991)				ITENS QUE APRESENTAM CARGAS FATORIAIS RELACIONADAS APENAS COM O ESCORE TOTAL
FATOR 1 (AFETIVO/INTERPESSOAL)		**FATOR 2 (DESVIO COMPORTAMENTAL)**		
1	Loquacidade/ Charme superficial (*,50, **, 86)	3	Necessidade de estimulação (*,58, **,56)	11 Promiscuidade sexual (*,37)
2	Superestima (*,52, **,76)	9	Estilo de vida parasitário (*,44, **,56)	17 Muitas relações maritais breves (*27)
4	Mentira patológica (*,53, **,62)	10	Descontrole comportamental (*,50, **,44)	20 Versatilidade criminal (*,43)
5	Manipulação/Vigarice (*,58, **,59)	12	Transtorno de conduta na infância (*,46, **,56)	
6	Ausência de remorso/ culpa (*,53, **,53)	13	Ausência de metas realísticas ou de longo prazo (*,50, **,56)	
7	Insensibilidade afetivo-emocional (*,58, **,57)	14	Impulsividade (*,52, **,66)	
8	Indiferença/ Falta de empatia (*,64, **,53)	15	Irresponsabilidade (*,53, **,51)	
16	Incapacidade de aceitar responsabilidade pelos próprios atos (*,38, **,47)	18	Deliquência juvenil (*,32, **,59)	
		19	Revogação da Liberdade Condicional (*,35, **,44)	

Fonte: Adaptado de Hare (1991) e Harpur e colaboradores (1988). O número à frente de cada item corresponde à sua ordem no PCL-R. (*) Correlação do item com o escore total e (**) correlação do item com o seu respectivo fator (Hare et al, 1990).

Em 1991, Hare publicou o manual do PCL-R com dados de 1.192 sujeitos encarcerados (M_{idade} = 23,6; dp = 7,9) e 440 homens internos de instituições psiquiátricas forenses (M_{idade} = 20,6; dp = 7,8). Os resultados foram praticamente os mesmos alcançados por Hare e colaboradores (1990). A estrutura fatorial do PCL-R apresentou dois fatores e três itens da escala (11, 17 e 20) que correlacionaram com ambos os fatores. Tais resultados servem como evidência de validade do PCL-R (HARE, 1991; HARE et al., 1990, 1991; HART; HARE, 1997).

Além disso, estudos sobre o PCL vêm demonstrando que a PP é um construto unidimensional (COOKE; MICHIE, 1997; COOKE; MICHIE; HART, 2006; COOKE et al., 2004; HARE; NEUMANN, 2005, 2006). Todavia, há divergências entre os pesquisadores quanto à composição fatorial dupla do PCL-R, como apontam alguns modelos teóricos e algumas análises estatísticas recentes – Teoria de Resposta ao Item (TRI) e Análise Fatorial Confirmatória (AFC) – que estudam esse instrumento (COOKE; MICHIE, 1997, 2001; COOKE et al., 1999; COOKE et al., 2005a, 2005b; COOKE et al., 2006).

Por exemplo, Cooke e Michie (1997, 2001; COOKE et al., 1999) utilizaram o resultado do PCL-R em duas amostras culturais: a norte-americana (n = 2.067), sendo três quartos dela (n = 1.389) parte do estudo de padronização da versão revisada do teste publicada em 1991, e a britânica (n = 596). A AFE apontou que sete dos vinte itens não apresentaram correlações bem definidas ou significativas com um dos dois fatores do PCL-R. Os treze demais itens eram mais bem agrupados em três fatores, em vez de dois: o F1 (Interpessoal), formado pelos itens 1, 2, 4 e 5; o F2, (Afetivo) formado pelos itens 6, 7, 8 e 9; e o F3 (Desvio Comportamental), formado pelos itens restantes – 3, 9, 13, 14 e 15. Essa nova divisão do PCL-R fez com que Cooke e Michie sugerissem um modelo hierárquico e unidimensional da PP com três diferentes fatores, sendo cada um deles formado por grupos de itens (e não por itens individuais) do instrumento (ver Figura 6.1). Os sete itens removidos do teste – 10, 11, 12, 17, 18, 19 e 20 – configurariam um construto à parte, o comportamento antissocial, por se correlacionarem altamente com o TPAS e não com a PP (COOKE et al., 1999, 2001, 2006).

Figura 1 - Modelo Hierárquico da Psicopatia de Três Fatores.

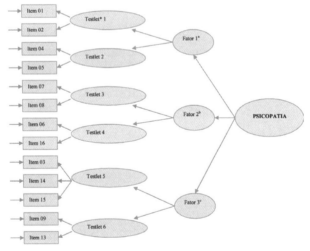

Fonte: Adaptado de Cooke e Michie (2001).

Nota: * O termo Testlet é utilizado para significar grupo de itens dependentes. Trata-se de uma estratégia que permite análises sofisticadas como o TRI quando os itens não atendem ao requisito de independência local. (a) Interpessoal; (b) Afetivo e (c) Estilo de vida impulsivo e irresponsável.

Johansson, Andershed, Kerr e Levander (2002) foram os primeiros pesquisadores a testar e encontrar suporte empírico para o Modelo Hierárquico de Três Fatores da PP. Eles avaliaram 293 suecos encarcerados, considerados criminosos violentos – excluíram os ofensores sexuais –, com média de idade de 32,4 anos. Tanto a AFE (ver Tabela 6.2) quanto a AFC [χ^2 (62, n= 256) =127.6, p < 0.001, AIC= 185.6, CAIC= 317.41, CFI= 0.99, NFI= 0.98, NNFI= 0.99, GFI= 0.98, AGFI= 0.98, RMSEA= 0.06] apresentaram valores satisfatórios para confirmar o modelo de Cooke e Michie (JOHANSSON et al., 2002).

Em 2003, Hare publicou a segunda edição do PCL-R no intuito de agregar diferentes variáveis ao estudo da PP e definir, de forma mais sólida, a estrutura fatorial do PCL-R em si, uma vez que o tamanho das amostras, oriundas de contextos distintos (COOKE; MICHIE, 2001; COOKE; KOSSON; MICHIE, 2001; SULLIVAN; KOSSON, 2006), permitiu o uso de análises estatísticas mais avançadas como a TRI (BOLT et al., 2004; COOKE et al., 1999; COOKE; MICHIE, 1997) e a AFC (HARE, 2003; HARE; NEUMANN, 2005).

Tabela 6.2 – Análise fatorial exploratória do
modelo de Três Fatores do PCL-R

ITENS DO PCL-R	FATORES		
	1	2	3
Loquacidade/Charme superficial	**0,86**	0,00	0,00
Superestima	**0,61**	0,14	0,00
Mentira patológica	**0,56**	0,00	0,18
Vigarice/Manipulação	**0,59**	0,15	0,14
Ausência de culpa e remorso	0,23	**0,72**	-0,12
Insensibilidade afetivo-emocional	-0,14	**0,56**	0,29
Falta de empatia	0,00	**0,72**	0,24
Incapacidade de aceitar responsabilidade pelos próprios atos	0,25	**0,64**	-0,24
Tendência ao tédio/Necessidade de estimulação	0,00	0,00	**0,79**
Estilo de vida parasitário	0,24	0,00	**0,55**
Ausência de metas realistas e de longo prazo	0,00	0,24	**0,51**
Impulsividade	-0,15	0,00	**0,83**
Irresponsabilidade	0,00	0,00	**0,65**

Fonte: Adaptado de Johansson e colaboradores (2002). Análise de componentes principais, método de rotação Promax. Total da variância explicada igual a 55,69%. Correlação entre os Fatores 1 e 2 igual a 0,68; correlação entre os Fatores 1 e 3 igual a 0,56, e correlação entre os Fatores 2 e 3 igual a 0,59, todos com o $p < 0,001$. A carga fatorial > 40 aparece em negrito.

Dessa vez, o estudo das propriedades psicométricas e fatoriais do PCL-R de Hare perfez uma amostra total de 10.896 sujeitos. Essa amostra englobou todos os tipos de ofensores de diferentes etnias, com idade variando entre 16 e 71 anos, sendo 7.872 indivíduos divididos entre uma amostra de 5.408 homens encarcerados, 1.246 homens internos de instituições psiquiátricas forenses e 1.218 mulheres. Além disso, os critérios de correção do PCL-R foram utilizados para avaliar os prontuários de 2.622 homens encarcerados e de 402 homens internos de instituições psiquiátricas forenses, computando um total de 3.024 arquivos observados (HARE, 2003; HARE; NEUMANN, 2005, 2006).

Robert Hare, apesar de seguir com a ideia de que a PP é um construto unidimensional, na segunda edição do PCL-R mostrou, por meio da AFC (TLI= 0.94, RMSEA= 0.07, SRMR= 0.05), uma solução fatorial diferente. O PCL-R foi mais bem representado por um modelo de quatro fatores.

O F1 tornou-se o Super Fator 1 (SF1), dividido em dois fatores compostos por quatro itens cada um, e que se correlacionam em 0,74. Esses dois fatores são: Fator Afetivo, que engloba os itens 1, 2, 4 e 5, e o Fator Interpessoal, constituído pelos itens 6, 7, 8 e 16. O F2 se tornou o Super Fator 2 (SF2), também dividido em dois fatores compostos por cinco itens cada um, e que se correlacionam em 0,75. Esses dois fatores são: Fator Estilo de Vida, composto pelos itens 3, 9, 13, 14 e 15, e o Fator Comportamento Antissocial, que engloba os itens 10, 12, 18, 19 e 20. Os itens 11 ("Promiscuidade sexual") e 17 ("Relações maritais breves") não carregaram em nenhum dos fatores, portanto foram excluídos do novo modelo do PCL-R – ao passo que o item 20 ("Versatilidade criminal"), que antes, na primeira versão, não pertencia a fator algum, passou a fazer parte do fator de Comportamento Antissocial (SF2) na segunda edição do instrumento.

Figura 6.2 – Modelo hierárquico de Quatro Fatores de Hare e Neumann

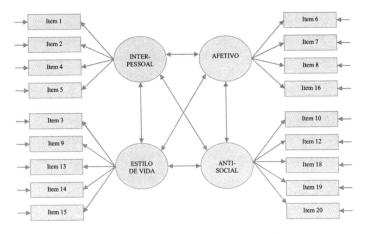

Fonte: Adaptado de Hare (2003) e Hare e Neumann (2005, 2006).

O novo modelo de Hare e Neumann pressupõe, assim como fez Hare com a versão anterior do PCL-R, que os fatores do teste estão positivamente associados. O Super Fator 1 (Afetivo e Interpessoal) e o Super Fator 2 (Estilo de Vida e Comportamento Antissocial) estão correlacionados, em média, em 0,52 (HARE; NEUMANN, 2005), valor quase idêntico à correlação entre os Fatores 1 e 2 (0,50) da primeira edição do teste (HARE, 1991; HARE et al., 1990).

A relação entre as dimensões antissociais da personalidade e o comportamento infrator

A PP emergiu nos últimos anos como um dos mais importantes construtos de interesse para o sistema jurídico-penal e para a saúde pública, de forma geral (HARE, 1996b; WALTERS, 2004). Tal interesse é suscitado principalmente pela forte associação existente entre a PP e a criminalidade.

A quantidade desproporcional de crimes cometida por indivíduos psicopatas inclui uma ampla variedade de ofensas, tais como roubos, assaltos à mão armada, arrombamento de propriedade, homicídios, estupros, ameaças, posse de arma e mais tentativas de fuga, quando já encarcerados. Os psicopatas cometem não só mais tipos de crimes como também mais crimes por tipo (KOSSON; SMITH; NEWMAN, 1990). Além de serem mais versáteis (HARE, 1996b), os indivíduos que apresentam essa condição são também muito mais violentos se comparados com os demais tipos de ofensores, como, por exemplo, aqueles diagnosticados como TAP (HALL; BENNING; PATRICK, 2004).

Hare e McPherson (1984) realizaram um estudo entre presidiários e encontraram que os psicopatas foram condenados por crimes 3,5 vezes mais violentos do que os ofensores não psicopatas. Segundo Gretton, McBride, Hare, O'Shaughnessy e Kumka (2001), tal relacionamento é conseqüência natural das características interpessoais, afetivas e dos comportamentais que definem a desordem.

Comportamentalmente, os indivíduos psicopatas gostam de correr riscos, são propensos ao tédio, impulsivos, promíscuos, irritáveis e apresentam dificuldades em estabelecer metas realistas de vida e a longo prazo. Já o estilo interpessoal desses indivíduos caracteriza-se pela grandiosidade, pelo charme superficial, pelo egocentrismo, pela manipulação e pela mentira patológica. Afetivamente, eles exibem falta de remorso, afeto superficial, ausência de empatia e ansiedade, fracassam em aceitar a responsabilidade por suas ações e são incapazes de manter relacionamentos próximos e estáveis (GRETTON et al., 2001; HARE, 1996a, 1996b; HARE et al., 1990; LYNAM, 1996). Além dessas características de personalidade, déficits neurológicos específicos têm sido encontrados em indivíduos psicopatas.

Newman, Patterson e Kosson (1987) apontam que estudos laboratoriais fornecem evidências de que os psicopatas são incapazes de aprender com os seus erros e são propensos a apresentar perseveração de respostas, que pode ser definida como a tendência a continuar a exibir um conjunto de respostas, mesmo que a punição ou a mudança nas contingências ambientais reduza a expressão adaptativa destas (NEWMAN et al., 1987).

A perseveração de respostas é, contudo, principalmente observada quando há recompensas, ou seja, uma vez que psicopatas tenham adotado um conjunto de respostas voltadas para o reforço, eles têm dificuldade de atentar para contingências concorrentes de respostas (NEWMAN et al., 1987; SHAPIRO; QUAY; HOGAN; SCHWARTZ, 1988). Déficits no controle inibitório têm sido observados em grupos de indivíduos extrovertidos e psicopatas, e estão muitas vezes relacionados ao funcionamento executivo (SCHACHAR; LOGAN, 1990). Um controle inibitório deficitário é caracterizado por comportamentos impulsivos, pela incapacidade de interromper uma resposta já iniciada e pelo déficit na modulação das respostas, isto é, pelo fracasso em corrigir respostas obviamente inapropriadas (SCHACHAR; LOGAN, 1990).

Para Iaboni, Douglas e Baker (1995), os psicopatas e outros indivíduos desinibidos mostram um déficit inibitório apenas quando recompensa e custo de resposta estão ambos presentes. Isso acontece porque tais indivíduos têm uma tendência a focalizar sua atenção em sinais de recompensa em vez dos de punição, intensificando, pois, a predisposição a responder.

Hall e colaboradores (2004) pesquisaram a associação dos três fatores do PCL-R com várias outras medidas de personalidade, como questões comportamentais, abuso de substâncias e histórico criminal, e por fim analisaram os prontuários criminais de uma amostra composta por 310 sujeitos. Todas as medidas utilizadas serviram como critério de validade externa para o modelo de Três Fatores do PCL-R.

Hall e colaboradores encontraram correlações positivas moderadas principalmente entre o F1 (Estilo Interpessoal Arrogante e Manipulador) e abuso sexual de adultos; entre o F2 (Déficits de Experiências Afetivas) e agressividade, crimes violentos, lesão corporal, busca de sensações (SSS) e também abuso sexual de adultos e crianças; e entre o F3 (Estilo de Vida Impulsivo e Irresponsável) e agressividade, abuso sexual e uso de substâncias, além de correlacionar-se negativamente com controle, evitação de perigo, realização e subordinação às normas sociais.

Os dados de Hall e colaboradores demonstraram ser PP uma condição clínica associada a uma série de variáveis afetivas e comportamentais. As variáveis afetivas e interpessoais predizem principalmente baixo temor, agressão, violência sexual, manipulação e dominância social (ver também HARE, 1991; VERONA; PATRICK; JOINER, 2001). As variáveis comportamentais estão relacionadas à conduta antissocial, criminalidade, impulsividade e abuso de substâncias, assim como relatado em outros estudos (HARE, 2003; REARDON; LANG; PATRICK, 2002). As correlações encontradas dão suporte à ideia de que a PP, para ser considerada um construto unidimensional, deve apresentar uma associação entre diferentes dimensões psicológicas, sejam elas afetivas, interpessoais ou comportamentais. Esses dados também mostram que o comportamento antissocial é um fator de risco para reincidência criminal, portanto divergindo da ideia de que a conduta antissocial não estaria relacionada à PP como acreditavam Cooke e Michie, apesar de o modelo Hierárquico de Três Fatores apresentar tanto validade interna (COOKE et al., 1999; COOKE; MICHIE, 2001; SKEEM; MULVEY; GRISSO, 2003) como externa (HALL et al., 2004).

Skeem, Mulvey e Grisso (2003) avaliaram parte da amostra coletada no *MacArthur Violence Risk Assessment Study* (MVRAS). A pesquisa foi composta por 1.316 sujeitos com diferentes diagnósticos psiquiátricos, com idade compreendida entre dezoito e quarenta anos, falantes fluentes de língua inglesa. A versão curta do PCL-R, o *Psychopathy Checklist – Screening Version* (PCL-SV)[4], foi o instrumento utilizado nessa investigação (ver SKEEM; MULVEY, 2001, e SKEEM; MULVEY; GRISSO, 2003). Os Fatores 1 e 2 (Afetivo e Interpessoal) apresentaram forte associação com a violência e com a reincidência desta, ao passo que o Fator 3 (Compor-

---

[4] O PCL-SV contém doze itens distribuídos em: Charme superficial (Item 1), Superestima (2), Vigarice (3), Ausência de remorso (4), Falta de empatia (5), Incapacidade em aceitar responsabilidade pelos próprios atos (6), Impulsividade (7), Descontrole comportamental (8), Ausência de metas reais (9), Irresponsabilidade (10), Delinquência Juvenil (11) e Comportamento antissocial no adulto (12).

tamental) se correlacionou com crimes contra a propriedade, uso de drogas e abuso de álcool (SKEEM; MULVEY; GRISSO, 2003). No Brasil, Alvarenga (2006) avaliou 124 sujeitos do sistema carcerário da região metropolitana de Belo Horizonte. Encontrou um índice de correlação entre número de crimes cometidos e o ET do PCL-R de 0,448 (p= 0,001). Também a fim de verificar se havia diferenças na quantidade de crimes cometidos pela amostra carcerária, de acordo com o ponto de corte do PCL-R estipulado para o Brasil (MORANA, 2003), fez-se uma comparação de média pela estatística t. Os resultados mostraram haver diferenças significativas (p= 0,001) entre a amostra carcerária com pontuação abaixo de 23 e a parte da amostra diagnosticada com TGP (≥ 23). Os sujeitos com pontuação abaixo de 23 no ET do PCL-R apresentam menor índice de infrações, conforme pode ser visto na estatística descritiva da Tabela 6.3. Considerando-se o ponto de corte norte-americano (30 pontos), obviamente as diferenças se acentuam (média de crimes ≥ 30 = 4,20).

Tabela 6.3 – Média de crimes cometidos pela amostra carcerária associada ao ponto de corte do PCL-R estipulado para o Brasil (≥ 23)

PCL-R	N	Quantidade de tipos de crimes cometidos	
		M	Dp
< 23	72	2,08	1,46
≥ 23	50	3,30	2,31

Ao verificar diferenciada prevalência de quantidade de crimes cometidos pela amostra carcerária, buscou-se estabelecer qual dos dois pontos de corte, o determinado para a população brasileira (≥ 23) ou para a população norte-americana (≥ 30), era mais sensível para detectar os desvios comportamentais da PP. Isto é, procurou-se identificar em que medida as pessoas caracterizadas como psicopatas a partir de um ou de outro ponto de corte são mais antissociais, mais ativas e crônicas como delinquentes e infratoras.

Criaram-se para tanto quatro tipos de variáveis que descreviam a quantidade de crimes cometidos:

> Crim2: 1 – se cometeu dois crimes ou mais; 0 caso contrário.
> Crim3: 1 – se cometeu três crimes ou mais; 0 caso contrário.
> Crim4: 1 – se cometeu quatro crimes ou mais; 0 caso contrário.
> Crim5: 1 – se cometeu cinco crimes ou mais; 0 caso contrário.

Cada uma dessas variáveis foi classificada como variável dependente na análise de regressão logística, e o ponto de corte, brasileiro ou norte-americano, como a variável determinante. Os resultados estão descritos na Tabela 6.4.

Tabela 6.4 – Predição dos pontos de corte brasileiro (≥ 23) e norte-americano (≥ 30) da conduta criminal

Quantidade de crimes cometidos	Crim2		Crim3		Crim4		Crim5	
Ponto de corte	23	30	23	30	23	30	23	30
Acertos	47.50	21.25	59.18	30.61	66.67	37.04	68.75	43.75
Falsos positivos	21.05	0	23.86	2.27	29.09	6.36	32.23	8.26
Proporção de classificação correta	60.58	54.01	70.07	73.72	70.07	82.48	67.88	86.13

A Tabela 6.4 indica que o ponto de corte norte-americano (≥ 30) é mais sensível para reconhecer o comportamento infrator em sujeitos caracterizados como psicopatas. Essa maior sensibilidade deve tanto contrabalançar a predição correta como evitar os falsos positivos. No caso do ponto de corte norte-americano, a maior sensibilidade relaciona-se à melhor predição de falsos positivos em níveis altos de criminalidade. O Gráfico 1 permite uma visualização de tais resultados (gerados a partir das probabilidades estimadas nas regressões logísticas). Observa-se que a predição aumenta significativamente para os casos em que a frequência do número de crimes cometidos está acima de cinco. Nessa situação, os escores ≥ 30 predizem melhor.

Gráfico 1 – Relação logística entre a quantidade de crimes cometidos e o ET do PCL-R tanto para o ponto de corte de corte brasileiro quanto para o norte-americano

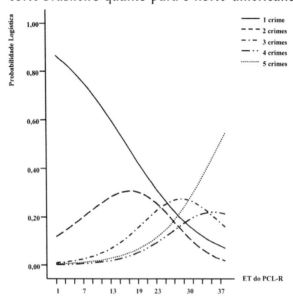

Conclusões

A PP é um construto psicológico conhecido pela sociedade em geral devido a sua associação com o crime, principalmente o violento. Como visto na introdução do presente capítulo, a maior precisão na identificação e no diagnóstico das diferenças individuais em PP é ganho recente na Psicologia científica. Esse ganho somente foi possível graças ao PCL-R elaborado pelo psicólogo canadense Robert Hare. Nesse sentido, a paciente e sistemática investigação do instrumento vem dando mostras de sua alta qualidade técnica.

Diferentemente das escalas de avaliação da personalidade do tipo autorrelato, o PCL-R requer um alto preparo técnico em entrevista e observação psicológica daquele que o utiliza. Os dados aqui apresentados foram precedidos de um treinamento especial ministrado pelo professor Christopher Patrick da Universidade de Minnesota, investigador profícuo do comportamento antissocial e da PP, à equipe de investigação do Laboratório de Avaliação das Diferenças Individuais da UFMG como parte de um projeto de colaboração.

No Brasil, portanto, faz-se necessário um esforço especial de entidades relacionadas ao contexto forense para incorporar cientificamente um sistema de avaliação como o proposto no PCL-R. As estatísticas nacionais sobre violência e criminalidade, sempre em aumento, assim o requerem.

Referências bibliográficas

AMERICAN PSYCHIATRIC ASSOCIATION. *Diagnostic and statistical manual of mental disorders* – DSM-IV. 4th ed. Washington: American Psychiatric Association, 1994.

_____. *Diagnostic and statistical manual of mental disorders*: Text Revision – DSM-IV-TR. 4th ed. Washington: American Psychiatric Association, 2000.

BALLONE, G. J. *Transtorno de personalidade*: personalidade psicopática, parte 04. Disponível em: <http://www.psiqweb.med.br/forense/border2.html>. Acesso em: 15 jun. 2005 e 23 mar. 2008.

BOLT, D. M. et al.. A multigroup item response theory analysis of the Psychopathy Checklist-Revised (PCL-R). *Psychological Assessment*, v. 16, n. 2, p. 155–168, 2004.

CLECKLEY, H. *The mask of sanity*. 5th ed. St. Louis: C. V. Mosby, 1976.

COOKE, D. J.; KOSSON, D. S.; MICHIE, C. Psychopathy and Ethnicity: structural, item and test generalizability of the Psychopathy Checklist-Revised (PCL-R) in Caucasian and African American participants. *Psychological Assessment*, v. 13, n. 4, p. 531-542, 2001.

COOKE, D. J.; MICHIE, C. An item response theory evaluation of Hare's Psychopathy Checklist. *Psychological Assessment*, v. 9, n. 1, p. 2-13, 1997.

_____. Refining the construct of Psychopathy: toward a hierarchical model. *Psychological Assessment*, v. 13, n. 2, p. 171-188, 2001.

COOKE, D. J.; MICHIE, C.; HART, S. D. Facets of Clinical Psychopathy. In: PATRICK, C. J. (Ed.). *Handbook of Psychopathy*. New York: The Guilford Press, 2006. p. 91-106.

COOKE, D. J. et al. Evaluating the screening version of Hare Psychopathy Checklist-Revised (PCL-SV): an item response theory analysis. *Psychological Assessment*, v. 11, n. 1, p. 3-13, 1999.

_____. Reconstructing Psychopathy: clarifying the significance of Antisocial and Socially Deviant behavior in the diagnosis of psychopathic personality disorder. *Journal of Personality Disorders*, v. 18, p. 337-357, 2004.

Assessing Psychopathy in United Kingdom: concerns about cross-cultural generalizability. *British Journal of Psychiatry*, v. 186, p. 339-345, 2005a.

_____. Searching for the pan-cultural core of psychopathic personality disorder. *Personality and Individual Differences*, v. 39, p. 283–295, 2005b.

DIGENS, N. G.; ATLIS, M. M.; VINCENT, G. M. Cross-cultural perspectives on antisocial behavior. In: STOFF, D. M.; BREILING, J.; MASER, J. D. (Eds.). *Handbook of Antisocial Behavior*. New York: Wiley, 1998. p. 463-473.

FARMER, R. F. Issues in the assessment and conceptualization of personality disorders. *Clinical Psychology Review*, v. 20, n. 7, p. 823-851, 2000.

GRETTON, H. et al. Psychopathy and recidivism in adolescent sex offenders. *Criminal Justice and Behavior*, v. 28, p. 427-449, 2001.

HALL, J. R.; BENNING, S. D.; PATRICK, C. J. Criterion related validity of the Three-Factor model of Psychopathy – Personality, Behavior and Adaptive Functioning. *Assessment*, v. 11, n. 1, p. 4-16, 2004.

HARE, R. D. A research scale for the assessment of Psychopathy in criminal population. *Personality and Individual Differences*, v. 1, p. 111-119, 1980.

_____. Diagnosis of Antisocial Personality in two prison populations. *American Journal of Psychiatric*, v. 140, p. 887-890, 1983.

_____. Comparison of procedures for the assessment of Psychopathy. *Journal of Consulting and Clinical Psychology*, v. 53, p. 7-16, 1985a.

_____. A checklist for the assessment of Psychopathy in criminal populations. In: BEN-ARON, M. H.; HUCKER, S. J.; WEBSTER, C. D. (Eds.). *Clinical Criminology*: The assessment and treatment of criminal behavior. Toronto: M&M Graphics, 1985b. p.157-168.

_____. *The Psychopathy Checklist-Revised (PCL-R)*. New York: Multi Health Systems, 1991.

_____. *Without conscience*: the disturbing world of the psychopaths among us. New York: The Guilford Press, 1993.

_____. Psychopathy and Antisocial Personality Disorder: a case of diagnostic confusion. *Psychiatric Times*, v. 13, p. 1-8, 1996a.

_____. Psychopathy: a clinical construct whose time has come. *Criminal Justice and Behavior*, v. 23, p. 25–54, 1996b.

_____. *The Psychopathy Checklist-Revised (PCL-R)*. 2nd ed. Toronto: Multi Health Systems, 2003.

HARE, R. D.; COX, D. N. Clinical and empirical conceptions of Psychopathy, and the selection of subjects for research. In: HARE, R. D.; SCHALLING, D. (Eds.). *Psychopathic Behavior*: approach to research. Chichester: Wiley, 1978. p. 1-21.

HARE, R. D. et al. The revised Psychopathy Checklist: descriptive statistics, reliability, and factor structure. *Psychological Assessment*: a journal of consulting and Clinical Psychology, v. 2, p. 338-341, 1990.

HARE, R. D.; HART, S. D.; HARPUR, T. Psychopathy and the DSM-IV criteria for Antisocial Personality Disorder (diagnostic issues in DSM-IV). *Journal of Abnormal Psychology*, v. 100, n. 3, p. 391-398, 1991.

HARE, R. D.; MCPHERSON, L. M. Violent and aggressive behavior by criminal psychopaths. *International Journal of Law and Psychiatry*, v. 7, p. 329-337, 1984.

HARE, R. D.; NEUMANN, C. S. Structural models of Psychopathy. *Current Psychiatry Reports*, v. 7, p. 57–64, 2005.

_____. The PCL-R assessment of Psychopathy: development, structural properties, and new directions. In: PATRICK, C. J. (Ed.). *Handbook of Psychopathy*. New York: The Guilford Press, 2006. p. 58-90.

HARPUR, T. J.; HAKSTIAN, A. R.; HARE, R. D. Factor structure of the Psychopathy Checklist. *Journal of Consulting and Clinical Psychology*, v. 56. n. 5, p. 741-747, 1988.

HART, S. D.; HARE, R. D. Psychopathy: assessment and association with criminal conduct. In: STOFF, D. M.; BREILING, J.; MASER, J.

D. (Eds.). *Handbook of Antisocial Behavior*. New York: Wiley, 1997. p. 22-35.

IABONI, F.; DOUGLAS, V. I.; BAKER, A. G. Effects of reward and response costs on inhibition in ADHD children. *Journal of Abnormal Psychology*, v. 104, p. 232-240, 1995.

JOHANSSON, P. et al. On the operationalization of psychopathy – Further support for a three-faceted personality oriented model. *Acta Psychiatry Scandinavian*, v. 106, n. 412, p. 81-85, 2002.

KOSSON, D. S. Response perseveration in psychopaths. *Journal of Abnormal Psychology*, v. 96, n. 2, p. 145-148, 1987.

LYKKEN, D. T. *The antisocial personalities*. New Jersey: Lawrence Erlbaum Associates Publishers, 1995.

LYNAM, D.; MOFFITT, T.; STOUTHAMER-LOEBER, M. Explaining the relation between IQ and delinquency: class, race, test motivation, school failure, or self-control? *Journal of Abnormal Psychology*, v. 102, p. 187-196, 1993.

MORANA, H. C. P. *Identificação do ponto de corte para a escala PCL-R (Psychopathy Checklist-Revised) em população brasileira forense*: caracterização de dois subtipos da personalidade; transtorno global e parcial. Tese (Doutorado), Faculdade de Medicina, Universidade de São Paulo, São Paulo, 2003.

NEWMAN, J. P; PATTERSON, C. M.; KOSSON, D. S. Response perseveration in psychopaths. *Journal of Abnormal Psychology*, v. 96, n. 2, p. 145-148, 1987.

ORGANIZAÇÃO MUNDIAL DA SAÚDE. *CID-10*: classificação de transtornos mentais e de comportamento: descrições clínicas e diretrizes diagnósticas. Porto Alegre: Artes Médicas Sul, 1993.

PASQUALI, L. (Org.). *Técnicas de Exame Psicológico* – TEP. 2. ed. São Paulo: Casa do Psicólogo, 2006. v. 1: Fundamentos das Técnicas Psicológicas.

_____. *Teoria dos testes na Psicologia e na Educação*. 2. ed. Petrópolis: Vozes, 2006.

REARDON, M. L.; LANG, A. R.; PATRICK, C. J. Antisociality and alcohol problems: an evaluation of subtypes, drinking motives, and family history in incarcerated men. *Alcoholism*: Clinical and Experimental Research, v. 26, p. 1188-1197, 2002.

SCHACHAR, R.; LOGAN, G. D. Impulsivity and inhibitory control in normal development and childhood psychopathology. *Developmental Psychology*, v. 26, p. 710-720, 1990.

SHAPIRO, S. K. et al. Response perseveration and delayed responding in undersocialized aggressive conduct disorder. *Journal of Abnormal Psychology*, v. 97, n. 3, p. 371-373, 1988.

SHIPLEY, S.; ARRIGO, B. A. The confusion over psychopathy (II): implications for forensic (correctional) practice. *International Journal of Offender Therapy and Comparative Criminology*, v. 45, n. 4, p. 407-420, 2001.

SKEEM, J. L.; MULVEY, E. Psychopathy and community violence among civil psychiatric patients: results from the MacArthur Violence Risk Assessment Study. *Journal of Consulting and Clinical Psychology*, v. 69, p. 358–374, 2001.

SKEEM, J. L.; MULVEY, E. P.; GRISSO, T. Applicability of traditional and revised models of psychopathy to the Psychopathy Checklist: screening version. *Psychological Assessment*, v. 15, p. 41-55, 2003.

SULLIVAN, E. A.; KOSSON, D. S. Ethnic and cultural variations in psychopathy. In: PATRICK, C. J. (Ed.). *Handbook of Psychopathy*. New York: The Guilford Press, 2006. p. 437-458.

URBINA, S. *Fundamentos da testagem psicológica*. Porto Alegre: Artmed, 2007.

VERONA, E.; PATRICK, C. J.; JOINER, T. E. Psychopathy, antisocial personality, and suicide risk. *Journal of Abnormal Psychology*, v. 110, n. 3, p. 462–470, 2001.

WALTERS, G. D. The trouble with psychopathy as a general theory of crime. *International Journal of Offender Therapy and Comparative Criminology*, v. 48, n. 2, p. 133-148, 2004.

WIDIGER, T. A. Psychopathy and DSM-IV psychopathology. In: PATRICK, C. J. (Ed.). *Handbook of Psychopathy*. New York: The Guilford Press, 2006. p. 156-171.

WILSON, N. J. *The utility of the Psychopathy Checklist-Screening Version (PCL-SV) for predicting serious violent recidivism in a New Zealand offender sample*. Tese (Doctorate of Philosophy). Faculty of Arts and Social Sciences, University of Waikato, New Zealand, 2003.

7

INTELIGÊNCIA EMOCIONAL: UMA PERSPECTIVA TEÓRICA BASEADA EM APTIDÕES MENTAIS

Nilton Cesar Barbosa[1]

Contextualizando o conceito de Inteligência Emocional

O termo "inteligência emocional" tornou-se conhecido do público em geral por meio do livro publicado por Goleman (1996). Desde então, pesquisadores de diversos países tentam comprovar a pertinência teórica e prática do construto. As críticas endereçadas por diversos pesquisadores à inteligência emocional se referem primeiramente ao próprio conceito, que traz em si a intenção de descrever habilidades ou características humanas relacionando inteligência e emoção, dois termos tradicionalmente entendidos como antagônicos (SALOVEY; MAYER, 1990).

---
[1] *E-mail:* niltonbarbosa@hotmail.com

Além do questionamento sobre o nome dado ao conceito, discute-se também qual foi o primeiro trabalho a fazer uso do termo "inteligência emocional". Bar-On (2000), por exemplo, afirma que seus estudos na área da inteligência emocional iniciaram-se em 1985, quando, em sua tese de doutorado, desenvolveu a primeira versão do Inventário de Quociente Emocional (EQ-i) para estudar o funcionamento social e emocional das pessoas.

Hein (2003) também afirma que o termo "inteligência emocional" foi utilizado em um trabalho acadêmico pela primeira vez em 1985, porém não concorda com Bar-On (2000) em relação à autoria. Segundo Hein (2003), o termo foi usado na tese de doutorado de Payne (1985), que elaborou uma estrutura teórica para afirmar a importância da inteligência emocional na autointegração do medo, da dor e do desejo.

Já Mayer, Salovey e Caruso (2004) apresentam evidências de que o termo "inteligência emocional" foi utilizado antes, na década de 1960, em uma publicação sobre uma crítica literária. Esses autores também defendem o trabalho de Payne como o primeiro a fazer uso do termo de modo mais extensivo. Infelizmente, o trabalho de Payne (1985) não teve inserção suficiente no meio científico da Psicologia, e poucos autores (HEIN, 2003; MAYER; SALOVEY; CARUSO, 2000a, 2004) o relacionaram ao surgimento do conceito de inteligência emocional.

Em meio a essa controvérsia autoral, as publicações científicas apontam que foi em 1990 que três pesquisadores americanos, John Mayer, M. DiPaolo e Peter Salovey, divulgaram a primeira pesquisa utilizando o termo "inteligência emocional" em um periódico científico internacional de Psicologia. O primeiro estudo publicado procurou estudar a habilidade de percepção de conteúdos afetivos em estímulos visuais ambíguos como um componente de uma capacidade intelectual que seria chamada de inteligência emocional (MAYER; DIPAOLO; SALOVEY, 1990). A definição de inteligência emocional relatada nesse artigo baseava-se em um tipo de processamento de informação emocional a fim de avaliar emoções em si mesmo e nos outros para expressar adequadamente as emoções e regulá-las, visando a adaptar-se às situações cotidianas.

Para justificar o conceito e a necessidade de seu estudo, Mayer, DiPaolo e Salovey (1990) apresentaram evidências de que a face é um sistema de sinais primários para mostrar emoções. A capacidade de reconhecer as expressões faciais de afeto seria universal e estaria diretamente relacionada com a expressão de emoções. Assim, mesmo não sendo educadas para lerem os sinais faciais, é possível constatar que as pessoas, comumente, sabem como fazer isso. Com base nessa perspectiva, os autores apresentaram a tese de que, ainda que seja esperado que todos aprendam a fazer a leitura, existiriam diferenças individuais na habilidade que as pessoas manifestam para ler as expressões faciais.

No mesmo ano, Salovey e Mayer (1990) fizeram uma análise de pesquisas científicas para, a partir dos resultados apresentados nesses estudos, justificar a existência de uma aptidão relativamente distinta, a qual eles se referiam como inteligência emocional. Os autores procuraram posicionar a inteligência emocional como um subconjunto da inteligência social e das inteligências pessoais – estas últimas, componentes da teoria das inteligências múltiplas de Gardner (SALOVEY; MAYER, 1990, p. 189). Nesse mesmo trabalho, apresentou-se uma delimitação conceitual de inteligência emocional, envolvendo as habilidades de: 1) avaliação e expressão de emoções em si mesmo e no outro de maneira verbal e não verbal; 2) regulação de emoções em si mesmo e no outro por intermédio da empatia; e 3) utilização de emoções por meio de um planejamento flexível, do pensamento criativo, do redirecionamento da atenção e da motivação (SALOVEY; MAYER, 1990, p. 190).

Posteriormente, foram publicadas outras perspectivas teóricas (BAR-ON, 2000; GOLEMAN, 1996) com a intenção de descrever os componentes da inteligência emocional e sua possível aplicação prática. Nesse período, o modelo de aptidão mental de Mayer e Salovey (1997) estava sendo questionado por vários pesquisadores, e procurando eliminar algumas confusões conceituais, Mayer (1999) tentou diferenciar a inteligência emocional em dois campos principais. De um lado, posicionou os estudos científicos conduzidos por pesquisadores, a fim de desenvolver argumentos teóricos para sustentar o construto. Do outro lado, relacionou os livros, os artigos e os programas veiculados pela mídia que estariam voltados para propostas de intervenção e autoajuda sem estarem necessariamente preocupados com a pesquisa empírica e com a produção de conhecimento científico.

Ainda com o objetivo de demonstrar a relevância do conceito como uma aptidão mental, Mayer, Salovey e Caruso (2000a) apresentaram uma descrição de três principais perspectivas sobre inteligência emocional. Essa descrição se baseou menos nos componentes e mais nos tipos de escalas e medidas usadas para avaliar a inteligência emocional: 1) medidas de autorrelato, tais como o Bar-On, EQ-i e o EQ–Map; 2) medidas de avaliação realizadas por observadores, como o Inventário de Competência Emocional (*Emotional Competence Inventory* – ECI); e 3) medidas de aptidão ilustradas pelos instrumentos desenvolvidos pelos próprios autores, tais como a MEIS (*Multifactor Emotional Intelligence Scale*) e o MSCEIT (*Mayer, Salovey and Caruso Emotional Intelligence Test*) versões 1 e 2.

Em uma revisão da literatura, Mayer, Caruso e Salovey (2000b) argumentaram que as perspectivas teóricas se diferem pelo tipo de medida e também pelo que descrevem como componentes da inteligência emocional. Os autores, então, sugeriram que os estudos publicados poderiam ser agrupados em apenas duas perspectivas: uma envolvendo medidas de inteligência emocional como traço de personalidade, e a outra, como capacidade mental, responsável pelo processamento de informações emocionais (MAYER; SALOVEY; CARUSO, 2000b). É sobre essa última perspectiva que o presente trabalho descreve alguns dos principais estudos encontrados na literatura.

A perspectiva teórica baseada em aptidão mental

Inicialmente, Mayer e Salovey (1990, p. 189) definiram a inteligência emocional como a capacidade para monitorar e discriminar sentimentos e emoções em si mesmo e nos outros e fazer uso dessas informações para guiar pensamentos e ações. Nesse primeiro formato, as habilidades relacionadas à inteligência emocional incluíam: a) avaliar e expressar emoções em si mesmo e nos outros; b) regular emoções em si mesmo e nos outros; e c) usar as emoções de maneira adaptativa. Esses processos seriam comuns a todas as pessoas; entretanto, existiriam diferenças individuais no estilo de processamento e nas habilidades.

Avaliação e expressão de emoções: os processos componentes da inteligência emocional começariam a atuar quando informações carregadas de afeto entrassem no sistema perceptual do indivíduo. A inteligência emocional permitiria a avaliação e a expressão adequadas de sentimentos. Essas avaliações emocionais promoveriam várias expressões de emoções. No nível verbal, o desenvolvimento da habilidade para avaliar e expressar emoções poderia ser observado por meio da linguagem. Saber sobre as emoções dependeria, em parte, de como se fala sobre elas. A aprendizagem social interagiria com a habilidade introspectiva e permitiria a formulação de hipóteses coerentes na base dessa introspecção.

No nível não verbal, seria possível perceber emoções por meio expressões faciais, já que muito da comunicação emocional ocorre por canais não verbais. Assim, indivíduos emocionalmente inteligentes poderiam responder mais apropriadamente a seus próprios sentimentos em função da exatidão com que os percebem. Avaliar e expressar emoções exigiria o processamento de informações emocionais pelo organismo, e um nível mínimo de competência nessas habilidades seria necessário para um adequado funcionamento social. O hábil reconhecimento de reações emocionais em outras pessoas e as respostas empáticas a essas reações capacitariam a pessoa a medir com exatidão as respostas afetivas em outras pessoas e a escolher comportamentos socialmente adaptados como resposta. Já a regulação de emoções em si mesmo e nos outros poderia conduzir a estados de humor mais positivos e reforçadores. A inteligência emocional também poderia ser usada para a solução de problemas. Inicialmente, a variação de emoções poderia facilitar a geração de múltiplos planos para o futuro. Em seguida, emoções positivas poderiam alterar a organização da memória, proporcionando o surgimento de muitas ideias relacionadas. Assim, emoções e humores poderiam ser usados para motivar e auxiliar o desempenho em tarefas intelectuais complexas, tais como o planejamento flexível, o pensamento criativo, o redirecionamento da atenção e a motivação.

No início da década de 1990, muitas críticas foram endereçadas ao conceito de inteligência emocional. Mayer e Salovey (1993) analisaram e discutiram as três principais críticas: será que ela realmente é uma inteligência? Quais os mecanismos que a compõem? E será que realmente é melhor chamá-la de inteligência? Os autores rebateram as críticas afirmando que a inteligência emocional se relacionaria com a inteligência geral enquanto aptidão; entretanto, ela poderia ter diferenças em termos de mecanismos e manifestações. Seus mecanismos poderiam incluir a emocionalidade, a administração de emoções e os substratos neurológicos. Entre suas manifestações, destacar-se-ia uma grande fluência verbal sobre o domínio emocional e uma grande transmissão de informações globais durante ameaças emocionais. Assim, a inteligência emocional descrita como uma aptidão intelectual possuiria meios de manifestação distintos de outras formas de inteligência (MAYER; SALOVEY, 1993).

Considerando que a demonstração da validade de um construto relacionado a aptidões intelectuais é, tradicionalmente, baseada em evidências que comprovam a viabilidade de mensuração, Mayer e Geher (1996) iniciaram um estudo da construção da *Emotional Accuracy Research Scale* – EARS. Para isso, utilizaram como critérios indivíduos designados "*target*", o consenso de grupo e a análise realizada por juízes especialistas. Tinha-se como hipótese que as pessoas habilidosas em relacionar os pensamentos às emoções também seriam capazes de perceber as implicações emocionais em seus próprios pensamentos, além de identificar emoções em outras pessoas a partir do que elas diziam.

Para a construção da EARS, foi solicitado a um grupo de quarenta participantes que relatassem seus pensamentos sobre três situações que mais contribuíram para seu estado de ânimo no momento do estudo. Para cada situação, os participantes deveriam descrever: a) o que levou à situação; b) qual era a situação; e c) o que aconteceu durante a situação que desencadeou a emoção ou o humor vivido naquele momento descrito pela pessoa. Os pensamentos relatados sobre as situações foram organizados em uma escala-padrão, na qual cada amostra de pensamento era seguida de doze alternativas subdivididas em duas respostas, sendo uma palavra e uma frase (ex.: "hostil – infeliz pelo outro"). O respondente deveria, então, assinalar em cada uma das doze alternativas uma palavra ou uma frase que melhor descrevesse o que a pessoa alvo estava sentindo. Esse trabalho foi utilizado para auxiliar a justificativa de que a percepção de emoções em outras pessoas é uma habilidade cognitiva da inteligência emocional.

Geher, Warner e Brown (2001) avaliaram a validade preditiva da Escala de Pesquisa de Precisão Emocional (EARS) utilizando uma amostra de quarenta estudantes universitários que, individualmente, responderam à EARS e a duas medidas de autorrelato de empatia. Em seguida, os participantes foram convidados a realizar uma tarefa de julgamento emocional relativamente real, na qual era solicitado que avaliassem as emoções de seis indivíduos específicos envolvidos em discussões que incluíam questões emocionais apresentadas em um videoteipe.

Comparados com os escores obtidos das medidas de empatia, os escores obtidos pelos participantes na EARS eram geralmente mais preditivos da habilidade de detectar com precisão as emoções dos indivíduos previamente designados, o que forneceu evidências sobre a validade profética da EARS como uma medida de inteligência emocional. Nesse estudo, os autores reconheceram as limitações de medidas de autorrelato para avaliar o desempenho em tarefas cognitivas e destacaram que a EARS fora escolhida por envolver recursos tanto de medidas de autorrelato como de laboratório (controle de variáveis e necessidade de aparato tecnológico, como filmadoras e computadores) (GEHER; WARNER; BROWN, 2001).

Em meio à efervescência provocada pelo conceito de inteligência emocional, Lane et al. (1990) apresentaram uma nova perspectiva para o entendimento da organização da experiência emocional, tendo como hipótese que a experiência emocional sofre uma transformação estrutural em uma sequência de desenvolvimento hierárquico com progressiva diferenciação e integração. A sequência incluiria cinco níveis de consciência emocional: sensações corporais, tendências à ação, emoções primárias, misturas de emoções e combinações de misturas de emoções. Para testar a hipótese, Lane et al. (1990) desenvolveram a *Levels of Emotional Awareness Scale* (LEAS – Escala de Medida do Nível de Consciência Emocional, em português). Essa escala consistia em vinte situações, cada uma descrita entre duas e quatro sentenças e cada uma envolvendo duas pessoas. As situações foram construídas para eliciar quatro tipos de emoção (raiva, medo, felicidade e tristeza) em cinco níveis de complexidade crescente. Cada cena era descrita em uma página, seguida de duas questões: "Como você se sentiria?" e "Como a outra pessoa se sentiria?" Os participantes eram orientados a escrever suas respostas no restante da página.

Ciarrochi, Caputi e Mayer (2002) realizaram uma avaliação crítica da Escala de Medida do Nível de Consciência Emocional (LEAS). Segundo os autores, as medidas para avaliar as diferenças do processamento emocional se dividem em três categorias principais: 1) medidas de autorrelato de personalidade (por exemplo: "Frequentemente, de que maneira você experimenta a raiva?"); 2) testes de aptidão baseados no desempenho (por exemplo: identificar uma emoção em uma expressão facial específica); e 3) medidas de autorrelato de habilidade para conhecer emoções em si mesmo e nos outros (por exemplo: "Frequentemente, fico confuso sobre qual emoção estou sentindo"). Para Ciarrochi, Caputi e Mayer (2002), a LEAS não se incluiria em nenhuma dessas três categorias descritas, e com base nesse argumento, decidiram verificar como ela se correlacionaria com medidas relacionadas às três categorias tradicionais. Em dois estudos, uma amostra de estudantes universitários (n= 124 e n= 107 para o estudo um e dois, respectivamente) respondeu à LEAS e também a uma bateria de medidas de personalidade, a testes de habilidade e à uma tarefa de humor induzido. Os resultados revelaram que a LEAS se mostrou estatisticamente distinta de uma variedade de medidas de personalidade, de testes de inteligência emocional e de medidas de habilidade no formato de autorrelato. Além disso, ambos os estudos demonstraram que pessoas com alta consciência emocional eram menos propensas do que outras a expressar julgamentos preconceituosos em relação ao humor (por exemplo, quando o mau humor conduz a maus julgamentos e o bom humor, a julgamentos bons).

Mayer e Salovey (1997) também procuraram diferenciar a noção de inteligência emocional de traços de personalidade e de comportamentos socialmente aceitos. Nessa perspectiva, destacaram que traços como extroversão e introversão não envolveriam habilidades intelectuais, e sim características pessoais ligadas à personalidade. A inteligência emocional também não estaria relacionada aos comportamentos de tolerância, motivação, persistência, dinamismo, dentre outros comportamentos socialmente aceitos. Assim, ser inteligente emocionalmente não implicaria necessariamente em agir de modo social e previamente esperado, ou em ter ações de aceitação e resignação diante dos estados emocionais para manter uma amizade ou um emprego, por exemplo.

Entretanto, se por um lado espera-se que a inteligência emocional seja reconhecida enquanto uma forma de inteligência distinta de outras, não se pode esquecer de que ela também envolve outro conceito, a emoção – que tradicionalmente sempre foi entendida como uma característica independente das funções intelectuais.

O conceito de emoção no qual se fundamentou a perspectiva teórica da inteligência emocional baseada em aptidão mental teve como suporte teórico uma compreensão funcionalista da mente. Segundo Brenner e Salovey (1997), a emoção seria definida como respostas que orientam o comportamento, fornecendo informações e auxiliando na concretização de metas. Nessa compreensão, a emoção possuiria três componentes: o cognitivo empírico, o comportamento e o fisiológico-bioquímico.

Tendo em vista a repercussão das visões populares de inteligência emocional que vinham sendo veiculadas até então, Mayer (1999) divulgou sua posição teórica no jornal *Monitor on Psychology*, da Associação Americana de Psicologia (APA). Nesse texto, o autor explicava que seria possível entender a inteligência emocional de duas formas totalmente diferentes. De um lado, por meio de periódicos científicos, revistas e capítulos de livros teóricos. De outro, por meio da cultura popular interessada em vender livros de autoajuda, jornais, revistas e programas sensacionalistas. Portanto, deveria existir um cuidado para não se confundir o sensacionalismo com a pesquisa científica sobre a inteligência emocional, pois isso levaria ao equívoco de confundir o trabalho de pesquisadores com o de divulgadores científicos.

Além da mera especulação pelo assunto e do "modismo" que transformou a inteligência emocional em "celebridade" mundialmente conhecida, alguns autores a relacionaram com uma lista de características de personalidade, além de realizarem pesquisas sobre o funcionamento cerebral, dando origem ao que Mayer, Caruso e Salovey (2000a) chamaram de "modelos mistos".

O primeiro livro específico sobre inteligência emocional, organizado por Salovey e Sluyter (1997), demarcou um espaço importante para a divulgação do trabalho de pesquisadores e educadores sobre o tema. Os capítulos envolviam temas tais como o que seriam inteligência emocional, competência, desenvolvimento e controle emocional, além de propostas para o desenvolvimento e para as adaptações social e emocional, incluindo ainda comentários dos educadores sobre o uso da inteligência emocional em sala de aula. No Brasil, o livro foi publicado pela Editora Campus, em 1999, com o título *Inteligência Emocional da criança: aplicações na educação e no dia a dia*.

No livro citado acima, Mayer e Salovey (1997) publicaram uma nova perspectiva teórica de inteligência emocional envolvendo quatro habilidades: percepção e identificação emocional, uso da emoção para facilitar o pensamento, entendimento emocional e administração de emoções. Essa compreensão foi elaborada com base em pesquisas realizadas anteriormente, especificamente o trabalho que deu origem à *Emotional Accuracy Research Scale* (EARS) (MAYER; GEHER, 1996). Segundo a nova perspectiva, as primeiras habilidades se manifestariam mais cedo, durante o desenvolvimento infantil, e as últimas se manifestariam durante a personalidade adulta e mais integrada.

A primeira habilidade estaria relacionada à precisão com a qual os indivíduos identificam emoções e o conteúdo emocional, ou seja, reconhecem e inserem informações do

197

sistema emocional. Por meio dessa habilidade, as emoções seriam percebidas, sentidas e expressadas, a partir das influências automáticas da cognição (MAYER; CARUSO; SALOVEY, 2000b). Essa habilidade permitiria que as pessoas fossem capazes de registrar, de manter a atenção e de decifrar mensagens emocionais oriundas de expressões faciais, gestos, tom de voz e postura corporal, produções artísticas e outros produtos culturais.

Segundo Mayer e Salovey (1997), as crianças aprendem muito cedo a identificar seus próprios estados emocionais e os dos outros, estabelecendo diferenças entre eles. Aos poucos, o indivíduo passa a identificar com mais precisão as sensações físicas e as informações oriundas do meio social ao redor. Um indivíduo maduro seria, então, capaz de monitorar cuidadosamente os sentimentos em si mesmo, nos outros e em objetos. Os autores afirmam também que as pessoas tornam-se capazes de avaliar a emoção em outras pessoas e em objetos. Isso ocorre na medida em que se elaboram hipóteses pessoais sobre como o outro está se sentindo, que emoções ele está vivenciando ou que emoções uma obra de arte pode despertar. Por fim, o indivíduo consegue expressar sentimentos e as necessidades desencadeadas por estes, tornando-se apto a detectar no outro expressões de emoções duvidosas ou manipuladoras.

A segunda habilidade envolveria o uso das emoções para incrementar os processos cognitivos. Nessa etapa do processo, as emoções entrariam no sistema cognitivo como sinais percebidos e influenciadores da cognição. Assim, a cognição poderia ser influenciada tanto negativamente como positivamente (do ponto de vista sociocultural), apesar de que, de uma maneira ou de outra, a função das emoções seria incluir prioridades para que o sistema cognitivo se atentasse àquilo que fosse mais importante. Desse modo, o sistema cognitivo poderia tornar prioritário aquilo que fosse mais viável de ser resolvido diante de determinado estado emocional (MAYER; CARUSO; SALOVEY, 2000b).

As emoções interferem na cognição, promovendo sensações positivas quando uma pessoa está feliz, e negativas, quando uma pessoa está triste. Essas variações fariam com que o sistema cognitivo enxergasse, a partir de perspectivas diferentes, as mais variadas experiências cotidianas. Diferentes pontos de vista, por sua vez, permitiriam que uma pessoa se envolvesse mais profundamente ou mais superficialmente em um problema específico.

Já a terceira habilidade englobaria a atenção dispensada às emoções e às informações relacionadas a elas, promovendo a atribuição de significados. Nessa etapa, as implicações da emoção, desde o momento em que foi sentida até o significado atribuído, são consideradas. Assim, as emoções formariam um amplo conjunto de símbolos e significados passíveis de serem entendidos e de resolverem problemas por meio de sua influência.

Após identificarem emoções, as crianças passariam a rotulá-las e a perceber relações entre os rótulos. Ao longo do desenvolvimento, ocorre um aumento qualitativo da compreensão dos significados das emoções, e o jovem passa a reconhecer emoções mais complexas, contraditórias ou que se combinam para dar origem a outras emoções. Progressivamente, o indivíduo tende a raciocinar sobre como as emoções atuam internamente e interferem nos relacionamentos interpessoais (MAYER; SALOVEY, 1997).

A última habilidade desencadearia pensamentos que promoveriam os crescimentos emocional, intelectual e pessoal por meio da administração das emoções, o que encorajaria a abertura de uma gama mais ampla de sentimentos (MAYER; CARUSO; SALOVEY, 2000b). Nesse nível, é esperado que as pessoas tornem-se abertas aos mais diferentes sentimentos, envolvendo-se com as emoções e livrando-se delas no momento adequado. O indivíduo emocionalmente maduro, além de perceber sentimentos, também é capaz de refletir sobre reações emocionais e de discutir questões mantendo o controle emocional, sem exagerar ou diminuir com isso a importância das emoções.

Assim, para Mayer e Salovey (1997), inteligência emocional seria a aptidão para pensar sob a influência das emoções. A realização emocional, nesse caso, estaria relacionada com o "como" a pessoa aprendeu a lidar com as próprias emoções e o "quanto" ela se tornou hábil na compreensão destas. A competência emocional manifestar-se-ia quando uma pessoa adquirisse um nível significativo de desenvolvimento da realização emocional, tornando-se hábil na maioria das capacidades componentes da inteligência emocional. Dessa maneira, o estudo desse conceito psicológico em termos de capacidades seria particularmente útil para entender como se atinge a competência emocional, na medida em que uma pessoa desenvolve suas habilidades emocionais de acordo com as exigências socialmente instituídas para comportar-se.

Em outro estudo sobre a habilidade de identificação de emoções, Mayer e Geher (1996) solicitaram a 321 participantes que lessem relatos escritos por um grupo de pessoas preestabelecidas e que tentassem identificar o que essas pessoas estavam sentindo quando escreveram os relatos. Foram utilizados critérios como o consenso das respostas dadas pela amostra geral e o que as pessoas do grupo preestabelecido relataram que realmente estavam sentindo enquanto escreviam. Os resultados demonstraram que os participantes que apresentaram respostas de acordo com o consenso da amostra e com o grupo preestabelecido também obtiveram escores mais altos em escalas de empatia e escores mais baixos em evitação emocional. Os autores concluíram que a solução de problemas emocionais necessitaria, dentre outras habilidades, de inteligência geral.

Medidas de Inteligência Emocional como aptidão mental

Até o momento, duas medidas de desempenho foram publicadas com o objetivo de avaliar a inteligência emocional como aptidão mental, e ambas estão baseadas na perspectiva proposta por Mayer e Salovey (1997). O primeiro teste foi publicado por Mayer, Salovey e Caruso em 1997. O instrumento composto por doze escalas com o objetivo de avaliar as quatro ramificações da perspectiva teórica – perceber, assimilar, entender e administrar emoções (MAYER; SALOVEY, 1997) – recebeu o nome de MEIS (*Multifactor Emotional Intelligence Scale*). Todas as escalas da MEIS foram desenvolvidas a partir do critério de consenso grupal, de forma que as respostas fossem pontuadas de acordo com o número de pessoas da amostra normativa que assinalassem a mesma resposta.

De acordo com Ciarrochi, Chan e Caputi (2000), a primeira ramificação (perceber emoções) é avaliada a partir de três tarefas semelhantes com o objetivo de identificar o conteúdo emocional em estímulos diferentes (faces, figuras e histórias). No subteste de faces, oito faces representando emoções variadas são apresentadas ao respondente, que deve assinalar em uma escala de cinco pontos se a emoção está 1 = definitivamente ausente até 5 = definitivamente presente. O subteste de desenhos apresenta oito figuras que representam diferentes sentimentos, e o subteste de histórias apresenta seis histórias, nas quais o respondente deverá identificar a ausência ou a presença de humores e emoções.

A segunda ramificação (facilitação emocional) do modelo de Mayer e Salovey (1997) é avaliada pela MEIS por meio de duas tarefas: sinestesia e influência de sentimentos. O subteste sinestesia mede a habilidade das pessoas para descreverem sensações emocionais e suas semelhanças com outras experiências sensoriais por intermédio de uma escala de diferencial semântico (por exemplo, o respondente é orientado a imaginar um evento em que sinta, ao mesmo tempo, surpresa e descontentamento, e em seguida deve relacionar o quanto esses sentimentos são diferentes ou parecidos com experiências sensoriais, tais como "quente" ou "frio"). O subteste de influência de sentimentos mede como as pessoas entendem a influência dos sentimentos em seus julgamentos a partir de relatos sobre como pessoas fictícias se sentem em determinado momento.

A terceira ramificação (entendimento emocional) é avaliada por três tarefas referentes à habilidade de entender e raciocinar sobre emoções. O subteste de combinações mede a aptidão para analisar combinações de emoções. Nesse subteste, o participante é orientado a escolher, entre quatro alternativas que incluem duas emoções cada, aquela que mais se assemelha a uma determinada emoção. Por exemplo: "O otimismo combina mais com qual dupla de emoções? a) prazer e antecipação; b) aceitação e alegria; c) surpresa e alegria; d) prazer e alegria". O subteste de progressões mede o entendimento das pessoas sobre como reações emocionais procedem ao longo do tempo. Por exemplo, "Se você se sente cada vez mais bravo em relação a alguém, de forma que você perde o controle, isso se aproximaria de: a) regozijo; b) ressentimento; c) ódio; d) raiva".

Já o subteste de transições mede o entendimento das pessoas sobre como as emoções transitam no outro. Por exemplo, "Uma pessoa estava com medo e depois estava tranquila. Dentre as alternativas, de que modo provavelmente a pessoa se sentiu?" O item é seguido de seis alternativas: aceitação, medo, raiva, antecipação e desapontamento. As alternativas devem ser assinaladas em uma escala que varia de 1 (extremamente improvável) até 5 (extremamente provável de ter acontecido). O subteste de relatividade mede a aptidão das pessoas para estimar os sentimentos de dois personagens em conflito. Por exemplo, em uma das histórias, um cachorro é atropelado por um carro. O respondente deve assinalar primeiro os sentimentos do dono do cachorro, e em seguida, os sentimentos do motorista do carro. O respondente deve decidir o quão provável seria – 1 (extremamente provável) até

203

5 (extremamente improvável) – o dono do cachorro sentir-se, por exemplo, "envergonhado por não ter treinado mais o cachorro".

A quarta ramificação referente à administração de emoções é avaliada pelos subtestes de administração de sentimentos no outro e em si mesmo. No subteste de administração de sentimentos no outro, o respondente deve avaliar planos de ação descritos de maneira resumida e relacionados a pessoas fictícias que precisam de ajuda. Em uma história, por exemplo, apresenta-se uma pessoa que mentiu para conseguir um emprego. O respondente deve avaliar quatro possíveis respostas para o problema em uma escala que varia de 1 (extremamente inadequado) até 5 (extremamente adequado). O subteste de administração de sentimentos em si mesmo é semelhante ao de administração de sentimentos nos outros, porém os planos de ação se referem a problemas emocionais que dizem respeito a si mesmo.

Estudos posteriores contribuíram para a criação de um novo teste chamado MSCEIT (Teste de Inteligência Emocional de Mayer-Salovey-Caruso), que atualmente está em sua segunda versão (MAYER; SALOVEY; CARUSO; SITARENIOS, 2003). A versão americana do teste era composta por 141 itens divididos em uma série de subtestes para avaliar as quatro ramificações (habilidades específicas) da inteligência emocional: (1) a percepção de emoções em rostos, cenários e paisagens; (2) o uso da emoção para facilitar atividades cognitivas; (3) o entendimento; e (4) a administração de emoções (MAYER; SALOVEY, 1997).

Em sua segunda versão, cada uma das quatro ramificações são medidas por meio de duas tarefas. "Perceber emoções" é medida pelas tarefas de faces e quadros; "facilitação do pensamento" é medida por intermédio das tarefas de sensações e facilitação; "entendimento de emoções" é medida por meio das tarefas de misturas e progressões, e "administração de emoções" é medida pelas tarefas de administração de emoções e de relações emocionais. De acordo com Mayer, Salovey, Caruso e Sitarenios (2003), cada uma das oito tarefas do MSCEIT foi elaborada utilizando pacotes de itens ou itens individuais. Uma estrutura de pacote de itens foi adotada em algumas das tarefas do teste, por exemplo, quando se apresenta a um participante na tarefa de faces uma expressão facial e se pergunta sobre emoções diferentes na face em cinco itens sequenciais. Os cinco itens compõem um pacote porque eles se relacionam à mesma face, embora cada um esteja relacionado a uma emoção diferente. Outros itens envolvem uma resposta por estímulo, e, por esse motivo, ocupam uma posição livre e são considerados individuais.

Segundo Mayer, Caruso e Salovey (2000b), os formatos das respostas do MSCEIT foram intencionalmente variados entre as tarefas para assegurar que os resultados fossem generalizados pelos métodos de resposta, e também para reduzir o erro de medida. Assim, em algumas tarefas (como as de figuras), foi utilizada uma escala de resposta de cinco pontos, enquanto que em outras (como a de misturas) foi utilizado um formato de resposta de múltipla escolha.

Na tarefa de faces (quatro pacotes de itens, cinco respostas cada), os participantes veem uma série de faces e indicam o nível em que cada emoção específica está presente nestas, respondendo ao teste de acordo com uma escala de cinco pontos. A tarefa de figuras (seis pacotes de itens, cinco

205

respostas cada) é igual à tarefa de faces, porém os estímulos são formados por paisagens e desenhos abstratos e a escala de resposta inclui caricaturas de expressões faciais correspondentes a emoções específicas.

Na tarefa de sensações (cinco pacotes de itens, três respostas cada), o respondente gera uma emoção e relaciona sensações a partir dela. Por exemplo, ele pode gerar um sentimento de inveja e decidir o quão "quente" ou "frio" é o sentimento. Na tarefa de facilitação (cinco pacotes de itens, três respostas cada), o respondente julga os humores que melhor acompanham ou auxiliam comportamentos ou tarefas cognitivas específicas (por exemplo, se a alegria pode ajudar no planejamento de uma festa).

Na tarefa de misturas (doze itens individuais), os respondentes identificam emoções que poderiam ser combinadas para formar outras, concluindo, por exemplo, que a malícia seria uma combinação de inveja e agressão. Na tarefa de progressões (vinte itens), os respondentes selecionam uma emoção que seria o resultado da intensificação de outro sentimento. Por exemplo, eles podem identificar a depressão como provável consequência da intensificação da tristeza e da fadiga.

Na tarefa de administração de emoções (cinco pacotes de itens, quatro respostas cada), o respondente julga as ações que seriam mais adequadas a um indivíduo para obter um resultado emocional específico em uma história. Por exemplo, é solicitado ao respondente que decida o que um personagem deveria fazer para reduzir sua raiva ou prolongar sua alegria.

Finalmente, na tarefa de relacionamento emocional (três pacotes de itens, três respostas cada), o respondente julga as ações que seriam mais adequadas para um indivíduo utilizar na administração de sentimentos de outra pessoa.

Alguns estudos sobre a Inteligência Emocional baseada em aptidão mental

Estudos com a Escala Multifatorial de Inteligência Emocional (MEIS)

Ciarrochi, Chan e Caputi (2000) aplicaram a MEIS entre estudantes australianos, em conjunto com uma bateria de outras medidas, incluindo testes de inteligência (Teste das Matrizes Progressivas – RAVEN), de empatia (Escala de Empatia de Mehrabian e Epstein), de satisfação com a vida (Escala de Satisfação com a Vida de Mayer et al.), de cordialidade parental (Mayer et al.), de extroversão, de neuroticismo, de franqueza para sentimentos e estética (versão abreviada das escalas do teste de Extroversão e Neuroticismo do NEO--PI-R), de qualidade de relacionamentos (Escala de Forgas, Levinger e Moylan) e de autoestima (Escala de Rosenberg). Além disso, imagens de três casais foram apresentadas aos estudantes com o objetivo de obter julgamentos avaliativos sobre os personagens.

Os resultados revelaram que os escores encontrados a partir da medida de inteligência emocional não se relacionaram com inteligência, mas, sim, com os escores de medidas da personalidade e de medidas de critério como satisfação com a vida. Dentre as conclusões dos autores, destaca-se que inteligência emocional é um construto particularmente útil, mas a inteligência, baseada na medida de inteligência (QI), também se mostrou importante para o reconhecimento de processos emocionais (CIARROCHI; CHAN; CAPUTI, 2000).

Roberts, Zeidner e Matthews (2001) testaram os argumentos de Mayer, Caruso e Salovey (2000b) a favor de que uma medida de aptidão seria mais adequada para avaliar a inteligência emocional do que medidas de autorrelato, e a favor de que uma medida de aptidão poderia diferenciar a inteligência emocional de características de personalidade. Roberts, Zeidner e Matthews (2001) conduziram uma investigação multivariada aplicando a Escala Multifatorial de Inteligência Emocional (MEIS), o Inventário de Autodescrição de Características (medida baseada no modelo dos Cinco Grandes Fatores de Personalidade) e a Bateria de Aptidão Vocacional das Forças Armadas (*Armed Services Vocational Aptitude Battery* – ASVAB, uma medida de inteligência).

Os resultados do estudo revelaram que, apesar de a MEIS apresentar validade convergente (correlacionando-se moderadamente com a ASVAB) e validade divergente (correlacionando-se minimamente com o *Trait-Specific Dependence Inventory* – TSDI), também se encontraram protocolos com escores diferentes entre os especialistas e o grupo de consenso, critérios utilizados por Mayer, Caruso e Salovey (2000b) durante a construção da MEIS. Roberts, Zeidner e Matthews (2001) argumentaram ainda que estes e outros problemas referentes à estrutura fatorial da MEIS fazem do instrumento uma ferramenta questionável para medir a inteligência emocional e atestar a validade do construto.

Lam e Kirby (2002) investigaram se a inteligência emocional teria alguma influência no aumento do desempenho cognitivo individual além do nível atribuível à tradicional inteligência geral. Para isso, utilizaram uma amostra de estudantes universitários (18-33 anos) e mediram a inteligência emocional por meio da MEIS, a fim de avaliar três habilidades de raciocínio emocional: perceber, entender e regular emoções. Além disso, foram utilizadas uma medida de inteligência geral (*Shipley Institute of Living IQ Scale*) e uma medida de *performance* cognitiva individual (*Burney Logical Reasoning Test*). Os resultados atestaram a validade da MEIS; porém, o aumento do desempenho cognitivo individual, além do nível atribuível à inteligência geral, foi explicado apenas pela percepção e pela regulação emocional. O estudo colocou em dúvida se a habilidade de entender emoções seria passível de ser mensurada ou se realmente seria um componente da inteligência emocional.

Em uma pesquisa com o objetivo de explorar a relação entre a inteligência emocional e o uso de álcool e de tabaco por adolescentes, Trinidad e Johnson (2002) utilizaram 205 amostras produzidas por adolescentes de diferentes etnias, sendo 153 oriundos de escolas públicas e 52 de escolas paroquiais, com idade média de 12,46 anos. Foram aplicadas uma medida de avaliação do uso de álcool e tabaco (TAU) e uma abreviação da MEIS, uma versão para estudantes. Verificou-se que a inteligência emocional se correlacionou negativamente com a medida de uso de álcool e de tabaco e com itens individuais de uso de tabaco e de álcool. Esses dados permitiram inferir que os adolescentes com alta IE poderiam possuir maior habilidade mental para avaliar os outros e descobrir pressões semelhantes e não desejadas, o que conduziria a uma maior resistência ao uso do álcool e do tabaco, além de explicar as correlações negativas encontradas.

Estudos com o Teste de Inteligência Emocional de Mayer, Salovey e Caruso (MSCEIT)

Byron (2001) estudou a inteligência emocional como um fator influenciador no treinamento de professores iniciantes em conjunto com o ajustamento na transição do papel de estudante para o papel de professor. A inteligência emocional foi medida por meio do MSCEIT. Inicialmente, foram administrados seminários de educação emocional a fim de verificar o efeito no nível de inteligência emocional do professor iniciante e na sua habilidade para identificar e promover o conhecimento emocional em si mesmo e na sala de aula durante o período de experiência. A amostra foi composta por 37 estudantes de quarto ano de uma faculdade particular de Nova Iorque, sendo a maioria do sexo feminino, de cor branca e com pelo menos um curso superior já concluído. Os resultados demonstraram q1ue a amostra de professores iniciantes não apresentou diferença significativa da amostra normativa do MSCEIT, em relação às habilidades da inteligência emocional. Verificou-se também que características como cordialidade, otimismo e persistência, frequentemente associadas aos professores, são independentes da inteligência emocional.

Ciarrochi, Dean e Anderson (2002) realizaram um estudo com o objetivo de testar se a inteligência emocional teria alguma contribuição para o entendimento da relação entre estresse e três variáveis de saúde mental: depressão, desesperança e ideação suicida. Para isso, foi utilizada uma amostra de 302 estudantes universitários que foi submetida a medidas de estresse cotidiano, inteligência emocional e saúde mental. Análises de regressão revelaram que o estresse estaria associado com (1) maiores níveis de depressão, desesperança, e ideação suicida entre pessoas com altos escores em percepção emocional, quando comparadas com as outras; e (2) maior nível de ideação suicida entre aqueles com baixos escores em administrar as emoções nos outros. As medidas de percepção emocional e administração de emoções no outro demonstraram ser estatisticamente diferentes de outras medidas pertinentes, o que colaborou para atestar que a Inteligência Emocional seria um construto distinto e relevante para se entender a relação entre estresse e saúde mental. Os dados encontrados nesse estudo apoiam o modelo de aptidão mental de Mayer e Salovey (1997).

Em outro estudo, Mayer, Salovey, Caruso e Sitarenios (2003) investigaram se os participantes de uma amostra geral de padronização e um grupo de especialistas identificariam as mesmas respostas do teste como corretas, além da confiabilidade do teste e de possíveis estruturas fatoriais para a inteligência emocional. 21 peritos em emoções e 2.112 participantes fizeram parte das amostras do estudo. Os resultados atestaram que muitas das respostas dos especialistas revelaram ter consenso com as respostas da amostra geral. O MSCEIT também apresentou confiabilidade razoável, e a análise fatorial confirmatória ofereceu bons indícios para apoiar o modelo teórico baseado em aptidão.

Lopes, Salovey e Straus (2003) exploraram ligações entre a inteligência emocional, medida tanto como um conjunto de habilidades quanto como traços de personalidade, bem como a contribuição de ambas para a percepção da qualidade das relações interpessoais de um indivíduo. Em uma amostra de 103 estudantes universitários, verificou-se que a inteligência emocional medida como traço de personalidade se associou mais com autorrelatos de satisfação do que com relações sociais. Indivíduos que obtiveram escores mais altos na subescala de administração de emoções do MSCEIT informaram mais relações positivas com os outros e melhor percepção de apoio parental, além de informarem menos relações negativas com amigos íntimos. A satisfação global com as próprias relações se associou negativamente com extroversão e neuroticismo, e positivamente com a habilidade para administrar as próprias emoções, avaliada por meio do MSCEIT.

O'Connor e Little (2003) estudaram a relação entre a inteligência emocional e a realização acadêmica de estudantes universitários por meio do MSCEIT (medida de aptidão) e do *Bar-On Emotional Quotient Inventory* (EQ-i, medida de autorrelato) para predizer a realização acadêmica. Os resultados indicaram que a inteligência emocional não é um bom preditor de realização acadêmica, quer seja de autorrelato ou de aptidão. Porém, um exame da validade de construto revelou altas correlações entre o MSCEIT, índices de habilidade cognitiva, e baixas correlações com dimensões de personalidade. De maneira inversa, o EQ-i não se correlacionou com índices de habilidade cognitiva, mas se correlacionou substancialmente com várias dimensões de personalidade. Esses resultados reiteram as afirmações de Bar-On sobre a capacidade de o EQ-i avaliar características não cognitivas do funcionamento mental (Bar-On, 2000) e do modelo de aptidão mental utilizado para a construção do MSCEIT (Mayer, Caruso e Salovey, 2000b).

Warwick e Nettelbeck (2004) realizaram uma pesquisa com o objetivo de estudar possíveis correlações entre medidas de personalidade e inteligência emocional. Para isso, 84 estudantes responderam a vários questionários que medem a inteligência emocional (EI), a personalidade, a afiliação, a habilidade de raciocínio abstrato, o conhecimento emocional e a orientação para tarefas. A Escala de Traços de Meta--humor – *Trait Meta-Mood Scale* (TMMS) – e o MSCEIT foram utilizados para avaliar a inteligência emocional.

A partir dos resultados obtidos, verificou-se que variáveis de personalidade como extroversão e amabilidade se correlacionaram moderadamente com a escala de meta--humor (TMMS) e muito pouco com sinceridade, consciência e neuroticismo. Correlações positivas foram encontradas entre o MSCEIT, a amabilidade, o conhecimento emocional e a habilidade de raciocínio abstrato. Concluiu-se que o desempenho diferenciado do TMMS e do MSCEIT apoia uma proposta para dois tipos distintos de inteligência emocional: o primeiro baseado em traços (TMMS), e o segundo, em aptidão mental (MSCEIT) (PETRIDES; FURNHAM, 2000).

Day e Carrol (2004) examinaram a validade de construto e de critério do MSCEIT. Uma amostra de 246 estudantes universitários foi submetida a um conjunto de instrumentos que incluíam o MSCEIT, o NEO-FFI (medida de personalidade baseada no modelo *Big Five*), uma tarefa de tomada de decisão cognitiva e comportamentos de cidadania. As subescalas do MSCEIT que se correlacionaram modestamente com personalidade não apresentaram nenhuma conexão com comportamentos individuais de cidadania, e pouca relação com comportamentos de cidadania em grupo. Apenas a escala de percepção emocional do MSCEIT se correlacionou com desempenho na tarefa de tomada de decisão cognitiva. O estudo encontrou evidências que atestam a validade de construto do MSCEIT, apesar dos fracos índices em relação à validade de critério, o que, segundo os autores, faz do instrumento uma ferramenta frágil para auxiliar na tomada de decisões organizacionais.

Schulte, Ree e Carretta (2004) conduziram um estudo com o objetivo de investigar a validade do construto inteligência emocional, examinando suas relações com *g* e as dimensões de Neuroticismo, Extroversão, Abertura para Experiência, Amabilidade e Consciência, de acordo com o modelo *Big Five* de personalidade. Os instrumentos utilizados na pesquisa incluíram o *Wonderlic Personnel Test* (WPT), uma medida de habilidade cognitiva geral; o *NEO-Five-Factor Inventory* (NEO-FFI), como medida da personalidade, e uma versão *on-line* do MSCEIT, como teste de inteligência emocional.

A correlação observada entre escores do *Wonderlic Personnel Test* e do MSCEIT foi r= 0,45. Um modelo de regressão incluiu três preditores representados por *g* pela dimensão de amabilidade e sexo, e revelou r= 0, 61. Depois de cálculos para corrigir a margem de erro, encontrou-se uma correlação múltipla de 0, 80. A partir dos resultados do estudo, os autores concluíram que a singularidade do construto inteligência emocional é questionável, pois apresenta alta correlação com outros construtos já existentes, diferentemente do que defende o modelo criado por Mayer e Salovey (1997).

Van Rooy, Viswesvaran e Pluta (2005) realizaram um estudo de revisão meta-analítica do construto Inteligência Emocional (EI). A primeira parte do estudo examinou a relação entre medidas de EI baseada em dois modelos diferentes do construto (mistos e de habilidade). A pesquisa estudou a relação de cada um dos modelos separadamente com habilidade cognitiva e os componentes fatoriais do *Big Five*. Os resultados indicaram que medidas baseadas no modelo misto de inteligência emocional se sobrepõem (r= 0,71; k= 12, N= 3,259), e que medidas mistas e medidas de habilidade são relativamente distintas (r= 0,14; k= 13, N= 2,442). Medidas do modelo misto de inteligência emocional exibiram maiores correlações com personalidade do que medidas de inteligência emocional baseadas em habilidades. Reciprocamente, medidas de inteligência emocional baseadas em habilidades demonstraram uma correlação mais alta com habilidades cognitivas (r= 0,34) do que medidas mistas (r= 0,13). O estudo revelou evidências favoráveis ao modelo de aptidão mental de Mayer e Salovey (1997).

Para avaliar se a inteligência emocional se relaciona com o nível de qualidade de relações sociais, Brackett, Warner e Bosco (2005) administraram o MSCEIT e medidas de qualidade de relação entre 86 casais heterossexuais nas dependências de uma universidade. Os resultados indicaram que os escores de inteligência emocional obtidos pelas mulheres foram significativamente mais altos do que os que foram obtidos pelos homens, e também que os escores de inteligência emocional não se correlacionaram entre os casais.

Duas análises múltiplas de variância 2X2 (executadas separadamente para resultados positivos e negativos) avaliaram como medidas de qualidade da relação se diferenciaram entre os quatro tipos diferentes de casais (por exemplo: mulher com alta inteligência emocional/homem com alta inteligência emocional, mulher com baixa inteligência emocional/homem com baixa inteligência emocional etc.). De acordo com as hipóteses levantadas, casais com baixa inteligência emocional apresentaram escores mais baixos em apoio, profundidade e qualidade de relacionamento positivo, e escores mais altos em conflito e qualidade de relacionamento negativo. Entretanto, casais com altos escores em inteligência emocional não apresentaram mais escores constantemente altos em resultados positivos e escores baixos em resultados negativos do que os casais com apenas um parceiro com alta inteligência emocional.

Vários outros estudos sobre a inteligência emocional como aptidão mental vêm sendo conduzidos, fazendo uso, porém, de outros instrumentos de medida, tais como a escala de inteligência emocional de Schutte et al. (CHAN, 2004; CHARBONNEAU; NICOL, 2002; CIARROCHI; CHAN; BAJGAR 2001; CIARROCHI; DEAN; ANDERSON, 2002; ENGELBERG; SJOBERG, 2004; PETRIDES; FURNHAM, 2000; SAKLOFSKE; AUSTIN; MINSKI, 2003; SCHUTTE et al. 1998; SPENCE; OADES; CAPUTI, 2004; VAN ROOY; ALONSO; VISWESVARAN, 2005); a Escala de Traço de Meta--Humor – TMMS (GOHM, 2003; LEIBLE; SNELL Jr., 2004; MORIARTY; STOUGH; TIDMARSH; EGER; DENNISON,

2001; PALMER; DONALDSON; STOUGH, 2002); a Escala de Nível de Consciência Emocional – LEAS (CIARROCHI; CAPUTI; MAYER, 2002; LANE; QUINLAN; SCHWARTZ; WALKER; ZETLIN, 1990) e a Escala de Pesquisa de Precisão Emocional – EARS (GEHER; WARNER; BROWN, 2001; MAYER; GEHER, 1996).

É possível encontrar, em alguns dos estudos citados acima, evidências favoráveis ao modelo de aptidão mental de Mayer e Salovey (1997) e evidências que atestam a fragilidade do conceito. De um modo geral, a literatura internacional tem-se constituído, nos últimos anos, em publicações de simpatizantes do modelo de aptidão mental que sistematicamente encontra resultados expressivos para atestar a relevância da inteligência emocional, e críticos do conceito, que procuram demonstrar que os seus componentes já se encontram inseridos nos modelos de personalidade.

Estudos brasileiros sobre a Inteligência Emocional

Estudos brasileiros também têm sido conduzidos para avaliar a inteligência emocional, tanto como medida de características de personalidade quanto como medida de habilidades. A partir do enorme interesse que o livro de Goleman (1996) passou a gerar em geral, Siqueira, Barbosa e Alves (1999) decidiram construir e validar uma medida que aferisse as cinco habilidades da inteligência emocional, de acordo com a proposta teórica de Goleman (1996). Para isso, os autores elaboraram 126 itens no formato de afirmações

DA PSICOLOGIA CONTEMPORÂNEA
TEMAS EM AVALIAÇÃO PSICOLÓGICA

comportamentais para representar as cinco habilidades, e após análise teórica, 97 deles foram aplicados a uma amostra de 972 sujeitos dos sexos masculino e feminino, com idade média de 22,41 anos. Os dados foram submetidos à análise dos componentes principais e foram extraídos sete fatores com *eigenvalues* superiores a 2,0. A rotação dos fatores, por meio do método ortogonal (*varimax*), revelou que apenas os cinco primeiros apresentaram agrupamentos de itens teoricamente consistentes com as definições das cinco habilidades da inteligência emocional. O fator 1 representou o conceito de empatia (catorze itens, $\alpha = 0,87$); o fator 2, o de sociabilidade (treze itens, $\alpha = 0,82$); o fator 3, o de automotivação (doze itens, $\alpha = 0,82$); o fator 4, o conceito de autocontrole (dez itens, $\alpha = 0,84$); e o fator 5, a autoconsciência (dez itens, $\alpha = 0,78$). A versão da medida da inteligência emocional (MIE) demonstrou possuir validade fatorial e fatores com índices de precisão que a indicam para aplicações no âmbito científico (SIQUEIRA; BARBOSA; ALVES, 1999).

A partir da perspectiva teórica da inteligência emocional proposta por Mayer e Salovey (1997), Barbosa (2000) elaborou um instrumento para medir a capacidade de identificar Sentimentos em si Mesmo e No Outro (ISM/ISNO). Com o objetivo de verificar a validade de conteúdo e de construto, além da precisão dos fatores, foram selecionados 652 adjetivos possíveis descritores de sentimentos, os quais foram submetidos ao julgamento de cinco juízes (doutores em Psicologia). Os 64 itens que detiveram índices de concordância iguais ou superiores a 80% entre os juízes foram mantidos para comporem a medida inicial ISM/ISNO.

Para verificar a validade de construto, participaram do estudo quatrocentos estudantes universitários dos sexos masculino e feminino, com idade média de 23,2 anos e desvio padrão de 5,3.

Em seguida, os dados foram submetidos à análise dos componentes principais e extraídos quatro fatores com *eingenvalues* superiores a 2,0, os quais explicaram 42,0% da variância total relacionada à identificação de sentimentos em si mesmo (ISM). Os dados referentes à identificação de sentimentos no outro (ISNO) também apresentaram quatro componentes que explicaram 40,7% da variância total. Em relação a si mesmo, o fator 1 representou sentimentos de insatisfação (23 itens, α= 0,95); o fator 2 incluiu sentimentos de aflição (catorze itens, α= 0,90); o fator 3, sentimentos relacionados a excitação (onze itens, α= 0,91), e o fator 4, a sentimentos de bem-estar (treze itens, α=0,85).

Os fatores relacionados com o outro incluíram sentimentos de aflição no fator 1 (23 itens, α= 0,93); insatisfação no fator 2 (dezenove itens, α=0,92); bem-estar no fator 3 (onze itens, α= 0,90) e sociabilidade no fator 4 (nove itens, α= 0,87). Os índices de precisão (α) obtidos atestaram a confiabilidade da ISM/ISNO. Os resultados desse estudo também apontaram para a capacidade de as pessoas identificarem sentimentos em si mesmas e nas outras com significativa frequência, além de identificarem mais frequentemente sentimentos com conotação positiva.

Bueno e Primi (2003), estudando um dos componentes da inteligência emocional, verificaram a validade da MEIS para medir a capacidade de perceber emoções em uma amostra brasileira. Cobêro (2004) estudou a validade do MSCEIT para a realidade brasileira, correlacionando-a com medidas de inteligência, personalidade e desempenho profissional. Os resultados demonstraram que os escores do MSCEIT se correlacionaram moderadamente com medidas de inteligência e em um nível menor ainda com medidas de personalidade, o que reforçou o argumento de que a inteligência emocional seria uma forma distinta de outras inteligências e diferente de características de personalidade.

Em outro estudo brasileiro, Barbosa (2004) construiu uma bateria de instrumentos para avaliar as ramificações referentes à percepção de emoções em expressões faciais, situações sociais e estórias, e a ramificação de regulação de emoções a partir de relatos experienciais. Para tanto, o trabalho foi dividido em dois estudos.

As amostras do estudo um envolveram: 1) cinco estudantes de artes cênicas que posaram para que fosse tirado um conjunto de 263 fotos de expressões faciais e corporais representando seis emoções primárias (felicidade, raiva, tristeza, surpresa, desgosto e medo); 2) sete juízes, doutores em Psicologia, que avaliaram as fotos que melhor representavam as seis emoções primárias; 3) 35 estudantes universitários que relataram uma experiência pessoal sobre cada uma das seis emoções primárias descritas acima; 4) quatro juízes, mestres em Psicologia, que apresentaram alternativas adequadas e não adequadas para compor a medida de autorregulação de emoções. As 263 fotos retiradas da amostra um foram submetidas à análise dos juízes, e foram mantidas trinta fotos de expressões faciais, sendo cinco para cada uma das emoções e doze fotos de expressões corporais em situações sociais.

Os relatos obtidos por meio da amostra dois foram organizados de forma que trinta relatos compuseram a medida de percepção de emoções em estórias e trinta relatos foram organizados para compor a medida de regulação de emoções. No estudo dois, a amostra foi composta por 301 participantes com nível de instrução variando entre o segundo grau completo ao superior completo, sendo 75,7% do sexo feminino e com idade média de 24,1 anos. A bateria para avaliação da percepção e da regulação de emoções foi aplicada coletivamente nos locais de trabalho ou em sala de aula. A análise fatorial conduzida por meio do método dos componentes principais e da rotação oblíqua revelou que os itens de percepção de emoções se agruparam em dois principais fatores, sendo o primeiro representado por emoções negativas, tais como medo, tristeza, desgosto e raiva, e o segundo formado por emoções positivas, tais como felicidade e surpresa. Verificou-se também que os itens componentes da medida são adequados para avaliar a percepção e a regulação de emoções.

Críticas ao conceito de Inteligência Emocional

Por ser uma proposição recente e em fase de elaboração, tem-se claro que não é tarefa difícil tecer críticas ao modelo da inteligência emocional. Gardner, Kornhaber e Wake (1998) relatam que a teoria das inteligências múltiplas recebeu críticas severas entre o meio acadêmico americano. Considera-se que as mesmas críticas apontadas pelos autores podem ser referidas ao modelo de inteligência emocional.

Entre os questionamentos, critica-se que o fato de que sugerir a existência de outras inteligências não favorece necessariamente o avanço do conhecimento sobre a inteligência humana. Os críticos apontam ainda que a elaboração de novos modelos poderá dificultar ainda mais a distinção entre as capacidades intelectuais.

Outra crítica foi endereçada aos motivos pelos quais se resolveu denominar de "inteligência" aquilo que são, na verdade, processos cognitivos diferentes (GARDNER; KORNHABER; WAKE, 1998). Nessa linha, Davies, Stankov e Roberts (1998) procuraram demonstrar que o construto inteligência emocional é questionável, a partir da investigação da correlação entre medidas de inteligência emocional, de habilidades cognitivas tradicionais e de personalidade. Os resultados encontrados foram insuficientes para afirmar a existência do construto da inteligência emocional, pelo fato de que as medidas existentes coletaram dados que se diferenciaram muito pouco daqueles obtidos em medidas da personalidade. Davies, Stankov e Roberts (1998) alertaram, assim, para a necessidade de elaboração de medidas que pudessem demonstrar que as capacidades componentes da inteligência emocional se aproximam mais daquelas encontradas com base em medidas de inteligência, o que atestaria sua origem intelectual.

Nesse estudo, assim como no de Davies, Stankov e Roberts (1998), a principal crítica reside no fato de que as medidas de inteligência emocional existentes não conseguiram demonstrar a proximidade desse construto às medidas de inteligência, assemelhando-se ainda às medidas de personalidade. Parece que esses autores, no entanto, não consideraram o fato de que a inteligência emocional realmente não está ligada a medidas de inteligência já existentes, por ser um tipo específico e distinto. Além disso, as medidas usadas pelos autores para avaliação da inteligência emocional incluíram a TMMS, o *EQ test* (instrumento elaborado a partir do modelo de Goleman, 1996), a escala Toronto de Alexitimia (*Toronto Alexithymia Scale* – TAS) e questionários de controle emocional e de medida da empatia emocional. De acordo com estudos mais recentes, todos os instrumentos utilizados no estudo poderiam ser incluídos na perspectiva que estuda a inteligência emocional como característica de personalidade (MAYER; CARUSO; SALOVEY, 2000; WARWICK; NETTELBECK, 2004)

Segundo Warner (2001), a inteligência emocional precisa de mais estudos sobre a validação adequada do construto. Ainda seria necessário verificar a validade divergente e convergente do construto em amostras de pessoas de meia-idade, o que poderia atestar o nível de diferenciação entre esse construto e outros já existentes. Considerando que a inteligência emocional seria uma forma distinta de inteligência, então sua validação deveria lançar mão de procedimentos de análise fatorial confirmatória e do método de extensão. Warner (2001) também avalia cada um dos critérios adotados por Mayer, Caruso e Salovey (2000b) para justificarem as qualidades psicométricas da MEIS (*Multifactor Emotional Intelligence Scale*) e do MSCEIT (*Mayer- Salovey-Caruso Emotional Intelligence Test*).

Em contrapartida às críticas que podem ser feitas à proposição de outras formas de inteligência, Gardner, Kornhaber e Wake (1998) justificam que o estudo das capacidades intelectuais precisa levar em consideração a capacidade de solucionar problemas em diferentes situações, a fim de evitar a importância excessiva que se dá à inteligência acadêmica. O uso do termo "inteligência" para diferentes capacidades colabora para a desmistificação de que só se é inteligente quando se domina habilidades lógico-matemáticas. Segundo esta perspectiva, o estudo da inteligência emocional parece estimular a valorização de capacidades que proporcionam melhores realizações individuais e coletivas, sem desmerecer com isso a compreensão do funcionamento mental como um todo.

Perspectivas para o futuro

Para Mayer e Geher (1996), a teorização da inteligência emocional não propõe um estilo socialmente mais adequado para comportamentos emocionais, mas sim estimula a investigação científica e até mesmo pessoal que pode ser realizada sob diferentes influências políticas, étnicas, religiosas, entre outras. Parece necessário, porém, considerar que existem diferentes pontos de vista em Psicologia e, mais ainda, sob a proposição da inteligência emocional, o que pode originar concepções que procuram estabelecer comportamentos pertinentes ou não dentro de um determinado grupo social.

Segundo Mayer e Salovey (1997), a maioria das habilidades componentes dessa aptidão mental poderia ser estimulada por meio da educação, que se inicia com a ajuda dos pais, para que a criança identifique e nomeie emoções e relacione essas informações com as situações práticas da vida.

Esse processo pode apresentar maior ou menor sucesso de acordo com as circunstâncias que permeiam a relação, tanto no nível pessoal como no interpessoal.

Salovey e Grewal (2005) avaliaram as pesquisas mais recentes sobre a inteligência emocional e concluíram que, apesar de ainda existirem obstáculos referentes à mensuração, as evidências a favor da inteligência emocional vêm se acumulando. Os resultados de pesquisas também vêm atestando que a inteligência emocional prediz sucesso em domínios importantes – entre eles, o relacionamento pessoal e o trabalho.

Shulman e Hemenover (2006), em uma pesquisa envolvendo dois estudos (N= 263, 116), examinaram se a inteligência emocional poderia predizer saúde psicológica independentemente da personalidade. No estudo um, os participantes responderam às medidas de três capacidades da inteligência emocional (percepção, entendimento e administração), dos cinco grandes fatores de personalidade (*Big Five*), de bem-estar psicológico e de angústia emocional. No estudo dois, os participantes responderam novamente à escala de saúde psicológica, três meses depois. Os resultados revelaram que a inteligência emocional relaciona-se com resultados de saúde psicológica (estudo um) e prediz mudanças na saúde com o passar do tempo (estudo dois, após o controle dos escores do *Big Five*). Esses resultados sugerem que a inteligência emocional é distinta de personalidade e prediz resultados significativos em relação à vida, além daqueles previstos pela medida do *Big Five*.

A perspectiva teórica que estuda a inteligência emocional como aptidão mental tem-se tornado mais sólida e chamado a atenção de pesquisadores de diversos países. Seu amadurecimento nos quase vinte anos que já se passaram, desde a publicação do artigo de Salovey e Mayer (1990), deve-se ao compromisso com a pesquisa e com o conhecimento empírico.

Não se pode deixar de destacar, porém, que a revisão da literatura mostra claramente a divisão entre um grupo de pesquisadores favoráveis e outro contrário ao progresso do conceito. É interessante observar que, nos estudos com objetivos de questionar a relevância da inteligência emocional, encontrem-se quase sempre argumentos empíricos para demonstrar que ela não se diferencia de construtos já existentes relacionados à personalidade ou à inteligência. A postura inversa também é visível nos estudos defensores da inteligência emocional, nos quais, quase sempre, os resultados são significativamente importantes para atestar as contribuições desse conceito. Esse estado atual da literatura pode promover, inclusive, discussões estimulantes sobre a tão discutível neutralidade científica em Psicologia.

Um comentário final pode ser endereçado aos interessados em estudar a inteligência emocional: o conhecimento psicológico não é propriedade de um ou de outro grupo de pesquisadores. O conhecimento que compõe a literatura psicológica deve ser encarado como uma ferramenta para que os profissionais se preparem e se qualifiquem melhor para atuar diante das tantas demandas relacionadas à saúde mental contemporânea.

Referências bibliográficas

BAR-ON, R. Emotional and Social Intelligence: insights from the emotional quotient inventory. In: BAR-ON, R.; PARKER, J. D. A. (Eds.). *The Handbook of Emotional Intelligence*. San Francisco: Jossey--Bass, 2000.

BARBOSA, N. C. *Inteligência Emocional*: construção de uma medida para a identificação de sentimentos. Dissertação (Mestrado). Programa de Pós-Graduação em Psicologia do Centro de Ciências da Vida. Pontifícia Universidade Católica de Campinas, Campinas, 2000.

_____. *Inteligência Emocional*: construção de uma bateria de instrumentos para a avaliação da percepção e regulação de emoções. Tese (Doutorado). Programa de Pós-Graduação em Psicologia do Centro de Ciências da Vida. Pontifícia Universidade Católica de Campinas, Campinas, 2004.

BRACKETT, M. A.; WARNER, R. M.; BOSCO, J. S. Emotional intelligence and relationship quality among couples. *Personal Relationships*, v. 12, p. 197–212, 2005.

BRENNER, E. M.; SALOVEY, P. Emotion regulation during childhood: developmental, interpersonal, and individual considerations. In: SALOVEY, P.; SLUYTER, D. J. (Eds.). *Emotional development and emotional intelligence*. New York: BasicBooks, 1997.

BUENO, J. M. H.; PRIMI, R. Inteligência Emocional: um estudo de validade sobre a capacidade de perceber emoções. *Psicologia: Reflexão e Crítica*. 2003.

BYRON, C. M. The effects of emotional knowledge education in the training of novice teachers. *Dissertation Abstracts International Section A: Humanities and Social Sciences*, v. 62, n. 5-A, p. 1797, 2001.

CHAN, D. W. Perceived emotional intelligence and self-efficacy among Chinese secondary school teachers in Hong Kong. *Personality and Individual Differences*, v. 36, p. 1781-1795, 2004.

CHARBONNEAU, D.; NICOL, A. A. M. Emotional intelligence and leadership in adolescents. *Personality and Individual Differences*, v. 33, p. 1101-1113, 2002.

CIARROCHI, J. V.; CAPUTI, P.; MAYER, J. D. The distinctiveness and utility of a measure of trait emotional awareness. *Personality and Individual Differences*, v. 33, p. 1-14, 2002.

CIARROCHI, J. V.; CHAN, A. Y. C.; BAJGAR, J. Measuring emotional intelligence in adolescents. *Personality and Individual Differences*, v. 31, p. 1105-1119, 2001.

CIARROCHI, J. V.; CHAN, A. Y. C.; CAPUTI, P. A critical evaluation of the emotional intelligence construct. *Personality and Individual Differences*, v. 28, p. 539-561, 2000.

CIARROCHI, J. V.; DEAN, F. P.; ANDERSON, S. Emotional intelligence moderates the relationship between stress and mental health. *Personality and Individual Differences*, v. 32, n. 2, p. 197-209, 2002.

COBÊRO, C. *Inteligência Emocional*: validade do MSCEIT no contexto organizacional. Dissertação (Mestrado). Universidade São Francisco, Itatiba, 2004.

DAVIES, M.; STANKOV, L.; ROBERTS, R. D. Emotional intelligence: in search of an elusive construct. *Journal of Personality and Social Psychology*, v. 75, n. 2, p. 989-1015, 1998.

DAY, A. L.; CARROLL, S. A. Using an ability-based measure of emotional intelligence to predict individual performance, group performance, and group citizenship behaviours. *Personality and Individual Differences*, v. 36, p. 1443-1458, 2004.

ENGELBERG, E.; SJÖBERG, L. Emotional intelligence, affect intensity, and social adjustment. *Personality and Individual Differences*, v. 37, p. 533-542, 2004.

FUKUNISHI, I. et al. Validity and reliability of the Japanese version of the Emotional Intelligence Scale among college students and psychiatric patients. *Psychological Reports*, v. 89, n. 3, p. 625-632, 2001.

GARDNER, H. *Estruturas da mente*: a teoria das inteligências múltiplas. Porto Alegre: Artes Médicas, 1994.

GARDNER, H.; KORNHABER, M. L.; WAKE, W. K. *Inteligência*: múltiplas perspectivas. Porto Alegre: Artes Médicas, 1998.

GEHER, G.; WARNER, R. M.; BROWN, A. S. Predictive validity of the emotional accuracy research scale. *Intelligence*, v. 29, p. 373–388, 2001.

GOHM, C. L. Mood regulation and emotional intelligence: individual differences. *Journal of Personality and Social Psychology*, v. 84, n. 3, p. 594-607, 2003.

GOLEMAN, D. *Inteligência emocional*. Rio de Janeiro: Objetiva, 1996.

HEIN, S. *Definition and history of emotional intelligence*. Disponível em: <http://www.eqi.org/history.htm>. Acesso em: 21 set.

HORSTMANN, G. What do facial expressions convey: feeling states, behavioral intentions, or action requests? *Emotion*, v. 3, n. 2, p. 150-166, 2003.

LAM, S. T.; KIRBY, S. L. Is emotional intelligence an advantage? An exploration of the impact of emotional and general intelligence on individual performance. *Journal of Social Psychology*, v. 142, n. 1, p. 133-143, 2002.

LANE, R, D. et al. The levels of emotional awareness scale: a cognitive-developmental measure of emotion. *Journal of Personality Assessment*, v. 55, n. 1/2, p. 124-134, 1990.

LEIBLE, T. L.; SNELL Jr., W. E. Borderline personality disorder and multiple aspects of emotional intelligence. *Personality and Individual Differences*, v. 37, p. 393-404, 2004.

LOPES, P. N.; SALOVEY, P.; STRAUS, R. Emotional intelligence, personality, and the perceived quality of social relationships. *Personality and Individual Differences*, v. 34, p. 1-18, 2003.

LYUSIN, D. B. Emotional Intelligence as a mixed construct: its relation to personality and gender. *Journal of Russian and East European Psychology*, v. 44, n. 6, p. 54-68, 2006.

MATTHEWS, G.; ROBERTS, R. D.; ZEIDNER, M. Seven myths about Emotional Intelligence. *Psychological Inquiry*, v. 15, n. 3, p. 179-196, 2004.

MAYER, J. D. Emotional Intelligence: popular or scientific psychology? *APA Monitor*, v. 30, n. 50, 1999.

MAYER, J. D.; CARUSO, D.; SALOVEY, P. Emotional intelligence meets traditional standards for an intelligence. *Intelligence*, v. 27, n. 4, p. 267-298, 2000a.

_____. Selecting a measure of Emotional Intelligence: the case for ability scales. In: BAR-ON, R.; PARKER, J. D. A. (Eds.). *The Handbook of Emotional Intelligence*. San Francisco: Jossey-Bass, 2000b.

MAYER, J. D.; DIPAOLO, M. T.; SALOVEY, P. Perceiving affective content in ambiguous visual stimuli: a component of emotional intelligence. *Journal of Personality Assessment*, v. 54, p. 772-781, 1990.

MAYER, J. D.; GEHER, G. Emotional intelligence and the identification of emotion. *Intelligence*, v. 22, p. 89-113, 1996.

MAYER, J. D.; SALOVEY, P. The intelligence of emotional intelligence. *Intelligence*, v. 17, n. 4, p. 433-442, 1993.

_____. What is emotional intelligence? In: SALOVEY, P.; SLUYTER D. (Eds.). *Emotional Development and Emotional Intelligence*: Implications for Educators. New York: Basic Books, 1997. p. 3-31.

MAYER, J. D.; SALOVEY, P.; CARUSO, D. R. Models of emotional intelligence. In: STERNBERG, R. J. (Ed.). *Handbook of Intelligence*. New York: Cambridge, 2000a. p. 396-420.

_____. Emotional Intelligence as Zeitgeist, as Personality, and as a Mental Ability. In: BAR-ON, R.; PARKER, J. D. A. (Eds.). *The Handbook of Emotional Intelligence*. San Francisco: Jossey-Bass, 2000b.

_____. Emotional Intelligence: theory, findings, and implications. *Psychological Inquiry*, v. 15, n. 3, p. 197-215, 2004.

MAYER, J. D. et al. Measuring Emotional Intelligence with the MSCEIT v.2.0. *Emotion*, v. 3, n. 1, p. 97-105, 2003.

MORIARTY, N. et al. Deficits in emotional intelligence underlying adolescent sex offending, *Journal of Adolescence*, v. 24, p. 743-751, 2001.

O'CONNOR Jr., R. M.; LITTLE, I. S. Revisiting the predictive validity of emotional intelligence: self-report versus ability-based measures. *Personality and Individual Differences*, v. 35, p. 1893-1902, 2003.

PALMER, B.; DONALDSON, C.; STOUGH, C. Emotional intelligence and life satisfaction. *Personality and Individual Differences*, v. 33, p. 1091-1100, 2002.

PAYNE, W. L. A study of emotion: developing Emotional Intelligence; Self-Integration; relating to fear, pain and desire. Abstract of Doctoral Degree. 1985. Disponível em: <http://www.eqi.org/history.htm>. Acesso em: 18 fev. 2003.

PETRIDES, K. V.; FURNHAM, A. On the dimensional structure of emotional intelligence. *Personality and Individual Differences*, v. 29, p. 313-320, 2000.

ROBERTS, R. D.; ZEIDNER, M.; MATTHEWS, G. Does emotional intelligence meet traditional standards for an intelligence? Some new data and conclusions. *Emotion*, v. 1, n. 3, p. 196-231, 2001.

SAKLOFSKE, D. H.; AUSTIN, E. J.; MINSKI, P. S. Factor structure and validity of a trait emotional intelligence measure. *Personality and Individual Differences*, v. 34, p. 707-721, 2003.

SALOVEY, P.; GREWAL, D. The science of Emotional Intelligence. *Current Directions in Psychological Science*, v. 14, n. 6, p. 281-285, 2005.

SALOVEY, P.; MAYER, J. D. Emotional intelligence. *Imagination, Cognition, and Personality*, v. 9, p. 185-211, 1990.

SALOVEY, P.; SLUYTER, D. J. *Emotional development and emotional intelligence*. New York: Basic Books, 1997.

SCHULTE, M. J.; REE, M. J.; CARRETTA, T. R. Emotional intelligence: not much more than g and personality. *Personality and Individual Differences*, v. 37, p. 1059-1068, 2004.

SCHUTTE, N. S. et al. Development and validation of a measure of emotional intelligence. *Personality and Individual Differences*, v. 25, n. 2, p. 167-177, 1998.

SHULMAN, T. E.; HEMENOVER, S. H. Is dispositional Emotional Intelligence synonymous with Personality? *Self and Identity*, v. 5, p. 147-171, 2006.

SIQUEIRA, M. M. M.; BARBOSA, N. C.; ALVES, M. T. Construção e validação fatorial de uma medida de inteligência emocional. *Psicologia: Teoria e Pesquisa*, v.15, n. 2, p. 143-152, 1999.

SPENCE, G.; OADES, L. G.; CAPUTI, P. Trait emotional intelligence and goal self-integration: important predictors of emotional well-being? *Personality and Individual Differences*, v. 37, p. 449-461, 2004.

TRINIDAD, D. R.; JONSON, C. A. The association between emotional intelligence and early adolescent tobacco and alcohol use. *Personality and Individual Differences*, v. 32, n. 1, p. 95-105, 2002.

VAN ROOY, D. L.; ALONSO, A.; VISWESVARAN, C. Group differences in emotional intelligence scores: theoretical and practical implications. *Personality and Individual Differences*, v. 38, p. 689-700, 2005.

VAN ROOY, D. L.; VISWESVARAN, C.; PLUTA, P. An evaluation of construct validity: what is this thing called emotional intelligence? *Human Performance*, v. 18, n. 4, p. 445-462, 2005.

WARNER, S. K. Emotional intelligence: psychometric status and developmental characteristics. *Emotion*, v. 1, n. 3, p. 243-248, 2001.

WARWICK, J.; NETTELBECK, T. Emotional intelligence is...? *Personality and Individual Differences*, v. 37, p. 1091-1100, 2004.

8

DIFERENÇAS INDIVIDUAIS NO TDAH E VARIÁVEIS ASSOCIADAS: EVIDÊNCIAS DE UM ESTUDO LONGITUDINAL

Alana Augusta Concesso de Andrade[1]
Carmen Elvira Flores Mendoza Prado[2]

A Hiperatividade com Déficit de Atenção é o transtorno do desenvolvimento que mais acomete a infância e a adolescência. Os sintomas, quando intensificados por falhas de diagnóstico e de tratamento, ocasionam fracasso escolar, comportamento antissocial, baixa autoestima, maior propensão a sofrer acidentes, falhas na coordenação motora e nas funções executivas. Quando o transtorno se estende à adolescência e à vida adulta, os riscos para a sociedade são

---

[1] Faculdade Metropolitana de Belo Horizonte – FAME-BH.
 E-mail: alana.andrade@gmail.com
[2] Universidade Federal de Minas Gerais – UFMG.
 E-mail: carmencita@fafich.ufmg.br

ainda mais intensos – abuso de substâncias, desemprego, furto, maior probabilidade de envolvimento em acidentes automobilísticos, entre outros (BARKLEY, 2002).

Embora o Transtorno do Déficit de Atenção/Hiperatividade (TDAH) seja amplamente investigado nos meios acadêmicos, é em questões básicas como definição, etiologia e epidemiologia que, paradoxalmente, reside a polêmica acerca do tema. A busca na literatura demonstrou uma pluralidade de explicações e, no entanto, poucas apresentam fundamentação teórica consistente. Muito é falado sobre as características do transtorno; porém, praticamente inexiste uma teoria bem estruturada.

Dentre as tentativas de erigir uma teoria do transtorno, destaca-se a de Barkley (1997) que define o TDAH como um déficit na função inibitória. Sua ênfase reside num modelo híbrido que une Neuropsicologia e Psicologia do Desenvolvimento Humano, uma vez que aborda funções executivas em conjunto com funções autorregulatórias.

A inibição comportamental é uma capacidade humana – muitas vezes referida como um traço presente em todos os indivíduos – com componentes cognitivos, comportamentais e motores, sendo fisicamente localizada no córtex pré-frontal. Refere-se à habilidade da criança em responder às situações de maneira planejada, inibindo respostas inapropriadas de acordo com as demandas do ambiente. Tal capacidade permite inibir comportamentos perante um reforço, parar uma resposta em andamento para o adiamento do processo decisório e lidar com eventos e respostas competitivas ao mesmo tempo (QUAY, 1997).

De acordo com a abordagem de Barkley (1997), o déficit inibitório traz prejuízos secundários aos processos de atenção e a algumas funções executivas, as quais são responsáveis por gerar comportamentos ou ações dirigidas a um objetivo a partir do controle de informações internamente representadas.

Crianças hiperativas/impulsivas demonstram uma inibição pobre em todos os comportamentos em que há possibilidade de recompensa imediata do meio. Por essa razão, são superativas, falam demais, falam alto consigo mesmas, têm dificuldade de restringir seus comportamentos de acordo com a instrução, de resistir à tentação e de adiar a gratificação.

As causas ou a etiologia precisa do TDAH ainda são desconhecidas. Contudo, acredita-se que o transtorno se deve ao resultado de uma falha no desenvolvimento cerebral, mais especificamente no córtex pré-frontal. Essa região, responsável pela inibição comportamental, pelo autocontrole, entre outras funções, seria menor ou apenas diferente em crianças com TDAH, de acordo com exames de imagem cerebral (BARKLEY, 1999; PISTOIA; ABAD-MAS; ETCHEPAREBORDA, 2004).

Definida, então, a região prejudicada, procura-se compreender o que gera seu desenvolvimento anormal. De acordo com Barkley (2002), agentes genéticos e ambientais contribuem para as possíveis causas. A hereditariedade parece ser o aspecto mais relevante da etiologia, já que mais de 25% dos parentes diretos da criança com TDAH também manifestam o transtorno. Entre gêmeos idênticos, a chance de o transtorno acontecer nos dois irmãos é de 70% a 90%, e entre os não idênticos é de 32% (BARKLEY, 2002; VALDIZÁN,

2004). Portanto, a genética explicaria entre 25% e 90% da variância em TDAH, ao passo que os fatores ambientais explicariam apenas de 1% a 10% (BARKLEY, 2002; ROHDE; BENCZIK, 1999).

Quais seriam, então, os fatores ambientais desencadeadores ou causadores do transtorno? Para Rohde e Benczik (1999), uma das causas mais relevantes refere-se a complicações no parto ou durante a gravidez. Semelhante afirmação também é feita por outros autores (BARKLEY, 1999, 2002; GREVET; ABREU; SHANSIS, 2003; PHELAN, 2005; ROHDE; MATTOS, 2002). Entretanto, acredita-se que, mediante a alta probabilidade de a mãe também ter o TDAH, é possível que o problema na gravidez ou no parto seja, na verdade, consequência de sintomas maternos de impulsividade. Portanto, a criança teria o transtorno por motivos genéticos, e não ambientais. Porém, de acordo com Barkley (2002), tal conclusão se trata apenas de uma dedução ainda não comprovada por pesquisas. Outros fatores ambientais mencionados pela literatura são a exposição a determinadas substâncias (álcool, fumo e chumbo), o baixo nível socioeconômico e problemas familiares como fatores de risco (BARKLEY, 2002).

De acordo com Harris (1995), além da influência genética, fundamental para explicar a personalidade e a inteligência, há a relevância do ambiente para a formação do sujeito, especialmente nos grupos em que a criança se socializa quando não está com irmãos e familiares (ambientes não compartilhados). Assim sendo, também é possível lançar mão da teoria de socialização do grupo de Harris para compreender a contribuição dos fatores ambientais para explicar a variância não genética do TDAH.

Entretanto, a tendência explicativa mais robusta parece ser mesmo a da hereditariedade que ganha força e adeptos em razão dos avanços no campo da genética. Pesquisas atuais buscam determinar quais são os genes que tornariam as pessoas suscetíveis à síndrome. Embora ainda não conclusivos, os resultados a que se têm chegado apontam para o gene receptor da dopamina, o qual é responsável pela característica humana da "busca de novidades", aspecto recorrente entre crianças hiperativas. No entanto, diferentes genes de pequeno efeito contribuem, em conjunto, para o desenvolvimento do TDAH (ROHDE; MATTOS, 2002; ROMAN; ROHDE; HUTZ, 2002).

Um dos pontos fortes da literatura sobre o TDAH é a descrição dos sintomas, a partir dos quais foram traçados os critérios diagnósticos. Basicamente, são utilizadas para diagnóstico as recomendações do DSM-IV (AMERICAN PSYCHIATRIC ASSOCIATION, 1994) que são amplamente adotadas e extremamente úteis.

Foi em 1994 que o manual, em sua quarta edição, propôs o termo Transtorno do Déficit de Atenção/Hiperatividade, o qual teria possibilidade de expressão em três subtipos: predominantemente desatento, predominantemente hiperativo e subtipo combinado, no qual os sintomas de desatenção e de hiperatividade aconteceriam ao mesmo tempo (HOMER et al., 2000).

Os subtipos foram definidos a partir de evidências empíricas na clínica e de experimentos de campo, cujos resultados foram submetidos a análises fatoriais que apontaram

a existência de dois grandes fatores (desatenção e hiperatividade) que se manifestam nas três classificações mencionadas (FARAONE; BIEDERMAN; WEBER; RUSSEL, 1998; ROHDE; MATTOS, 2002). Dessa maneira, o DSM propõe que seis ou mais sintomas de cada fator devem persistir por, pelo menos, seis meses, de forma mal adaptativa e inconsistente com o nível de desenvolvimento da criança, para que se tenha o enquadramento em um dos três subtipos. O conjunto de sintomas proposto é:
Desatenção

a. Frequentemente deixa de prestar atenção a detalhes ou comete erros por descuido em atividades escolares, de trabalho ou outras;
b. Com frequência tem dificuldades para manter a atenção em tarefas ou atividades lúdicas;
c. Com frequência parece não escutar quando lhe dirigem a palavra;
d. Com frequência não segue instruções e não termina seus deveres escolares, suas tarefas domésticas ou seus deveres profissionais (mas não devido a comportamento de oposição ou à incapacidade de compreender instruções);
e. Com frequência tem dificuldade para organizar tarefas e atividades;
f. Com frequência evita, antipatiza ou reluta a envolver-se em tarefas que exijam esforço mental constante (tais como tarefas escolares ou domésticas);

g. Com frequência perde objetos necessários para tarefas ou atividades (por exemplo: brinquedos, tarefas escolares, lápis, livros ou outros materiais);
h. É facilmente distraído por estímulos alheios à tarefa;
i. Com frequência apresenta esquecimento em atividades diárias.

Hiperatividade

a. Frequentemente agita as mãos ou os pés ou se remexe na cadeira;
b. Frequentemente abandona sua cadeira em sala de aula ou em outras situações nas quais se espera que permaneça sentado;
c. Frequentemente escala ou corre ao redor dos móveis em demasia, em situações nas quais isso é inapropriado (em adolescentes e adultos, isso pode estar limitado a sensações subjetivas de inquietude ou impaciência);
d. Com frequência tem dificuldade para brincar ou envolver-se silenciosamente em atividade de lazer;
e. Está frequentemente "a mil por hora" – muitas vezes age como se estivesse "a todo vapor";
f. Frequentemente fala em demasia; impulsividade;
g. Frequentemente dá respostas precipitadas antes de as perguntas terem sido completadas;
h. Com frequência tem dificuldade para aguardar a vez em jogos ou em situação de grupo;

i. Frequentemente interrompe ou se mete em atividades dos outros (por exemplo, intromete-se em conversas ou brincadeiras).

Ainda segundo o DSM-IV, alguns dos sintomas estão presentes antes dos sete anos de idade e devem ocorrer de maneira prejudicial em pelo menos dois contextos (por exemplo, em casa e na escola). Ademais, a presença dos sintomas deve causar prejuízos sociais e acadêmicos e é necessário que se elimine a possibilidade de diagnóstico de outros transtornos, como a esquizofrenia e os transtornos de humor.

Assim sendo, entre as características do TDAH estão as dificuldades escolares, e o principal transtorno a ele associado é o de aprendizagem, mesmo que os indivíduos obtenham resultados normais em testes de QI. Nesse momento, as razões para tal fato já se fazem claras, visto que o indivíduo apresenta dificuldade de concentração, distrai-se com facilidade, não se atenta para as variáveis relevantes à resolução do problema, agita-se e é impossibilitado de conter seus impulsos. Tais características levam ao não controle da impulsividade em sala de aula e à não realização de suas tarefas escolares com atenção, o que certamente resulta em fraco rendimento acadêmico.

Biederman et al. (1998), em um estudo com crianças diagnosticadas com os três subtipos do TDAH, mostraram que não necessariamente elas possuem um QI baixo, mas, sem dúvida, apresentam algum indicativo de fracasso escolar, como repetência, necessidade de aulas particulares ou presença em sala especial na escola.

Um aspecto posterior que compromete o desenvolvimento da criança com TDAH é o mau desempenho social – 50% das crianças com TDAH apresentam comportamento antissocial comórbido (CABALLO; SIMON, 2000). Para compreender a competência social, é necessário esclarecer que a escola é o ambiente em que a socialização ocorre de forma mais intensa, colocando à prova as habilidades da criança, devido aos desafios interpessoais. Portanto, para ser bem-sucedida nesse quesito, a criança deverá ser capaz de organizar cognições e comportamentos para chegar a uma ação dirigida a um fim social, interpessoal e adaptativo (DEL PRETTE, Z.A.P.; DEL PRETTE, A., 1999).

Diante do mencionado, não fica difícil de imaginar por que a criança hiperativa/desatenta tende a fracassar nas interações interpessoais. São comportamentos frequentes em seu repertório: ser impulsiva, interromper conversas e brincadeiras alheias, não aguardar sua vez em jogos, acarretando provável rejeição dos pares e estresse na família (PFIFFNER; MCBURNETT, 1997). O déficit nas habilidades sociais e nos comportamentos adaptativos deve-se a uma má avaliação do futuro pessoal e do social, especialmente em favor de consequências imediatas (CRYSTAL et al., 2001).

Nesse sentido, por causa de seu comportamento impulsivo, a criança com TDAH apresenta maior probabilidade de ser rejeitada pelo grupo. Assim, ela busca interagir com outras crianças igualmente negligenciadas, acarretando reforço de seu comportamento antissocial que aos poucos se torna estável (HARRIS, 1995; SOUZA; SERRA; MATTOS; FRANCO, 2001).

Há ainda relação entre os problemas escolares e o desajustamento social. Segundo Tuchman (2000), os índices de desajuste social, de problemas conjugais e de delinquência são mais altos entre aqueles que tiveram transtorno de aprendizagem na infância. Portanto, percebe-se que crianças com TDAH constituem um grupo de risco a desenvolverem ao mesmo tempo transtornos de aprendizagem e de comportamento antissocial.

Com relação aos subtipos, há evidências de que o Déficit de Atenção aproxima-se mais dos problemas de aprendizagem, ao passo que a Hiperatividade é relacionada aos problemas de conduta (BARBERO; MENESES; GONZÁLEZ, 2004; CRYSTAL et al., 2001; FARAONE et al., 1998). Os subtipos desatento e combinado são os que apresentam mais problemas acadêmicos, já os hiperativos são mais agressivos, impopulares e rejeitados (KLORMAN et al., 1999; ROHDE; MATTOS, 2002). As crianças desatentas também apresentam disfunção social, uma vez que são mais retraídas, ansiosas e negligenciadas.

No que diz respeito à prevalência, o TDAH é considerado o transtorno mais comum da infância, sendo também a queixa mais frequente em populações clínicas. Em um levantamento do perfil clínico do Serviço de Psicologia Aplicada da UFMG, os comportamentos desatentos/hiperativos corresponderam a 58% das queixas referentes à psicopatologia infantil (ALVARENGA; ANDRADE; FLORES-MENDOZA, 2003).

A Associação Americana de Psiquiatria (2000) aponta que, na população geral, o TDAH acomete de 3% a 5% das crianças em idade escolar. De acordo com Miranda, Jarque e Soriano (1999), divergências históricas com relação à definição e à avaliação da Hiperatividade/Déficit de Atenção levaram a diferenças substanciais dos dados epidemiológicos. Em sua revisão bibliográfica de estudos norte-americanos, os autores descobriram que, ao se enfatizarem dados comportamentais, a prevalência varia de 10% a 20% na população geral. Quando são utilizados os critérios do DSM-IV e quando os três subtipos são somados, tem-se de 5% a 9% de incidência. A utilização do CID-10, por sua vez, fornece números em torno de 1% a 4%.

Acredita-se que as diferenças nas incidências apontadas podem guiar à conclusão de que o quadro clínico depende de diferenças culturais, étnicas, sexuais, de idade e de nível socioeconômico (PINEDA et al., 1999). Além da incompatibilidade de critérios diagnósticos e avaliativos, pode-se também compreender as diferentes prevalências como um resultado dos tipos de amostra investigados (clínica e geral) e de diferentes fontes de informação (pais e professores) (CRIADO-ALVAREZ; ROMO-BARRIETOS, 2003).

É importante determinar, ainda, as variáveis que acompanham as diferenças individuais em TDAH, uma vez que suas influências podem indicar intensidade e persistência do transtorno. As diferenças individuais nos transtornos infantis frequentemente mencionadas em pesquisa psicológica são as de idade e de gênero. Também serão comentadas as diferenças individuais atribuídas ao nível socioeconômico.

Como se trata de um transtorno do desenvolvimento humano, as diferenças individuais relacionadas com a idade são evidentes. Desde as manifestações em bebês, até as continuidades do transtorno na vida adulta, têm-se dados relevantes para a compreensão da apresentação do TDAH.

Com respeito à incidência, o quadro clínico é mais frequente durante os anos escolares, apresentando declínio na puberdade, restando poucos sintomas no fim da adolescência e na vida adulta. Entretanto, alguns pesquisadores asseveram que o aparente declínio dos sintomas na adolescência deve-se, na verdade, à falta de critérios diagnósticos para essa faixa de idade (DU PAUL et al., 1998).

Nota-se que o transtorno parece ser mais frequente nos primeiros anos escolares devido ao fato de as exigências do contexto escolar se intensificarem. No entanto, os primeiros sintomas do TDAH já podem ser percebidos em idades precoces. Em bebês, sua expressão é observada no sono agitado e no nervosismo incomum. Quando a criança está na pré-escola, ela é mais agitada, agressiva e tem baixa tolerância à frustração (ROHDE; BENCZIK, 1999).

Como a hiperatividade tem um forte componente motor, acredita-se que, com o passar dos anos, ela diminua significativamente, já que a agitação motora é relativamente comum em crianças pequenas, mas não em adolescentes. Entretanto, a atividade motora dá lugar à inquietude e à impulsividade demonstradas em certos comportamentos disruptivos do adolescente como: consumo de álcool e tabaco, início precoce da atividade sexual com comportamento de risco e propensão a sofrer acidentes automobilísticos. Já a desatenção tende a permanecer e a se apresentar com comorbidades como ansiedade e depressão (BARKLEY, 2002). O subtipo Combinado tem os piores prognósticos ao longo do tempo por unir os dois grupos de sintomas. Sua persistência é de 77% no final da adolescência (HART et al., 1995).

Alguns autores consideram o TDAH como um distúrbio crônico, contudo, apenas alguns dos sintomas se mantêm na vida adulta e são manifestados por meio de prejuízo funcional como: pouco alcance acadêmico, baixa persistência, constante troca de emprego e déficit de memória (BARKLEY, 2002). A mudança dos sintomas ao longo do tempo certamente ocorre, embora o padrão global inadaptativo se mantenha. A continuidade desse padrão irá depender também de mudanças ambientais e da forma como a criança interage com o ambiente e com as pessoas que afetam sua trajetória evolutiva (CASPI, 1998). Os preditores de melhora ao longo do tempo são: os bons níveis socioeconômico e intelectual, além dos padrões de criação dados pelos pais (CABALLO; SIMON, 2000).

Quando se trata de TDAH, as diferenças individuais de gênero são bem demarcadas. A sua incidência é maior entre os indivíduos do sexo masculino, com proporções variando entre 2:1 e 10:1 (GUARDIOLA; FUCHS; HOTTA, 2000; VASCONCELOS et al., 2003).

Não se sabem exatamente as razões para tais índices, mas uma hipótese razoável refere-se às diferenças entre transtornos internalizantes e externalizantes. Caballo e Simon (2000) explicam que os comportamentos externalizantes são marcados por hiperatividade, impulsividade, agressividade e oposição. Já os internalizantes, revelam padrões de timidez, disforia, medo e ansiedade. Assim, por tendência biológica e fatores culturais, meninos manifestariam com mais frequência transtornos externalizantes, e meninas, os internalizantes. De acordo com Barkley (1999), o sexo masculino é mais suscetível aos transtornos do Sistema Nervoso Central, como aqueles relacionados ao comportamento impulsivo. Biederman et al. (2002) assinalam o fato de que as diferenças de gênero em TDAH não são examinadas de forma qualitativa, uma vez que há ênfase em pesquisas somente com o sexo masculino. Para eles, o TDAH é mais comum em meninos devido à maneira disruptiva com que eles expressam os sintomas e também em razão da disfunção cognitiva que acompanha seu quadro. Os sujeitos do sexo feminino, portanto, teriam a mesma probabilidade de apresentar o quadro, porém, com maior incidência de desatenção e menos problemas de aprendizagem. As diferenças sexuais em TDAH, para esses pesquisadores, são, na verdade, explicadas por seus diferentes tipos de apresentações.

O contexto é fundamental na definição dos processos psicológicos, sendo o nível socioeconômico (NSE) uma das variáveis contextuais mais relevantes (Ribas et al., 2003). Visto que o TDAH é uma disfunção psicológica e comportamental, o contexto também irá influenciá-lo fortemente, especialmente na forma, na intensidade e na persistência com os quais é manifestado.

As relações entre NSE e desenvolvimento infantil também são evidentes em diversas pesquisas. Encontrou-se correlação entre NSE e inteligência, saúde mental, autoestima, incidência de obesidade, habilidade linguística, desenvolvimento cognitivo, interesse por leitura e televisão. Constatou-se que a prevalência de ansiedade, depressão, comportamento disruptivo e de transtorno de personalidade em crianças e adolescentes é maior em famílias com baixo NSE (RIBAS; MOURA; BORNSTEIN, 2003). Investigações americanas revelam que 20% das crianças pobres dos EUA apresentam algum déficit em seus funcionamentos social, acadêmico e comportamental, além de revelarem maior tendência ao desenvolvimento de psicopatologias (CABALLO; SIMON, 2000).

A propósito das implicações psicológicas do NSE acima mencionadas, deve-se atentar ao fato de que o baixo nível socioeconômico não é a única variável associada ao desenvolvimento de toda e qualquer mazela psicológica e física, caso contrário o TDAH e outros transtornos seriam somente entendidos como fenômenos puramente sociais, o que não é verdade, já que componentes psicológicos e biológicos são essenciais para o desenvolvimento dessas patologias. O mesmo deve ser assegurado em relação ao nível de instrução dos pais. Parece que o estilo de educação ou de criação não leva à manifestação do TDAH (MATTOS, 2003; TOPCZEWSKI, 1999).

Por outro lado, o NSE e o nível de instrução dos pais podem, sim, determinar as diferenças individuais no desenvolvimento do TDAH. Crianças de NSE baixo ou com pais pouco instruídos possuem maior probabilidade de persistirem nos sintomas e com mais intensidade na vida adulta do que crianças com um nível socioeconômico mais alto, as quais provavelmente têm mais acesso a tratamentos adequados e cujos pais dispõem de mais estrutura de conhecimento e de informações para lidarem com o problema e, assim, amenizá-lo (WILLCUT et al., 1999). O levantamento bibliográfico realizado a respeito das relações entre NSE e TDAH encontrou poucas referências. Geralmente, as amostras das pesquisas sobre o transtorno são selecionadas de maneira a não apresentarem vieses com relação a esse aspecto e, portanto, há pouca variância intragrupal.

Feita uma breve introdução teórica a respeito do TDAH, passa-se a descrever uma pesquisa realizada em uma escola pública de Belo Horizonte que buscou verificar o nível de estabilidade temporal da Escala do TDAH – Versão para Professores (BENCZIK, 2000) em população escolar. Os demais objetivos da investigação foram: 1) identificar as diferenças individuais na manifestação dos sintomas do TDAH considerando as variáveis: sexo, idade, classe econômica e nível de instrução dos pais; 2) verificar poder de predição de variáveis sociais e cognitivas no TDAH; e 3) avaliar as relações existentes entre as características do TDAH e o desempenho escolar, quando se controla a variável inteligência.

Método

Participantes

Os participantes dessa pesquisa fazem parte do colégio Centro Pedagógico (CP) da UFMG. Com cerca de 700 alunos, o CP é intensamente procurado por famílias de origens socioeconômicas distintas, provavelmente devido ao fato de a escola estar inserida em uma das melhores universidades do Estado. A procura diversificada permite que o sorteio aleatório das famílias para obtenção das vagas na escola capture uma distribuição das classes econômicas. A descrição das características dos participantes por ano de coleta é apresentada a seguir.

Participantes de 2002

No primeiro ano de coleta, 502 crianças participaram da avaliação do TDAH. A amostra se compôs de crianças de 1ª a 8ª série. O sexo masculino representou 53% da amostra. A idade média da amostra total foi de 10,36 com desvio-padrão de 2,36.

Participantes de 2004/2005

Foram avaliadas, pelos professores, 135 crianças das 5as, 6as e 7as séries, das quais 127 também faziam parte da pesquisa em 2002. O sexo masculino representou 55% da amostra. A idade média da amostra total foi de 12,37 e o desvio-padrão de 0,78.

Instrumentos

Escala de TDAH – Versão para Professores: A escala foi criada e teve sua validade estudada por Benczik (2000) a partir da necessidade de um instrumento brasileiro em que professores avaliassem os sintomas do TDAH em contexto escolar. O instrumento foi desenvolvido com base nos critérios do DSM-IV. Nesse sentido, além dos sintomas de Hiperatividade e Déficit de Atenção, o teste também avalia os prováveis prejuízos escolares e sociais apontados como condição diagnóstica pela Associação de Psiquiatria Americana.

O instrumento é composto por quatro escalas: 1) Déficit de Atenção (DA) com dezesseis itens (exemplo de item: "Perde ou esquece objetos"); 2) Hiperatividade/Impulsividade (HA) com doze itens (exemplo de item: "Parece sempre estar a todo vapor ou ligado como um motor"); 3) Problemas de Aprendizagem (PA) com catorze itens (exemplo de item: "Não rende de acordo com o esperado em Português"); e 4) Comportamento Antissocial (AS) com sete itens (exemplo de item: "Os colegas da classe o evitam").

O teste é respondido sob a forma de escala de Likert, na qual o respondente expressa seu grau de concordância com a frase apresentada no item numa escala de seis pontos, em que se têm as seguintes opções: "discordo totalmente", "discordo parcialmente", "discordo", "concordo", "concordo parcialmente" e "concordo totalmente".

O processo de padronização contou com uma amostra de 1.011 crianças de escolas públicas e particulares de duas cidades do interior de São Paulo. Os indivíduos tinham entre seis e dezessete anos e cursavam o ensino fundamental. Houve equilíbrio na distribuição dos participantes com relação ao sexo e à série escolar em que se encontravam. No entanto, com respeito à idade, houve concentração de 37% das crianças na faixa etária acima dos dez anos de idade. Os resultados da precisão por consistência interna (*Alpha* de Cronbach) encontrada pela autora do instrumento são apresentados na Tabela 8.1.

Tabela 8.1 – Precisão por consistência interna a partir da amostra original do teste do TDAH

Subescalas do TDAH	α
Déficit de Atenção (DA)	0,97
Hiperatividade/Impulsividade (HA)	0,95
Problemas de Aprendizagem (PA)	0,94
Comportamento Antissocial (AS)	0,90

Além da precisão por consistência interna, Benczik também utilizou procedimento de análise fatorial para a validade de estrutura interna, a qual detectou três fatores na Análise de Componentes Principais (ACP): Problemas de Aprendizagem/Déficit de Atenção; Hiperatividade e Comportamento Antissocial. Ao finalizar a criação do instrumento, a autora optou por dividi-lo em quatro subescalas e não em três, conforme a análise fatorial havia apontado.

Um posterior procedimento realizado refere-se ao estabelecimento de normas para o instrumento. A análise multivariada realizada por Benczik (2000) encontrou diferenças de médias significativas entre os sexos e os tipos de escolas dos indivíduos avaliados, assim existem tabelas de conversão dos escores brutos em percentil separadas para cada um desses grupos.

Teste das Matrizes Progressivas de Raven (Escala Geral e Colorida): o teste das Matrizes Progressivas de Raven – Escala Colorida (ANGELINI et al., 1999) aplica-se em crianças de até onze anos, e a Escala Geral (CEPA, 2001) aplica-se em sujeitos com mais de doze anos de idade. No caso do Raven Colorido, a precisão teste-reteste no estudo de normatização brasileira encontrou um alto índice de estabilidade temporal (r= 0,92). A correlação item-total apresentou índices superiores a 0,30, com exceção de sete itens que, apesar de correlações baixas, foram considerados pelos autores da normatização como de fácil resolução e de caráter introdutório para cada série de itens; portanto, eles não comprometeram a consistência da escala. Já a Escala Geral, não apresenta, em seu manual, informações das análises fatoriais ou de consistência interna

(CEPA, 2001). Todavia, o teste possui padronização em amostra brasileira.

Teste de Desempenho Escolar – TDE: foi elaborado por Stein (1994) e, por meio dele, avaliam-se, de forma objetiva, habilidades consideradas fundamentais para o desempenho escolar. O TDE é composto por três subtestes: o de Escrita, sob a forma de ditado de palavras isoladas (35 itens); o de Aritmética, com resoluções de operações matemáticas por escrito (35 itens) e oral (três itens); e o de Leitura para reconhecimento de palavras fora do contexto (setenta itens). Os itens são dispostos de acordo com o grau de dificuldade. O teste apresenta critério de interrupção, e a aplicação é individual.

O instrumento foi desenvolvido no Rio Grande do Sul, e, em sua padronização, participaram 538 crianças de 1ª a 6ª séries, provenientes de escolas públicas e particulares e com diferentes níveis socioeconômicos. O teste mostrou uma alta consistência interna (α= 0,945 para a tarefa de Escrita, α= 0,932 para a de Aritmética e α= 0,988 para a de Leitura). A análise multivariada (MANOVA) comprovou a necessidade de elaborar normas de acordo com a série escolar, mas não conforme o tipo de escola, isso porque durante a formulação do instrumento foram selecionados conteúdos escolares comuns a escolas públicas e particulares. Após correção, os resultados brutos são transformados em percentis, fornecendo classificação de desempenho em três tipos: inferior, médio e superior. Os respondentes são avaliados de acordo com a série e as tabelas de idade servem apenas para estimar o desempenho esperado.

Critério de Classificação Econômica Brasil – CCEB (Critério Brasil): em função da importância de haver controle do nível econômico em toda pesquisa psicológica (CABALLO; SIMON, 2000; RIBAS et al., 2003) e, em especial, o de averiguar a sua influência no TDAH, utilizou-se nesta investigação, como já dito, o Critério de Classificação Econômica Brasil, também chamado de Critério Brasil, desenvolvido pela Associação Brasileira de Empresas de Pesquisa – ABEP (ABEP, 2003).

O inventário foi desenvolvido com o intuito de estabelecer algum tipo de segmentação da população brasileira em classes de consumo, conforme necessidade de agências de marketing em compreender seu público-alvo (PEREIRA, 2004). A metodologia envolvida no critério busca averiguar, junto às famílias, os bens que elas possuem e em que quantidade. A cada uma dessas posses é atribuído um peso, bem como para a quantidade em que elas existem na casa investigada. Entre esses bens tem-se: automóvel, geladeira, televisão, entre outros. Além disso, é questionado o nível de instrução do chefe de família, ao qual também se atribui pontuação.

Historicamente, deve registrar-se que, nos anos setenta, aconteceram as primeiras tentativas de estabelecer o critério de avaliação das classes econômicas. Utilizando a metodologia mencionada, a Associação Brasileira de Anunciantes – ABA e a Associação Brasileira dos Institutos de Pesquisa de Mercado – ABIPEME criaram um critério de classificação que passou por algumas reformulações até o final dos anos oitenta, quando alguns membros da ABIPEME abandonaram a associação e fundaram, em 1991, a Associação Nacional de Empresas de Pesquisa – ANEP (atualmente chamada Associação Brasileira de Empresas de Pesquisa – ABEP). Nesse momento, o CCEB foi concebido e adotado tanto pela ABA como pela ABIPEME. Em 2003, o critério foi reformulado novamente e, além dos bens já presentes no inventário antigo, acrescentou-se: DVD, freezer e presença de empregados domésticos mensalistas (PEREIRA, 2004).

O critério discrimina classes econômicas e não sociais, uma vez que mede somente o poder de compra. De acordo com a ABEP (2003), a divisão em níveis sociais em que se classifica de acordo com o *status* ocupacional ou a faixa salarial não faria sentido em países em desenvolvimento como o Brasil, em que há má distribuição de renda, alto índice de economia informal e instabilidade econômica. O Critério Brasil é o que melhor segmenta a população em categorias conforme capacidade de consumo, tornando-se, portanto, uma medida *proxy* do nível socioeconômico (ABEP, 2003).

A partir da pontuação na escala de itens de consumo, obtém-se a classificação econômica que, no Brasil, se distribui em sete classes: A1, A2, B1, B2, C, D e E. Nesta pesquisa, analisam-se separadamente a classe econômica e os níveis de instrução do chefe de família, a fim de verificar o peso de cada um para a manifestação e a manutenção do TDAH ao longo do desenvolvimento.

Procedimentos

Os sujeitos da referida investigação fazem parte do projeto "Estudo Longitudinal das Competências Psicológicas de Crianças Escolares", desenvolvido a partir de uma parceria entre o Laboratório de Avaliação das Diferenças Individuais

– LADI/UFMG e o Centro Pedagógico (CP) da UFMG. Essa avaliação, que acontece a cada dois anos, teve início em 2002 e terminará em 2012. Ela consiste em uma bateria de testes psicológicos e questionários por meio dos quais são medidos aspectos ou traços diversificados de uma mesma criança.

No ano de 2002, após o consentimento informado ser assinado pelos pais, os alunos foram avaliados por meio das Matrizes Progressivas de Raven – Escala Colorida (ANGELINI, et al., 1999) e Escala Geral (CEPA, 2001). A avaliação foi feita com o auxílio de uma equipe de avaliadores composta de alunos de graduação em Psicologia e que foi treinada especialmente para o projeto.

Ainda nesse mesmo ano, a Escala do Transtorno do Déficit de Atenção/Hiperatividade (TDAH) – Versão para Professores (BENCZIK, 2000) foi distribuída aos professores para que respondessem a respeito de todos os setecentos alunos do CP, contudo não houve retorno ou preenchimento correto de parte dessas escalas. Assim, foram considerados, para as análises estatísticas, 502 protocolos de TDAH devidamente respondidos.

Em 2004, os pais renovaram sua autorização do termo de consentimento informado e responderam a um questionário com os itens do CCEB. A amostra do estudo foi avaliada por meio do teste das Matrizes Progressivas de Raven, assim como o Teste de Desempenho Escolar (STEIN, 1994).

A segunda fase de coleta do Estudo Longitudinal, que se iniciou em 2004, completou-se em 2005 com a avaliação do TDAH. Portanto, no início do ano de 2005, as escalas de TDAH foram distribuídas aos professores das 5as, 6as e 7as séries. No CP, existe, para cada série, um professor representante ou "referência", conforme são chamados na escola. Esses professores foram os respondentes das escalas. Anteriormente, foi-lhes endereçada uma carta com explicações detalhadas da pesquisa e uma solicitação de colaboração. A subescala de Problemas de Aprendizagem não foi aplicada em 2005, devido ao fato de serem questionados aspectos específicos ao rendimento em Português e Matemática, as quais não eram disciplinas lecionadas pelos professores respondentes da Escala de TDAH.

Resultados

TDAH 2002

Antes da apresentação dos resultados, é necessário esclarecer que, previamente, realizou-se um estudo de validade e precisão da escala de TDAH na amostra de 2002. Com o uso de análise fatorial, foi demonstrado que a escala apresenta quatro fatores definidos, o que corresponde ao número de subescalas do teste. Os itens que compõem o instrumento apresentaram carga fatorial acima de 0,30. Esses resultados indicam evidência de validade baseada na estrutura interna. Além do mais, realizou-se uma análise de consistência interna, a qual revelou precisão da escala com um *Alpha* de Cronbach de 0,97.

Anteriormente, foi mencionada a importância das diferenças individuais para a determinação do transtorno. A fim de verificar se as pontuações das subescalas do TDAH foram influenciadas pelas diferenças de sexo e idade, empregou-se a análise de variância (ANOVA *two-way*), a qual permite testar os efeitos principais de cada uma das variáveis investigadas, assim como explorar seus efeitos de interação. A amostra foi dividida em três grupos etários para fins de análise (Grupo 1: sete - oito anos; Grupo 2: nove - onze anos; Grupo 3: doze - quinze anos). A ANOVA *two-way* dos resultados da subescala de Déficit de Atenção mostrou haver um efeito principal significativo da variável sexo [$F(1, 496)$= 64,07; p= 0,000], mas não da variável idade [$F(2, 496)$= 1,301; p= 0,273]. Tampouco houve efeito de interação [$F(2, 496)$= 0,450; p= 0,638]. O tamanho do efeito da variável sexo foi moderado (η^2= 0,114). As estatísticas descritivas, considerando grupo etário e gênero para a subescala de Déficit de Atenção, são apresentadas na Tabela 8.2.

Tabela 8.2 – Estatísticas descritivas da amostra de 2002 na subescala de Déficit de Atenção considerando sexo e grupo etário

Grupos etários	Meninos			Meninas		
	N	M	DP	N	M	DP
1 [7 – 8]	74	58,23	26,59	77	40,09	29,74
2 [9 – 11]	108	60,14	24,73	91	42,60	22,43
3 [12 – 15]	84	58,05	31,33	68	35,29	27,08
Total	266	58,95	27,39	236	39,68	26,40

Na subescala de Hiperatividade, por sua vez, encontrou-se um efeito principal significativo da variável sexo [$F(1, 496)$= 36,57; p= 0,000], assim como da variável idade [$F(2, 496)$= 4,50; p= 0,012]. Também houve um efeito de interação [$F(2, 496)$= 3,06; p= 0,048]. Tais resultados indicam

DA PSICOLOGIA CONTEMPORÂNEA
TEMAS EM AVALIAÇÃO PSICOLÓGICA

que as diferenças de sexo em hiperatividade dependem também da idade. Para uma melhor interpretação dos efeitos dessa interação, realizaram-se ANOVAS de forma separada para cada sexo. Verificou-se haver diferenças de média quase significativas em Hiperatividade relacionadas à idade no grupo masculino [F(2, 264)= 3,004; p= 0,051]. No grupo de mulheres, as diferenças relacionadas à idade foram estatisticamente significativas [F(2,234)= 4,66; p= 0,010]. As estatísticas descritivas, considerando grupo etário e gênero para a subescala de Hiperatividade, são apresentadas na Tabela 8.3.

Tabela 8.3 – Estatísticas descritivas da amostra de 2002 na subescala de Hiperatividade considerando sexo e grupo etário

Grupos etários	Meninos			Meninas		
	N	M	DP	N	M	DP
1 [7 - 8]	74	51,99	31,01	77	45,21	30,02
2 [9 - 11]	108	56,67	28,56	91	35,45	23,67
3 [12 - 15]	84	63,05	26,28	68	46,51	22,15
Total	266	57,38	28,79	236	41,82	25,92

Observando as estatísticas descritivas, identifica-se que no caso das meninas há uma queda acentuada dos escores no segundo grupo etário (nove-onze anos de idade) se comparado aos grupos 1 (sete-oito anos) e 3 (doze-quinze anos), que quase não diferem entre si. Mais ainda: considerando a ANOVA com a amostra total, o tamanho do efeito da variável sexo foi moderado (η^2= 0,069), enquanto que o tamanho do efeito da variável idade foi pequeno (η^2= 0,018).

Realizou-se, ainda, a ANOVA dos resultados da subescala de Problemas de Aprendizagem, a qual mostrou haver um efeito principal significativo da variável sexo [F(1, 496)= 37,44; p= 0,000], mas não da variável idade [F(2, 496)= 0,839; p= 0,433]. Não houve efeito de interação entre tais variáveis [F(2, 496)= 0,065; p= 0,937]. O tamanho do efeito da variável sexo foi moderado (η^2= 0,07). As estatísticas descritivas, considerando grupo etário e gênero para a subescala de Problemas de Aprendizagem, são apresentadas na Tabela 8.4.

Tabela 8.4 – Estatísticas descritivas da amostra de 2002 na subescala de Problemas de Aprendizagem considerando sexo e grupo etário

Grupos etários	Meninos			Meninas		
	N	M	DP	N	M	DP
1 [7 – 8]	74	56,81	27,56	77	40,32	28,63
2 [9 – 11]	108	56,14	27,44	91	41,08	25,89
3 [12 – 15]	84	59,19	29,53	68	44,97	26,55
Total	266	57,29	28,07	236	41,95	26,95

Com relação à subescala de Comportamento Antissocial, ocorreu um efeito principal significativo da variável sexo [F(1, 496)= 28,85; p= 0,000], mas não da variável idade [F(2, 496)= 0,595; p= 0,552]. Também não houve efeito de interação [F(2, 496)=1,665; p= 0,191]. O tamanho do efeito da variável sexo foi pequeno (η^2= 0,05). As estatísticas descritivas, considerando grupo etário e gênero para a subescala de Comportamento Antissocial, são apresentadas na Tabela 8.5.

DA PSICOLOGIA CONTEMPORÂNEA
TEMAS EM AVALIAÇÃO PSICOLÓGICA

Tabela 8.5 – Estatísticas descritivas da amostra de 2002 na subescala de Comportamento Antissocial considerando sexo e grupo etário

Grupos etários	Meninos			Meninas		
	N	M	DP	N	M	DP
1 [7 – 8]	74	53,58	31,47	77	45,71	30,61
2 [9 – 11]	108	57,17	26,33	91	44,41	25,52
3 [12 – 15]	84	57,24	28,22	68	37,87	22,01
Total	266	56,19	28,37	236	42,95	26,48

TDAH 2005

Realizou-se, também, nos dados coletados em 2005, o procedimento de ANOVA para identificar o efeito do sexo nos escores obtidos nas subescalas de TDAH. Não se verificou o efeito de idade por falta de variância da amostra (todas as crianças tinham doze anos de idade).

A ANOVA dos resultados mostrou haver um efeito principal significativo da variável sexo na subescala de Déficit de Atenção [$F(1,134) = 23,16$; $p = 0,000$], na subescala de Hiperatividade [$F(1,134) = 19,55$; $p = 0,000$] e na subescala de Comportamento Antissocial [$F(1, 134) = 9,66$; $p = 0,002$]. As estatísticas descritivas dos resultados nas três subescalas do TDAH são apresentadas na Tabela 8.6.

Tabela 8.6 – Estatísticas descritivas das subescalas do TDAH considerando sexo – 2005

Subescalas	Meninos (N= 77)		Meninas (N= 58)	
	M	DP	M	DP
DA	59,40	26,74	37,34	25,82
HA	58,75	27,48	38,34	25,22
AS	56,17	28,71	41,28	25,51

O programa estatístico SPSS não fornece o cálculo do tamanho do efeito para ANOVA *one-way*, razão pela qual utilizou-se a seguinte fórmula:

Eta quadrado(η^2) = Soma dos quadrados entre-grupos/ Total da soma do quadrados

O η^2 resultante das diferenças de sexo foi de 0,148 para Déficit de Atenção (efeito grande), de 0,128 para Hiperatividade (efeito moderado), e de 0,068 para Comportamento Antissocial (efeito pequeno). A observação das estatísticas descritivas aponta as pontuações dos meninos como significativamente mais altas.

No ano de 2005, ainda foi possível avaliar as relações entre inteligência, desempenho escolar, NSE e TDAH. Os dados foram submetidos ao procedimento de regressão múltipla, método *stepwise*, a fim de se identificarem quais das variáveis investigadas (três subescalas de TDAH: Inteligência, Poder Aquisitivo e Nível de Instrução dos Pais) melhor predizem o desempenho escolar, assim como é medido pelo teste TDE. Um total de 119 protocolos apresentou informações de todas as variáveis estudadas.

Primeiramente, excluíram-se da análise os dados da subescala de Comportamento Antissocial devido ao efeito de colinearidade encontrado. Portanto, os resultados da regressão múltipla indicaram que todas as cinco variáveis que ingressaram como independentes explicaram 38,4% da variância em TDE (R^2= 0,384). Quando se controla o efeito da inteligência, as demais variáveis explicam 21,7% (R^2= 0,217). Tais resultados indicam que a inteligência, enquanto única variável, explica 16,6% do total da variância em TDE, enquanto que as variáveis: nível aquisitivo + nível instrução dos pais + déficit de atenção + hiperatividade explicam um adicional de 21,7%. Tal modelo é estatisticamente significativo [$F(5,114)$= 14,43; p= 0,000].

As variáveis de maior contribuição na predição do TDE são: o Déficit de Atenção e a Inteligência. É interessante destacar que o DA se associa de forma negativa aos resultados do TDE, ou seja, quanto maior o déficit, menor é o desempenho escolar. A Hiperatividade e as variáveis sociais não forneceram contribuição significativa à variação no desempenho escolar. Na Tabela 8.7, apresenta-se a contribuição de cada uma das variáveis à equação de regressão.

Tabela 8.7 – Variáveis preditoras do TDE
(controle: inteligência): TDAH e variáveis sociais

Modelo	Coeficientes não padronizados		Coeficientes padronizados
	B	Erro padrão	β
1			
Inteligência	0,147	0,030	0,408**
2			
Inteligência	0,096	0,028	0,266**
Nível aquisitivo	0,527	0,790	0,056
Instrução dos pais	0,487	0,855	0,048
DA	-0,195	0,036	-0,528**
HA	0,056	0,035	0,150

$R^2 = 0,384$ ($N=119$; **$p<0,0001$).

TDAH 2002/2005

Chega-se, aqui, às análises mais importantes desta investigação, ou seja, aquelas relacionadas às evidências longitudinais do transtorno em questão, assim como é medido pela Escala de TDAH. Em primeiro lugar, calculou-se o grau de associação entre os escores brutos da amostra nos dois períodos de tempo. Observou-se uma alta associação entre essas pontuações, sendo que as mais altas ocorreram na subescala de Déficit de Atenção (r= 0,605; p= 0,001) e na subescala de Comportamento Antissocial (r= 0,555; p= 0,001).

As correlações significativas encontradas revelam haver uma continuidade e, portanto, uma consistência no curso das características do TDAH. Contudo, o cálculo de correlação não informa se as associações se devem a um simultâneo aumento ou a uma diminuição dos escores. Para tanto, se fez necessário fazer uma análise das diferenças de médias. Assim sendo, a fim de verificar se houve mudanças significativas nos escores de TDAH de cada criança em um período de três anos, empregou-se ANOVA *one-way* de medidas repetidas, utilizando-se, para tanto, os escores brutos obtidos em 2002 e 2005. Analisou-se um total de 127 crianças cuja idade média em 2002 era de 9,7 anos (DP= 0,82) e, em 2005, de 12,4 anos (DP= 0,64). Desse total, 51 são meninas e 76 são meninos. Na Tabela 8.8, são apresentadas as estatísticas descritivas em cada período.

Tabela 8.8 – Estatísticas descritivas das subescalas de TDAH nos anos de 2002 e 2005 (N = 127)

Sexo	DA 2002 M	DA 2002 DP	DA 2005 M	DA 2005 DP	HA 2002 M	HA 2002 DP	HA 2005 M	HA 2005 DP	AS 2002 M	AS 2002 DP	AS 2005 M	AS 2005 DP
Masculino	52,41	16,6	53,33	17,4	44,17	13,4	32,08	11,7	17,25	7,2	16,28	5,3
Feminino	37,96	10,7	39,76	16,0	35,53	11,6	23,90	7,8	13,65	4,25	13,69	3,9
Total	46,61	16,1	47,88	18,1	40,70	13,3	28,83	11,0	15,08	6,4	15,24	4,9

A análise de medidas repetidas ANOVA *one-way*, controlando-se a influência da variável sexo, indica um valor de 0,994 para a estatística Wilks' lambda, não significativo [$F(1,125) = 0,700$; $p = 0,404$]. Tal resultado indica não haver mudanças nos escores de Déficit de Atenção através dos dois períodos de tempo.

No que se refere aos escores de Hiperatividade, o valor de 0,782 da estatística Wilks' lambda foi significativo [$F(1,125) = 34,85$; $p = 0,000$], indicando haver mudanças importantes. O tamanho do efeito é considerado alto ($\eta^2 = 0,218$). A observação das estatísticas descritivas permitiu inferir a ocorrência de uma diminuição significativa dos escores de Hiperatividade com o passar do tempo.

Já os escores de Comportamento Antissocial, o valor de 1,000 da estatística Wilks' lambda, apresentou-se não significativo [$F(1,125) = 0,008$; $p = 0,960$]. Tal resultado indica não haver mudanças nos escores através dos dois períodos de tempo.

Pode-se perceber que há manutenção de escores nas subescalas, com exceção da Hiperatividade, a qual diminuiu. No entanto, é necessário saber como se deu a diminuição/manutenção dos resultados em TDAH dentro do grupo. Para tanto, classificaram-se os percentis obtidos pelas crianças em três grupos (alto, médio e baixo), conforme sugerido pela autora da escala (BENCZIK, 2000) e submeteram-se esses dados ao procedimento estatístico de *cross tabulation* (tabelas cruzadas).

A classificação alta em 2002 para Déficit de Atenção se manteve em 66,7% das crianças reavaliadas em 2005, sendo que 26,7% diminuíram para média. É interessante destacar que, dos alunos que tinham DA médio, isto é, 23,5%, aumentaram seu índice para alto, ao passo que 43,2% mantiveram a classificação e 33,3% diminuíram. Já entre as crianças que apresentavam índices baixos de Déficit de Atenção, houve manutenção em 48,5%. A mesma porcentagem foi observada no aumento para classificação média, sendo que apenas uma criança aumentou para classificação alta.

Houve manutenção do índice alto de Hiperatividade em apenas 22,7% das crianças que apresentavam classificação alta em 2002, sendo que, do total avaliado, 54,5% diminuíram sua classificação para média, e 22,7% para baixa. A classificação média foi a mais consistente com porcentagem de 68,5% de manutenção, 27,4% de diminuição e 4,1% de aumento. As crianças que apresentavam classificação baixa para Hiperatividade dividiram-se em manutenção 50% e aumento para média 50% no ano de 2005.

No ano de 2002, 28 crianças foram avaliadas com AS alto e quinze delas mantiveram a classificação, ao passo que onze diminuíram para médio e duas diminuíram para baixo. Novamente, a classificação média foi a que mais se manteve. Das 79 crianças que se encontravam nessa classificação em 2002, 55 mantiveram, dezesseis diminuíram e oito aumentaram. A classificação baixa foi mantida por 42,9% das crianças, ao passo que 52,4% aumentaram para classificação média, e apenas uma criança passou a ter classificação alta.

Os dados mostram que a porcentagem de manutenção de classificação é mais consistente em crianças que apresentam índices médios de manifestação do TDAH. Por meio desses índices, podem-se perceber as diferenças de médias encontradas nas análises de ANOVA de medidas repetidas, isto é, manutenção do Déficit de Atenção e do Comportamento Antissocial e diminuição da Hiperatividade.

Conclusão

Finalizadas as discussões sobre as análises estatísticas, acredita-se que as repercussões da presente investigação concentram-se nas áreas da Psicologia da Avaliação das Diferenças Individuais, da Psicologia do Desenvolvimento Humano e da Psicologia Escolar. No que concerne à Psicologia das Diferenças Individuais, o resultado mais evidente refere-se às diferenças de sexo. Pode concluir-se que os indivíduos do sexo masculino apresentam médias mais altas e possuem mais chance de apresentar o transtorno. Obviamente, outras causas estão relacionadas a esse resultado; entretanto, em situação de psicodiagnóstico, o sexo do sujeito deve ser considerado em primeira instância, uma vez que os meninos parecem demonstrar maior propensão à manifestação do TDAH. Foi discutido anteriormente que, de fato, o transtorno é mais comum entre meninos e que isso se dá devido a diferentes razões, como a maior tendência dos indivíduos do sexo masculino a apresentar psicopatologias do Sistema Nervoso Central, além do fato de essa apresentação ser mais disruptiva, quando comparados às meninas que têm o TDAH (BARKLEY, 1999; BIEDERMAN et al., 2002).

A relação entre TDAH e desempenho acadêmico também confere uma repercussão importante desta pesquisa, principalmente para a Psicologia Escolar. O déficit de atenção, juntamente com a inteligência, é um importante fator para o desempenho escolar e do eventual fracasso. Portanto, psicólogos e educadores, frente ao fraco rendimento, devem estar atentos para os possíveis déficits cognitivos do aluno. Já os problemas comportamentais, como a Hiperatividade, não são as prováveis causas do fracasso, embora sejam fenômenos associados. Essa evidência também é comumente encontrada na literatura especializada, isto é, o Déficit de Atenção aproxima-se mais dos problemas de aprendizagem, ao passo que a Hiperatividade é relacionada aos problemas de conduta (BARBERO et al., 2004; CRYSTAL et al., 2001; FARAONE et al., 1998). Acredita-se que essa diferenciação por subtipo ocorra porque a desatenção é um déficit cognitivo e, por tal razão, relaciona-se com as dificuldades escolares; já a Hiperatividade é uma dificuldade motora e comportamental, sendo, então, mais disruptiva e com tendência antissocial.

    Os dados apresentados aqui são também proveitosos, principalmente, para a Psicologia do Desenvolvimento Humano. Por meio de metodologia longitudinal, encontrou-se que o déficit atenção e o comportamento antissocial são aspectos persistentes no desenvolvimento da criança. Dessa maneira, não devem ser interpretados como dificuldades transitórias da infância, mas sim como algo que acompanhará o desenvolvimento do indivíduo ao longo do curso de vida. A Hiperatividade, por sua vez, deve ser avaliada com bastante critério, uma vez que, com o passar do tempo, houve evidente diminuição.

    Como a Hiperatividade tem um forte componente motor, acredita-se que, com o passar dos anos, ela diminua significativamente, já que a agitação motora é relativamente comum em crianças pequenas, mas não em adolescentes. A desatenção e o subtipo combinado, por sua vez, tendem a permanecer com alguns sintomas ao longo da vida (BARKLEY, 2002; HART et al., 1995).

Por fim, os dados encontrados auxiliam no esclarecimento de algumas dúvidas recorrentes na literatura nacional do TDAH, como desenvolvimento e diferenças individuais. Concomitantemente, o estudo trouxe implicações teóricas importantes, principalmente no que diz respeito à relação das características do transtorno com o desempenho escolar e cognitivo do sujeito, apresentando, ainda, resultados de uma investigação longitudinal, algo raro na literatura científica nacional.

Referências bibliográficas

ALVARENGA, M. A. S.; ANDRADE, A. A. C.; FLORES-MENDOZA, C. E. *Levantamento do perfil clínico da população infantil atendida em duas décadas de funcionamento do Serviço de Psicologia Aplicada da Universidade Federal de Minas gerais.* Relatório técnico científico, Universidade Federal de Minas Gerais, Belo Horizonte, 2003.

ANGELINI, A. L. et al. *Matrizes Progressivas Coloridas de Raven*: escala especial –manual. São Paulo: Centro Editor de Testes e Pesquisas em Psicologia – CETEPP, 1999.

AMERICAN PSYCHIATRIC ASSOCIATION (APA). *Manual diagnóstico e estatístico de transtornos mentais*. 4. ed. Tradução de Dayse Batista. Porto Alegre: Artmed, 2000.

ASSOCIAÇÃO BRASILEIRA DE EMPRESAS DE PESQUISA (ABEP). *Critério de Classificação Econômica Brasil (CCEB) 2003* – Dados com base no levantamento socioeconômico 2000-IBOPE. Disponível em: < http//www.abep.org >. Acesso em: 12 mar. 2004.

BARBERO, P.; MENESES, L.; GONZÁLEZ, F. Formas clínicas inhabituales de presentación del trastorno por déficit de atención con hiperactividad. *Revista de Neurología*, v. 38, p. 88-90, 2004.

BARKLEY, R. A. Behavioral inhibition, sustained attention, and executive functions: constructing a unifying theory of ADHD. *Psychological Bulletin*, v. 121, p. 65-94, 1997.

_____. Attention-deficit/hyperactivity disorder. *Scientific American*, 279, p. 66-71, 1999.

_____. *Transtorno do Déficit de Atenção/Hiperatividade* – TDAH – Guia completo para pais, professores e profissionais da saúde. Porto Alegre: Artmed, 2002.

BENCZIK, E. B. P. *Manual da Escala de Transtorno do Déficit de Atenção e Hiperatividade*: versão para professores. São Paulo: Casa do Psicólogo, 2000.

BIEDERMAN, J. et al. Diagnostic continuity between child and adolescent ADHD: findings from a longitudinal clinical sample. *Journal of the American Academy of Child and Adolescent Psychiatry*, v. 37, p. 305-313, 1998.

BIEDERMAN, J. et al. Influence of gender on attention deficit hyperactivity disorder in children referred to a psychiatric clinic. *American Journal of Psychiatry*, v. 159, p. 36-42, 2002.

CABALLO, V. E.; SIMON, M. *Manual de psicología clínica infantil e del adolescente* – transtornos generales. Madrid: Ediciones Pirámide, 2000.

CASPI, A. Personality development across the life course. In: DAMON, W. (Ser. Ed.); EISENBERG, N. (Vol. Ed.). *Handbook of Child Psychology* (Vol 3: social, emotional and personality development). New York: John Wiley and sons, 1998. p. 311-388.

CENTRO EDITOR DE PSICOLOGIA APLICADA (CEPA). *Manual das Matrizes Progressivas de Raven* – Escala Geral: Séries A, B, C, D e E. 2. ed. Tradução e adaptação de Francisco Campos. Rio de Janeiro: CEPA, 2001.

CRIADO-ÁLVAREZ, J. J.; ROMO-BARRIETOS, C. Variabilidad y tendencias en el consumo de metilfenidato en España: estimación de la prevalecía del trastorno por déficit de atención con hiperactividad. *Revista de Neurología*, v. 37, p. 806-810, 2003.

CRYSTAL, D. S. et al. Multimethod assessment of psychopathology among DSM-IV subtypes of children with attention-deficit/hyperactivity disorder: self-, parent, and teacher reports. *Journal of Abnormal Child Psychology*, v. 29, p. 189-207, 2001.

DEL PRETTE, Z. A. P.; DEL PRETTE, A. *Psicologia das habilidades sociais*: terapia e educação. Petrópolis: Vozes, 1999.

DUPAUL, G. et al. Parent ratings of attention-deficit/hyperactivity disorder symptoms: factor structure and normative data. *Journal of Psychopathology and Behavioral Assessment*, v. 20, p. 83-102, 1998.

FARAONE, S. V. et al. Psychiatric, neuropsychological, and psychosocial features of DSM-IV subtypes of attention-deficit/hyperactivity disorder: results from a clinically referred sample. *Journal of the American Academy of Child and Adolescent Psychiatry*, v. 37, p. 185-193, 1998.

GREVET, E. H.; ABREU, P. B.; SHANSIS, F. Proposta de uma abordagem psicoeducacional em grupos para pacientes adultos em Transtorno do Déficit de Atenção/Hiperatividade. *Revista de Psiquiatria*, v. 25, p. 446-452, 2003.

GUARDIOLA, A; FUCHS, F; HOTTA, N. Prevalence of attention-deficit hyperactivity disorders in students – comparison between DSMIV and neuropsychological criteria. *Arquivos de Neuropsiquiatria*, 58, p. 401-407, 2000.

HARRIS, J. R. Where is the child's environment? A group socialization theory of development. *Psychological Review*, v. 102, p. 458-489, 1995.

HART, E. L. et al. Developmental changes in attention-deficit hyperactivity disorder in boys: a four-year longitudinal study. *Journal of Abnormal Child Psychology*, v. 23, p. 729-749, 1995.

HOMER, C. J. et al. American Academy of Pediatrics – Comittee on Quality Improvement, Subcomittee on Attention-Deficit/Hyperactivity Disorder. Clinical practice guideline: diagnosis and evaluation of the child with Attention-deficit/Hyperactivity disorder. *Pediatrics*, v. 105, p. 1158-1169, 2000.

JENSEN, A. *The g Factor*: the science of mental ability (Human Evolution, Behavior, and Intelligence). London: Praeger, 1998.

KLORMAN, R. et al. Executive functions deficits are independent of oppositional defiant disorder or reading disorder. *Journal of the American Academy of Child and Adolescent Psychiatry*, v. 38, p. 1148-1156, 1999.

MATTOS, P. *No mundo da lua*: Perguntas e respostas sobre TDAH em crianças, adolescentes e adultos. São Paulo: Lemos, 2003.

MIRANDA, A.; JARQUE, S.; SORIANO, M. Transtorno de hiperactividad e déficit de atención: polémicas actuales acerca de su definición, epidemiología, bases etiológicas y aproximaciones a la intervención. *Revista de Neurología*, v. 28, p. 182-188, 1999.

ORGANIZAÇÃO MUNDIAL DE SAÚDE (OMS). *Classificação de Transtornos Mentais e de Comportamento*: descrições clínicas e diretrizes diagnósticas – CID-10. Tradução de Caetano Dorgival. Porto Alegre: Artmed, 1993.

PEREIRA, V. R. *Métodos alternativos do Critério Brasil para construção de indicadores socioeconômicos*: teoria da resposta ao item. Dissertação (mestrado) – Departamento de Engenharia Elétrica, Pontifícia

Universidade Católica do Rio de Janeiro. Orientador: Reinaldo Castro Souza. Coorientador: Tufi Machado Soares. 2004.

PFIFFNER, L. J.; MCBURNETT, K. Social skills training with parents generalization: treatment effects for children with attention deficits disorder. *Journal of Consulting and Clinical Psychology*, v. 65, p. 749-757, 1997.

PHELAN, T. *TDA/TDAH* – Transtorno do déficit de atenção/hiperatividade. São Paulo: M. Brooks do Brasil, 2005.

PINEDA, D. A. et al. Uso de um cuestionario breve para el diagnóstico de deficiência atencional. *Revista de Neurología*, v. 28, p. 365-372, 1999.

PISTOIA, M.; ABAD-MAS, L.; ETCHEPAREBORDA, M. C. Abordaje psicopedagógica del transtorno por déficit de atención con hiperactividad con el modelo de entrenamiento de las funciones ejecutivas. *Revista de Neurologia*, v. 38, p. 149-155, 2004.

QUAY, H. C. Inhibition and attention deficit hyperactivity disorder. *Journal of Abnormal Child Psychology*, v. 25, p. 7-13, 1997.

RIBAS, R. C.; MOURA JR., M. L. S.; BORNSTEIN, M. H. Socioeconomic status in Brazilian psychological research: II. Socioeconomic status and parenting. *Estudos de Psicologia*, v. 8, p. 385-392, 2003.

RIBAS, R. C. et al. Socioeconomic status in Brazilian psychological research: I. Validity, measurement, and application. *Estudos de Psicologia*, v. 8, p. 375-383, 2003.

ROHDE, L. A.; BENCZIK, E. *TDAH* – O que é? Como ajudar? Porto Alegre: Artmed, 1999.

ROHDE, L. A.; MATTOS, P. *Princípios e práticas em TDAH*. Porto Alegre: Artmed, 2002.

ROMAN, T.; ROHDE, L. A.; HUTZ, M. H. Genes de suscetibilidade no transtorno de déficit de atenção e hiperatividade. *Revista Brasileira de Psiquiatria*, v. 24, p. 196-201, 2002.

SCHUCK, S. E. B.; CRINELLA, F. M. Why children with ADHD do not have low IQs. *Journal of Learning Disabilities*, v. 38, p. 262-280, 2005.

SOUZA, I. et al. Comorbidade em crianças e adolescentes com transtorno do déficit de atenção. *Arquivos de Neuropsiquiatria*, v. 59, p. 401-406, 2001.

STEIN, L. M. *Teste de Desempenho Escolar – TDE*. Manual para aplicação e interpretação. São Paulo: Casa do Psicólogo, 1994.

TOPCZEWSKI, A. *Hiperatividade – Como lidar?* São Paulo: Casa do Psicólogo, 1999.

TUCHMAN, R. S. Tratamiento de los transtornos del aprendizaje. *Revista de Neurología*, v. 1, p. 86-94, 2000.

VALDIZÁN, J. R. Evaluación diagnóstica y bases terapéuticas del metilfenidato de liberación inmediato en el trastorno por déficit de atención con hiperactividad. *Revista de Neurología*, v. 38, p. 501-506, 2004.

VASCONCELOS, M. M. et al. Prevalência do déficit de atenção e hiperatividade numa escola pública primária. *Arquivos de Neuropsiquiatria*, v. 61, p. 67-73, 2003.

WILLCUT, E. G. et al. Psychiatry comorbidity associated with ADHD in a nonreferred sample of twins. *Journal of the American Academy of Child and Adolescent Psychiatry*, v. 38, p. 1355-1362, 1999.

RELAÇÃO ENTRE A IMPULSIVIDADE E AS DIMENSÕES TEMPORAIS E ESPACIAIS DO CONTROLE MOTOR

Luciana Maria da Silva
Luciene Amélia Peixoto Vieira
Leandro Fernandes Malloy-Diniz
Guilherme Menezes Lage

A interação entre as explanações em termos comportamentais e neurofisiológicos traz novas possibilidades sobre o entendimento do comportamento humano em seus diferentes domínios (HINDE, 1990). Focando no domínio motor, são observados na literatura poucos estudos sobre o comportamento impulsivo (LAGE et al. 2008). As habilidades motoras apresentam características espaço-temporais bem definidas, que juntas formam o padrão do movimento (SCHMIDT, 1975). Sujeitos impulsivos tendem a priorizar a velocidade do movimento em vez da precisão, o que pode levar a um comportamento motor com características diferentes de sujeitos menos impulsivos. Entretanto, diferentes tipos de impulsividade podem gerar diferentes tipos de comportamento motor, já que mecanismos como atenção, percepção e tomada de decisão participam desse processo. Dessa forma, é objetivo do presente estudo investigar o papel dos diferentes tipos de impulsividade (atencional, cognitiva e motora) nas dimensões temporais e espaciais do controle motor, em uma amostra de 22 indivíduos.

Para tal, foram aplicados a Escala de Impulsividade de Barratt (BIS11) e o *Trail Making Test* para análise de níveis de impulsividades motora, cognitiva e atencional, e medido o desempenho dos participantes em duas tarefas motoras. A partir dos dados coletados, foi feita uma análise da correlação entre as medidas neuropsicológicas e de desempenho motor.

Conceitos de impulsividade

Apesar de vários conceitos de impulsividade serem encontrados na literatura, existe um grau de concordância entre eles ao longo do tempo. Hinslie e Shatzky (1940) definem impulsividade como um comportamento sem pensamento adequado. Para Smith (1952), impulsividade é uma tendência a agir sem pensar que é mais observada em sujeitos mais impulsivos, comparada aos indivíduos menos impulsivos de mesma habilidade e conhecimento. Moeller et al. (2001) definem impulsividade como uma ação rápida, sem julgamento antecipado ou consciente. Já Dickman (1993) e S. B. Eysenck e H. J. Eysenck (1977) relacionam impulsividade à tendência a assumir riscos, à ausência de planejamento e a agir mais rápido que o pensamento.

Na literatura psicológica, Moeller et al. (2001) citam que indivíduos impulsivos não têm a capacidade de pesar a consequência das ações para eles mesmos ou para os outros. Assim, impulsividade pode ser definida como uma predisposição para reações rápidas e não planejadas aos estímulos internos ou externos, sem considerar as consequências dessas respostas. Vários modelos comportamentais de impulsividade têm sido desenvolvidos baseados em tarefas que visam a medir a impulsividade, e se dividem em três categorias: (1) paradigma de extinção ou punição, no qual impulsividade é definida como a perseverança em uma resposta que é punida ou não recompensada (MATTHYS et al., 1998); (2) paradigma de escolha de recompensa, no qual impulsividade é definida como preferência por uma recompensa menor e mais imediata em detrimento a uma recompensa maior posteriormente (AINSLIE, 1975); e (3) paradigma de resposta de desinibição ou déficit de atenção, no qual impulsividade é definida pela forma como são obtidas as respostas: se essas são consideradas prematuras ou se há uma inabilidade para retê-las (DOUGHERTY et al., 1999; HALPERIN; GREENBLATT; YOUNG, 1991).

Frosch e Wortis (1954) descreveram impulsividade como ações mal adaptadas visando a obter prazer ou gratificação sem considerar as consequências negativas. Mais recentemente, Eysenck (1993) conceituou impulsividade como uma falha global de planejamento associado com respostas pobres à inibição da busca por recompensa imediata.

Enticott, Ogloff e Bradshaw (2006) sugeriram que uma possível causa do comportamento impulsivo seria o descontrole inibitório. **Fassbender et al.** (2004) sugerem que o controle inibitório seja responsável pela supressão de uma resposta implícita ou explícita e parece ser governado pelo córtex orbitofrontal, mas, segundo Bradshaw (2001), é provável que várias estruturas corticais e subcorticais estejam também envolvidas.

De Jong et al. (1990) discutem que a habilidade para controlar ações não planejadas é um importante mecanismo de controle que permite reações eficientes para realizar mudanças no ambiente. Para Tannock et al. (1989), uma deficiência na capacidade de inibição ou a ausência na modulação de respostas é observada em uma escala de sintomatologia de impulsividade, tais como tendência a agir antes de entender a tarefa ou a dar uma resposta sem antes considerar suficientemente outras possíveis soluções.

Rodriguez-Fornells, Lorenzo-Seva e Andrés-Pueyo (2002) defendem que a ausência na modulação de respostas pode levar a pessoa a agir impulsivamente e a diminuir sua habilidade para adaptar-se com sucesso a situações não previstas. No contexto clínico, o conceito de impulsividade tem sido largamente associado com certas desordens de personalidade, tais como desordens de conduta antissocial ou *borderline*. Por exemplo, uma das principais características identificadas por Cleckley (1976) é a de que comportamentos psicopatas eram caracterizados pela ausência de controle do próprio comportamento. Prejuízos no lobo frontal têm sido relacionados com impulsividade, pelo menos naqueles pacientes que apresentaram mudanças na personalidade. O conceito de psicopatologia desinibitória tem sido proposto no sentido de reunir várias categorias psicológicas tradicionalmente separadas: psicopatia, histeria, hiperatividade, personalidade antissocial e impulsiva e alcoolismo (GORESTEIN; NEWMAN, 1980). Todos esses grupos têm traços de impulsividade em comum.

Um estudo realizado por Bruijn et al. (2006) pontua que altos níveis de impulsividade são vistos como uma das principais características da desordem de personalidade *borderline* (BPD), juntamente com mudanças rápidas do humor, comportamento agressivo, instabilidade nas relações interpessoais e baixa estima. O comportamento impulsivo pode ser encontrado em promiscuidade, abuso de substâncias, diversidades financeiras, direção imprudente e descontrole alimentar. O comportamento suicida e a automutilação são também frequentemente associados à impulsividade (AMERICAN PSYCHIATRIC ASSOCIATION, 2000).

Buss e Plomin (1975) e S.B. Eysenck e J.H Eysenck (1977) consideram impulsividade como sendo um traço multifacetado. Buss e Plomin (1975) incluem quatro subescalas em sua definição sobre impulsividade: ausência de controle inibitório, tempo de decisão, sensação de procura e ausência de persistência.

Kagan (1966) argumentou que as diferenças entre sujeitos impulsivos e sujeitos reflexivos somente se manifestam quando eles desempenham tarefas nas quais há dúvidas sobre quais são as respostas corretas. Entretanto, resposta à dúvida pode não ser o único fator importante na situação. O desempenho de um indivíduo em uma determinada situação depende da relação entre velocidade e precisão. Diferentes desempenhos relacionados à impulsividade podem aparecer quando a situação exige rapidez ou precisão na execução dos movimentos. Os resultados do estudo realizado por

DA PSICOLOGIA CONTEMPORÂNEA
TEMAS EM AVALIAÇÃO PSICOLÓGICA

Dickman e Meyer (1988) sugerem que diferenças individuais de impulsividade estão associadas a diferenças individuais na velocidade e à precisão no processamento de informações. São diferenças tanto qualitativas como quantitativas. Pessoas muito impulsivas são mais rápidas e menos precisas, porque usam estratégias de processamento de informação que são inerentemente mais rápidas e menos precisas do que aquelas usadas por indivíduos menos impulsivos.

Em suma, embora impulsividade seja um conceito amplamente discutido por vários autores, é possível observar que existe um consenso quanto à sua definição. A grande maioria dos estudos concorda que impulsividade é um comportamento desencadeado por estímulos internos ou externos, que não são suficientemente pré-avaliados pelo indivíduo quanto a considerar as várias hipóteses de ação e ser capaz de escolher, planejar e adaptar suas respostas conseguindo apresentar reações eficientes para realizar mudanças no ambiente.

O comportamento impulsivo parece estar relacionado a uma disfunção do córtex pré-frontal principalmente com relação à capacidade de inibir ações inadequadas, de possuir flexibilidade cognitiva para se adaptar a novas situações e de planejar estratégias para interagir com o ambiente de forma a obter ganhos (MOELLER et al., 2001). O indivíduo impulsivo, apesar de apresentar inteligência normal, prejudica a si mesmo e aos outros com suas atitudes e com comportamento mal-adaptado.

Eysenck (1993) e Revelle (1987) propõem que as diferenças no desempenho entre indivíduos muito e pouco impulsivos refletem diferenças no nível de alerta. Segundo esses autores, indivíduos muito impulsivos têm menores níveis de alerta, e os menos impulsivos têm alto nível de alerta. Entretanto, eles discordam em relação às consequências específicas que tais diferenças trazem para o processamento de informações. Eysenck (1993) defende que elevar o nível de alerta ajuda os indivíduos impulsivos durante o desempenho de uma tarefa, enquanto prejudica os menos impulsivos por colocá-los em um nível de alerta acima do ponto ótimo para o desempenho.

Revelle (1987) propõe que os efeitos de se elevarem os níveis de alerta dependem da natureza da tarefa. Nas tarefas que envolvem transferência de informação de curto prazo, elevar o nível de alerta ajuda principalmente os indivíduos impulsivos, mas, nas tarefas que envolvem memória, ambos podem ser prejudicados por se tornarem vulneráveis, afetando, principalmente, os menos impulsivos por estes já possuírem mais alto nível de alerta (REVELLE, 1987).

Matthews (1987) e Dickman (1993, 1996) têm proposto teorias segundo as quais as diferenças entre maior ou menor impulsividade são primariamente devido a outros fatores como a atenção. De acordo com a teoria de fixação de atenção de Dickman (1993, 1996), a atenção nos indivíduos mais impulsivos é facilmente desviada, enquanto, nos menos impulsivos, é dificilmente mudada. Uma vez que os indivíduos impulsivos têm particular dificuldade de fixar atenção, elevar o nível de alerta auxilia-os a manterem-se mais concentrados. Em contraposto, para os indivíduos pouco impulsivos que por característica têm maior dificuldade em mudar a atenção, elevar o nível de alerta prejudica-os.

Tipos de impulsividade

Dickman (1990) considera duas formas de impulsividade: impulsividade disfuncional, que é a tendência a agir com relativamente pouca avaliação das consequências negativas como uma tendência propriamente dita, e a impulsividade funcional, que é a tendência a agir com relativamente pouca avaliação da situação porque os resultados beneficiam o processamento de informação. A quantidade absoluta dos resultados compensa a propensão a erros. Sujeitos com altos níveis de impulsividade funcional tendem a adotar tais estratégias porque têm características psicológicas que os permitem escolher as estratégias de sucesso. É importante observar que a maioria dos trabalhos que estuda impulsividade se refere à impulsividade disfuncional, aquela que faz com que o indivíduo se prejudique mesmo apresentando inteligência normal.

O Modelo de Barratt (PATTON; STANDFORD; BARRATT, 1995) classifica a impulsividade em três componentes: agir na intensidade do momento (impulsividade motora); não focar na tarefa à mão (impulsividade por falta de atenção) e não planejar e pensar com cuidado (impulsividade por falta de planejamento). Essa classificação se assemelha ao modelo de Bechara, Tranel e Damasio (2000), no qual há diferenças funcional e estrutural entre impulsividade motora, a qual está relacionada com a inibição de uma resposta pré-potente e com tomada de decisão, que é também definida como "impulsividade cognitiva" e que, para esses autores, é análoga à impulsividade por não planejamento.

Ainda de acordo com o modelo de Bechara, Tranel e Damasio (2000), as impulsividades motora e cognitiva correlacionam-se com diferentes regiões neurais: a primeira está relacionada com a região mais posterior do orbitofrontal/ ventromedial no córtex pré-frontal, incluindo a base anterior do cérebro, e a segunda está relacionada com a região mais anterior do orbitofrontal/ ventromedial no córtex pré-frontal.

Bechara, Tranel e Damasio (2000) também discutem outro tipo de impulsividade cognitiva que se refere à memória de trabalho e à habilidade para inibir informações irrelevantes que interfiram na memória de trabalho e desviem o foco da tarefa principal. Esse tipo de impulsividade está localizado no córtex pré-frontal dorsolateral e faz analogia à impulsividade atencional, descrita por Patton, Stanford e Barratt (1995). É importante notar que tais tipos de impulsividade podem não ser facilmente separados sob circunstâncias normais.

A distinção das diferentes impulsividades é de suma relevância para o estudo do controle motor. Isso devido às várias características que, juntas, compõem as habilidades motoras. Como exemplo, tarefas motoras com exigência de velocidade apresentarão um déficit na qualidade da precisão espacial. Nesse caso, diferentes componentes da impulsividade podem apresentar papéis diferentes no desempenho motor.

Segundo Shumway-Cook e Woollacott (2003), controle motor é a capacidade de regular ou orientar os mecanismos essenciais para o movimento. O estudo do controle motor envolve, por exemplo, as seguintes questões: como o sistema nervoso central (SNC) organiza os numerosos músculos e as articulações em movimentos funcionais coordenados?

Como as informações sensoriais do ambiente e do corpo são usadas para selecionar e controlar o movimento? Como os problemas inerentes ao movimento podem ser quantificados nos pacientes com disfunção do controle motor? O campo do controle motor é direcionado ao estudo da natureza do movimento e de como ele é controlado.

O movimento emerge da interação entre indivíduo, tarefa e ambiente. A habilidade de uma pessoa em cumprir as demandas da tarefa por meio de uma interação com o ambiente determina a sua capacidade funcional. O controle motor depende da qualidade da percepção e da cognição para que os objetivos ou as intenções específicas sejam atingidos.

Estudos sobre impulsividade e controle motor

Poucos trabalhos têm discutido como a impulsividade interfere no controle motor (LAGE; FIALHO; MALLOY-DINIZ, 2007). Davidson, Putnam e Larson (2000) sugerem que uma disfunção no circuito neural de regulação das emoções influencia negativamente na qualidade do controle motor, levando a ações impulsivas e agressivas. Não somente o comportamento complexo é alterado nas desordens psiquiátricas, mas também habilidades motoras, tais como caminhar (LEMKE et al., 2000), escrever e desenhar (MAVROGIORGOU et al., 2001; SABBE et al., 1996). Padberg et al. (2001) encontraram indicações de efeitos modulatórios das emoções no desempenho psicomotor.

Segundo Lemke et al. (2005), movimentos voluntários são resultados do processamento cortical e subcortical de um estímulo recebido. O movimento de alcance (ex. apanhar um determinado objeto) tem relevante funcionalidade e é uma tarefa motora comum nas atividades de vida diária. O posicionamento dos braços no espaço é coordenado predominantemente em áreas do córtex pré-motor, as quais possuem ligação direta com regiões do lobo parietal posterior, que é associado ao processamento das emoções (JEANNEROD et al., 1995). O perfil de velocidade usado em um movimento representa um importante marcador de manifestações de comportamento do sistema central motor, uma vez que indivíduos adultos saudáveis apresentam características cinesiológicas típicas na execução de um determinado movimento. Várias tarefas motoras básicas se encontram prejudicadas em pacientes psiquiátricos (LEMKE et al., 2000; SABBE et al., 1996).

Ainda nos estudos de Lemke et al. (2005), cujo objetivo era examinar a influência do contexto emocional no comportamento humano, os principais achados indicam que o contexto emocional não afeta os movimentos voluntários. Porém, altos graus de impulsividade podem estar relacionados com a curta fase de aceleração dos movimentos de alcance. Essa hipótese foi baseada na medida de tempo relativo para atingir o pico de velocidade, sendo encontrado um menor tempo para se atingir o pico de velocidade em indivíduos com altos escores de impulsividade. Os resultados sugerem que a impulsividade pode afetar a execução de movimentos voluntários e que a fase de aceleração dos movimentos de alcance pode estar relacionada com a impulsividade.

Apesar de os resultados de estudos indicarem que sujeitos impulsivos apresentam desempenho motor diferenciado de sujeitos menos impulsivos (DICKMAN; MEYER, 1988; KAGAN, 1966), pouco se sabe sobre o papel das diferentes dimensões da impulsividade no desempenho motor. Tendo em vista que a qualidade da execução das habilidades motoras pode estar relacionada mais ao alcance da meta em uma determinada dimensão, espacial ou temporal, as impulsividades atencional, cognitiva e motora podem apresentar papéis distintos nessas características que compõem as habilidades. Dessa forma, a investigação do papel das impulsividades atencional, cognitiva e motora nas dimensões temporais e espaciais do controle motor justifica-se pelo potencial de produção de novas informações sobre o tema em duas esferas do conhecimento. O conhecimento básico relacionado ao melhor entendimento dos mecanismos relacionados ao comportamento humano e ao conhecimento aplicado, tendo em vista a relevância desse tema para os profissionais do movimento envolvidos no ensino e na reabilitação de habilidades motoras.

Método

Amostra

A amostra do presente estudo foi constituída por 22 participantes de nível universitário, sendo treze mulheres e nove homens, com faixa etária média de 22,5 meses (± 4,29 anos). Todos leram e assinaram um termo de consentimento livre e esclarecido. Este trabalho foi submetido e aprovado pelo Comitê de Ética e Pesquisa da Universidade FUMEC, parecer número: 264/2007.

Procedimentos

Avaliação da impulsividade

Para a avaliação da impulsividade, foi utilizada uma escala de autopreenchimento, a Escala de Impulsividade de Barrat (BIS-11), e as medidas de erro e velocidade do teste neuropsicológico *Trail Making Test* (forma B).

A Escala de Impulsividade de Barrat (BIS-11; PATTON; STANDFORD; BARRATT, 1995) é uma escala de autopreenchimento composta por trinta questões que abordam três componentes da impulsividade: atencional, motora e por falta de planejamento, também chamada de impulsividade cognitiva (BARRATT, 1993), que os sujeitos da pesquisa preencheram antes de prosseguir com as demais tarefas. As medidas utilizadas no estudo foram as de impulsividade atencional (BISAT), motora (BISMOT) e por não planejamento (BISPLA), além da análise conjunta de todos os tipos de impulsividade avaliados pela BIS-11 (BISTOT).

O *Trail Making Test* (TMT forma B; STRAUSS; SHERMAN; SPREEN, 2006) é um instrumento neuropsicológico, o qual visa a mensurar aspectos das funções executivas, tais como busca e rastreamento visual, controle inibitório e flexibilidade cognitiva. Na forma B, inicialmente, os participantes recebem uma folha de exemplo em que estavam impressos alguns números e letras que serviram somente para instruções. A tarefa consistiu em ligar o mais rápido possível, e em sequência alternada, uma série de números e letras apresentados em círculos de forma aleatória, ex.: 1-A, 2-B, 3-C etc.

As medidas do teste utilizadas no estudo foram os erros perseverativos (ligar números em números e letras em letras) e o tempo total gasto para completar toda a sequência de traços entre números e letras. De acordo com Bechara, Tranel e Damásio (2000), os erros perseverativos em medidas neuropsicológicas são indicativos da impulsividade motora (EIM). Já o tempo total gasto na tarefa é considerado como uma medida global da eficiência da flexibilidade cognitiva (FC; STRAUSS; SHERMAN; SPREEN, 2006).

Tarefas motoras

Foram utilizadas duas tarefas motoras. A primeira definida como tarefa de *Timing* com referência interna (tarefa com componente temporal sem referências externas e sim do *clock* interno, ou seja, por meio da capacidade de estimar internamente o tempo de execução). Nessa tarefa, os sujeitos deveriam transportar três bolas de tênis entre recipientes (12 cm de diâmetro e 5 cm de profundidade) de uma caixa de madeira (1 m de comprimento, 66 cm de largura e 10 cm de altura) numerados de um a seis com a mão direita em um tempo alvo predefinido. A tarefa foi executada em dois blocos de cinco tentativas, sendo exigido, em cada bloco de tentativas, um determinado tempo alvo. Antes dos blocos de tentativas, os sujeitos ouviram um intervalo de tempo (dois "bips") de 2.500 ms (alta velocidade) ou 3.500 ms (baixa velocidade). A ordem de execução dos blocos foi aleatorizada entre os participantes. A sequência espacial executada foi a seguinte: transporte da 1ª bola do recipiente um para o recipiente 4; 2ª bola do recipiente dois para o recipiente cinco; 3ª bola do recipiente três para o recipiente seis. Um dispositivo eletrônico (Figura 9.1) foi usado para medir o tempo de reação, o tempo de movimento entre os recipientes e o tempo total (tempo de reação + tempo de movimento), consistindo em um conjunto de diodos emissores de luz (LED) e em uma chave de resposta para controlar o início e o fim da tarefa. Os dados foram registrados em um computador ao final de cada tentativa.

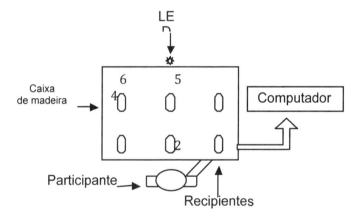

Figura 9.1. – Aparelho usado na tarefa motora sem referências externas

A segunda tarefa foi a de *Timing* com referência externa (tarefa com componente temporal utilizando uma referência visual externa). Nessa tarefa, os sujeitos deveriam transportar uma bola de tênis em uma determinada sequência entre os recipientes (11 cm X 11 cm e 5 cm de profundidade)

DA PSICOLOGIA CONTEMPORÂNEA
TEMAS EM AVALIAÇÃO PSICOLÓGICA

de uma caixa de madeira (75 cm de comprimento, 45 cm de largura e 10 cm de altura), numerados de um a seis com a mão direita em um tempo alvo predefinido e usando dois tempos alvos: 1.750 ms (alta velocidade) e 2.250 ms (baixa velocidade). A referência externa eram 96 LEDs (pequenas lâmpadas) dispostos em um canaleta de 183 cm que acendiam e apagavam em uma sequência de cima para baixo, gerando a percepção de um objeto se aproximando (Figura 9.2). Os sujeitos deviam seguir a sequência espacial: 1-4-3-2-5, colocando e retirando a bola dos recipientes para que os sensores fotoelétricos registrassem os tempos parciais entre os recipientes. Eles eram informados de que deveriam colocar a bola no último recipiente no exato momento em que a última luz da canaleta acendesse. O último recipiente estava em frente à última luz da canaleta, e o sujeito deveria regular os seus movimentos de forma a coincidir a colocação da bola no último recipiente com o acendimento do último diodo.

Figura 9.2 – Aparelho usado na tarefa motora com referência visual externa

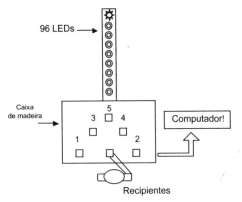

As medidas das tarefas motoras utilizadas no estudo foram:

- TR – Tempo de reação: refere-se ao tempo entre o surgimento do estímulo visual e o início do movimento.
- EA – Erro absoluto: indica a magnitude do erro temporal e é medido pela diferença entre o tempo de movimento atingido e o tempo alvo.
- C1...5 – Tempo relativo: representa o tempo proporcional de cada um dos cinco componentes da tarefa (C1...C5), em relação ao tempo total de movimento, gasto em cada segmento do movimento (componente) para transferir a bola de tênis entre os recipientes ou para soltar a bola e mover o membro para uma nova apreensão. Essa medida permite inferências sobre como a estrutura temporal do movimento foi organizada e sobre como o *feedback* foi processado. Por exemplo, se a primeira parte do movimento foi executada de forma mais rápida para que a parte final do movimento fosse realizada com menor pressão de tempo. Foi definido que os componentes 1 e 2 representam o início do movimento, o componente 3, a parte intermediária do movimento e os componentes 4 e 5, a fase final do movimento.

Análise de dados

Foram calculadas as médias de cinco tentativas de cada participante para as medidas de desempenho motor e, no caso das medidas neuropsicológicas, o escore de cada sujeito. Para análise correlacional, foi utilizado o teste de Pearson, sendo adotado o nível de significância de p < 0,05.

Resultados

Correlacionando o desempenho na tarefa de *Timing* com referência interna com o desempenho no *Trail Making Test* (TMT), observou-se que, na tarefa motora de baixa velocidade, foram encontradas correlações positivas significativas entre flexibilidade cognitiva (FC) e o componente 4 (C4) da tarefa motora, assim como entre o erro por impulsividade motora (EIM) e o C4 da tarefa motora. As demais correlações não foram significantes (Tabela 9.1).

Tabela 9.1 - Correlações entre a tarefa de *Timing* com referência interna – baixa velocidade e o *Trail Making Test*

	TR	EA	C1	C2	C3	C4	C5
FC	-0,087	0,038	0,021	-0,067	-0,087	0,455*	-0,307
	0,701	0,865	0,927	0,767	0,699	0,033	0,165
	22	22	22	22	22	22	22
EIM	-0,091	0,085	-0,135	-0,085	0,154	0,481	-0,259
	0,687	0,706	0,549	0,706	0,495	0,024*	0,244
	22	22	22	22	22	22	22

* Correlações significativas (p < 0,05). Medidas neuropsicológicas: FC= flexibilidade cognitiva (tempo total gasto em segundos); EIM= impulsividade motora (números de erros perseverativos). Medidas de desempenho motor: TR= tempo de reação; EA= erro absoluto; C1...C5= componente 1 até componente 5.

Na análise da tarefa motora de alta velocidade, foi encontrada correlação positiva significativa entre flexibilidade cognitiva (FC) e o componente C4 da tarefa motora. As demais correlações não foram significantes (Tabela 9.2).

Tabela 9.2 – Correlações entre a tarefa de *Timing* com referência interna – alta velocidade e o *Trail Making Test*

	TR	EA	C1	C2	C3	C4	C5
FC	-0,087	-0,228	0,166	-0,214	-0,398	0,419*	-0,135
	0,699	0,306	0,462	0,338	0,067	0,052	0,549
	22	22	22	22	22	22	22
EIM	-0,019	-0,383	0,042	-0,203	-0,335	0,378	0,001
	0,935	0,078	0,854	0,364	0,128	0,083	0,996
	22	22	22	22	22	22	22

* Correlações significativas ($p < 0,05$). Medidas neuropsicológicas: FC = flexibilidade cognitiva (tempo total gasto em segundos); EIM = impulsividade motora (números de erros perseverativos). Medidas de desempenho motor: TR = tempo de reação; EA = erro absoluto; C1...C5 = componente 1 até componente 5.

A análise correlacional entre o desempenho na tarefa de *Timing* com referência externa e o desempenho no *Trail Making Test* (TMT) mostrou correlações positivas significativas entre flexibilidade cognitiva (FC) e erro absoluto (EA) da tarefa motora de *Timing* com referência externa – baixa velocidade. Foram também encontradas correlações positivas significativas entre o erro por impulsividade motora (EIM) e o componente 5 (C5) da tarefa motora e correlações negativas significativas entre flexibilidade cognitiva (FC) e o componente 4 (C4) da tarefa motora, assim como entre o erro por impulsividade motora (EIM) e os componentes 3 e 4 (C3 e C4) da tarefa motora. As demais correlações não foram significantes (Tabela 9.3).

Tabela 9.3 – Correlações entre a tarefa de *Timing* com referência interna – baixa velocidade e o *Trail Making Test*

	TR	EA	C1	C2	C3	C4	C5
FC	0,256	0,416*	0,162	0,121	-0,319	-0,558*	0,205
	0,249	0,054	0,472	0,591	0,148	0,007	0,360
	22	22	22	22	22	22	22
EIM	0,297	0,275	-0,212	0,077	-0,613*	-0,521*	0,439*
	0,180	0,215	0,344	0,732	0,002	0,013	0,041
	22	22	22	22	22	22	22

* Correlações significativas (p< 0,05). Medidas neuropsicológicas: FC= flexibilidade cognitiva (tempo total gasto em segundos); EIM= impulsividade motora (números de erros perseverativos). Medidas de desempenho motor: TR= tempo de reação; EA= erro absoluto; C1...C5= componente 1 até componente 5.

Na análise da tarefa motora de alta velocidade, foi encontrada correlação positiva significativa entre o erro por impulsividade motora (EIM) e o componente 2 (C2) da tarefa motora. As demais correlações não foram significantes (Tabela 9.4).

Tabela 9.4 – Correlações entre a tarefa de *Timing* com referência externa – alta velocidade e o *Trail Making Test*

	TR	EA	C1	C2	C3	C4	C5
FC	0,205	-0,034	-0,231	0,319	-0,328	-0,057	-0,279
	0,372	0,885	0,315	0,158	0,146	0,808	0,220
	21	21	21	21	21	21	21
EIM	-0,274	-0,323	-0,179	0,438*	-0,290	0,133	-0,141
	0,229	0,153	0,438	0,047	0,202	0,564	0,542
	21	21	21	21	21	21	21

* Correlações significativas (p< 0,05). Medidas neuropsicológicas: FC= flexibilidade cognitiva (tempo total gasto em segundos); EIM= impulsividade motora (números de erros perseverativos). Medidas de desempenho motor: TR= tempo de reação; EA= erro absoluto; C1...C5= componente 1 até componente 5.

Na análise entre o desempenho na tarefa de *Timing* com referência interna – baixa velocidade e na BIS-11, foram encontradas correlações positivas significativas entre a BIS motora (BISMOT), a BIS planejamento (BISPLA) e a BIS total (BISTOT) e o componente 4 da tarefa motora. As demais correlações não foram significantes (Tabela 9.5).

Tabela 9.5 – Correlações entre a tarefa de *Timing* com referência interna – baixa velocidade e a BIS-11

	TR	EA	C1	C2	C3	C4	C5
BISAT	0,005	-0,190	0,405	-0,236	-0,136	0,029	-0,145
	0,983	0,398	0,061	0,291	0,546	0,900	0,519
	22	22	22	22	22	22	22
BISMOT	0,004	-0,101	-0,184	-0,050	-0,067	0,434*	-0,134
	0,984	0,655	0,413	0,826	0,766	0,043	0,552
	22	22	22	22	22	22	22
BISPLA	0,248	0,155	-0,337	0,305	-0,141	0,582*	-0,369
	0,266	0,491	0,125	0,168	0,532	0,005	0,091
	22	22	22	22	22	22	22
BISTOT	0,140	-0,005	-0,164	0,088	-0,140	0,514*	-0,297
	0,535	0,981	0,467	0,698	0,533	0,014	0,179
	22	22	22	22	22	22	22

* Correlações significativas (p< 0,05). Escala de Impulsividade de Barrat (BIS-11): BISAT= impulsividade atencional; BISMOT= impulsividade motora; BISPLAN= impulsividade por não planejamento (cognitiva). Medidas de desempenho motor: TR= tempo de reação; EA= erro absoluto; C1...C5= componente 1 até componente 5.

Na tarefa de alta velocidade, foram encontradas correlações positivas significativas entre a BIS planejamento e a BIS total (BISPLA e BISTOT) e o componente 2 (C2) da tarefa motora e correlações negativas significativas entre a BIS planejamento e a BIS total (BISPLA e BISTOT) e o componente 1 (C1) da tarefa motora. As demais correlações não foram significantes (Tabela 9.6).

Tabela 9.6 – Correlações entre a tarefa de *Timing* com referência interna – alta velocidade e a BIS-11

	TR	EA	C1	C2	C3	C4	C5
BISAT	0,253	0,084	-0,110	0,143	-0,055	-0,107	0,052
	0,256	0,710	0,625	0,526	0,807	0,635	0,819
	22	22	22	22	22	22	22
BISMOT	0,112	0,049	-0,324	0,075	-0,214	0,290	-0,023
	0,620	0,827	0,141	0,740	0,339	0,190	0,919
	22	22	22	22	22	22	22
BISPLA	0,275	0,375	-0,547*	0,638*	0,272	-0,329	-0,208
	0,215	0,085	0,008	,001	0,221	0,135	0,352
	22	22	22	22	22	22	22
BISTOT	0,263	0,249	-0,468*	0,420*	0,044	-0,083	-0,112
	0,237	0,264	0,028	0,052	0,846	0,714	0,621
	22	22	22	22	22	22	22

* Correlações significativas (p< 0,05). Escala de Impulsividade de Barrat (BIS-11): BISAT= impulsividade atencional; BISMOT= impulsividade motora; BISPLAN= impulsividade por não planejamento (cognitiva). Medidas de desempenho motor: TR= tempo de reação; EA= erro absoluto; C1...C5= componente 1 até componente 5.

Correlacionando o desempenho dos participantes na tarefa de *Timing* com referência externa – baixa velocidade e na BIS-11, foi encontrada correlação positiva significativa entre a BIS total (BISTOT) e o componente 1 (C1) da tarefa motora e correlação negativa significativa entre a BIS atencional (BISAT) e o componente 3 (C3) da tarefa motora. As demais correlações não foram significantes (Tabela 9.7).

Tabela 9.7 – Correlações entre a tarefa de *Timing* com referência externa – baixa velocidade e a BIS-11

	TR	EA	C1	C2	C3	C4	C5
BISAT	-0,211	-0,373	0,284	0,164	-0,476*	-0,069	0,052
	0,345	0,088	0,200	0,466	0,025	0,759	0,820
	22	22	22	22	22	22	22
BISMOT	-0,033	0,027	0,375	0,296	-0,179	-0,241	-0,193
	0,884	0,904	0,086	0,182	0,426	0,279	0,389
	22	22	22	22	22	22	22
BISPLA	-0,049	-0,071	0,329	0,260	-0,318	-0,111	-0,105
	0,827	0,753	0,135	0,242	0,149	0,622	0,642
	22	22	22	22	22	22	22
BISTOT	-0,094	-0,121	0,413*	0,311	-0,371	-0,182	-0,128
	0,677	0,593	0,056	0,158	0,089	0,417	0,571
	22	22	22	22	22	22	22

* Correlações significativas (p< 0,05). Escala de Impulsividade de Barrat (BIS-11): BISAT= impulsividade atencional; BISMOT= impulsividade motora; BISPLAN= impulsividade por não planejamento (cognitiva). Medidas de desempenho motor: TR= tempo de reação; EA= erro absoluto; C1...C5= componente 1 até componente 5.

Na tarefa motora de alta velocidade, foi encontrada correlação positiva significativa entre a BIS total (BISTOT) e o componente 1 (C1) da tarefa motora, e correlações negativas significativas entre a BIS motora (BISMOT) e a BIS total (BISTOT) e o componente 5 (C5) da tarefa motora. As demais correlações não foram significantes (Tabela 9.8).

Tabela 9.8 – Correlações entre a tarefa de *Timing* com referência externa – alta velocidade e a BIS-11

	TR	EA	C1	C2	C3	C4	C5
BISAT	0,052	0,000	0,235	0,117	0,078	-0,110	-0,311
	0,822	1,000	0,306	0,615	0,738	0,635	0,170
	21	21	21	21	21	21	21
BISMOT	0,102	-0,007	0,383	0,213	-0,267	0,037	-0,442*
	0,658	0,977	0,086	0,353	0,241	0,873	0,045
	21	21	21	21	21	21	21
BISPLA	0,015	-0,164	0,338	0,153	-0,416	0,143	-0,329
	0,950	0,478	0,134	0,509	0,061	0,536	0,146
	21	21	21	21	21	21	21
BISTOT	0,068	-0,096	0,425*	0,213	-0,343	0,073	-0,464*
	0,769	0,678	0,055	0,353	0,128	0,753	0,034
	21	21	21	21	21	21	21

* Correlações significativas ($p < 0,05$). Escala de Impulsividade de Barrat (BIS-11): BISAT= impulsividade atencional; BISMOT= impulsividade motora; BISPLAN= impulsividade por não planejamento (cognitiva). Medidas de desempenho motor: TR= tempo de reação; EA= erro absoluto; C1...C5= componente 1 até componente 5.

Discussão e conclusão

O objetivo do presente trabalho foi avaliar, por meio de medidas neuropsicológicas e de desempenho motor, a correlação entre os diferentes tipos de impulsividade e o desempenho motor em duas tarefas de *timing*. Respeitando os limites de uma análise descritiva, é possível inferir que, quando correlacionadas a tarefa de *Timing* com referência interna, em ambas as velocidades, com o TMT (*Trail Making Test* B), um maior nível de flexibilidade cognitiva está associado a um aumento de velocidade no componente C4 (definido como um componente próximo ao final do movimento). Isso sugere que uma maior flexibilidade cognitiva permite ao indivíduo realizar uma automonitorização e ajustar-se para que atinja o componente C5 (última parte do movimento) com maior folga de tempo e seja capaz de efetuar um ajuste mais preciso em relação ao tempo final do movimento. Foi encontrada essa correlação positiva tanto na tarefa de baixa como na de alta velocidade, o que indica que essa relação independe da maior ou menor disponibilidade de tempo para a execução das ações.

Ainda na análise entre a tarefa de *Timing* com referência interna – baixa velocidade e o TMT, foi encontrada uma relação entre maior impulsividade motora e aumento da velocidade no componente C4, sugerindo que sujeitos mais impulsivos aceleram próximo a parte final do movimento. Se utilizada a mesma inferência descrita sobre a flexibilidade cognitiva do parágrafo anterior, que acelerar antes do final do movimento é positivo para que se execute a parte final com menor pressão temporal, é possível que o efeito da impulsividade motora seja positivo em tarefas sequenciais, levando os sujeitos a ter mais tempo disponível na última parte do movimento para que efetuem os ajustes necessários para que a meta temporal seja atingida. Novos estudos são necessários para que essa hipótese seja verificada.

Foi encontrado também que uma maior flexibilidade cognitiva se correlaciona positivamente com o EA (erro absoluto) na tarefa de *Timing* com referência externa. Esse resultado contraria o senso comum, no qual pessoas que planejam com mais qualidade as suas ações poderiam executar os movimentos com maior precisão no alcance do objetivo temporal. Entretanto, esses resultados podem ser discutidos à luz dos achados de Lage, Fialho e Malloy-Diniz (2007), que mostram que um planejamento de maior qualidade leva a um início lento de movimento, o que pode comprometer a qualidade final do movimento. É possível inferir, também, que, quanto maior a flexibilidade cognitiva, maior são os números de ajustes realizados ao longo do movimento. A tentativa de monitorar em detalhes o deslocamento do estímulo visual pode comprometer a ação; um bom exemplo é encontrado no componente C4. A correlação negativa entre maior tempo para C4 e menor impulsividade cognitiva mostra que ajustes por monitoramento via *feedback* visual podem ocorrer ao longo do movimento. Entretanto, como pouco tempo é disponibilizado para ajustes muito precisos, o desempenho é deficitário, resultando, assim, em um maior nível de erro constante e absoluto.

Ainda na análise da tarefa de *Timing* com referência externa – baixa velocidade e TMT, observou-se que, quanto maior a impulsividade motora, menor é a velocidade nos componentes C3 (definido como o componente que representa a porção intermediária do movimento) e C4, e maior é a tendência a aumentar a velocidade em C5, parecendo que há uma tentativa de compensar o movimento ao longo da execução dos componentes. O movimento pode iniciar-se muito rápido, necessitando de desacelerações nos componentes intermediários e uma nova aceleração no último componente. Na mesma tarefa motora, mas em alta velocidade, foi encontrado um resultado que corrobora o discutido na análise da tarefa de *clock* externo – baixa velocidade. Um maior erro por impulsividade motora se correlaciona diretamente com maior velocidade no componente C2, sugerindo que sujeitos impulsivos tendem a acelerar no início do movimento.

Nas análises correlacionais entre os resultados da escala BIS-11 e a tarefa de *Timing* com referência interna - baixa velocidade, foi encontrado que a BIS motora, a BIS por não planejamento e a BIS total estão positivamente relacionadas ao aumento de velocidade no componente C4 da tarefa motora, o que reforça a hipótese de que indivíduos que apresentam impulsividade motora e impulsividade total tendem a aumentar a velocidade no final do movimento, assim como os sujeitos com impulsividade cognitiva, que, por não organizarem a ação de forma a distribuir adequadamente o tempo de execução da mesma entre os componentes da tarefa motora, acabam acelerando próximo ao ponto final do movimento.

Já na análise da tarefa de *Timing* com referência externa, foi encontrada uma correlação positiva entre BIS total e aumento da velocidade em C1 (definido como início do movimento), tanto na tarefa de alta velocidade como na de baixa velocidade. Esse resultado corrobora os achados sobre impulsividade, que apontam para ações rápidas e nem sempre bem planejadas (MOELLER et al., 2001). Seguindo esse raciocínio, é possível que a impulsividade motora tenha participado mais significativamente para o escore total encontrado na BIS, sendo que o valor de significância encontrado foi marginal (p= 0,8). Uma maior amostra em futuros estudos pode apresentar mais claramente a participação da impulsividade motora no início do movimento.

Ainda na tarefa de *Timing* com referência externa – baixa velocidade, foi encontrada uma correlação negativa entre a BIS atencional e o componente C3 da tarefa motora, por meio da qual se pode inferir que, ao longo da execução do movimento, a dificuldade em manter-se focado na tarefa leve os sujeitos a perdas na velocidade do movimento, confirmando o que já havia sido observado em relação a essa tarefa motora e ao TMT. Já na tarefa motora de alta velocidade, foi encontrado que, na presença do *feedback* visual, os indivíduos com maior impulsividade motora e os impulsivos de forma geral (BIS total) tendem a desacelerar em C5, provavelmente para tentar compensar o excesso de velocidade nos componentes iniciais do movimento.

Em suma, alguns resultados encontrados apontam para uma relação entre as dimensões da impulsividade e de determinadas variáveis envolvidas no controle motor, tais como a impulsividade motora e a aceleração nos componentes iniciais do movimento e a flexibilidade cognitiva e os erros direcionais (EC). O estudo das relações entre impulsividade e controle motor é um campo promissor e ainda pouco explorado, tendo em vista que os estudos sobre controle e aprendizagem motora têm focado nas características relacionadas ao nível de desenvolvimento (ex.: crianças e adultos) e de experiência (ex.: novatos e experientes), e pouca atenção tem sido despendida no entendimento do papel da personalidade no comportamento motor (LAGE et al., 2008). Sugerem-se novas pesquisas que utilizem uma amostra maior de participantes e que grupos de sujeitos sejam separados por níveis de impulsividade para posterior comparação entre os seus níveis de desempenho.

Referências bibliográficas

AINSLIE, G. Specious reward: a behavioral theory of impulsiveness and impulse control. *Psychological Bulletin*, v. 82, p. 463–496, 1975.

BARRATT, E. S. Impulsivity: integrating cognitive, behavioral, biological and environmental data. In: MCCOWN, W. G.; JOHNSON, J. L.; SHURE M. B. (Eds.). *The impulsive cient*: theory, research and treatment. Washington: American Psychological Association, 1993. p. 39-56.

BECHARA, A.; TRANEL, D.; DAMASIO, H. Characterization of the decision making deficit of patients with ventromedial prefrontal cortex lesions. *Brain*, v. 123, p. 2189-2202, 2000.

BRADSHAW, J. L. *Developmental disorders of the frontostriatal system*: neuropsychological, neuropsychiatric, and evolutionary perspectives. Philadelphia: Psychology Press, 2001.

BRUIJN, E. et al. Neural correlates of impulsive responding in borderline personality disorder: ERP evidence for reduced action monitoring. *Journal of Psychiatric Research*, v. 40, p. 428-437, 2006.

BUSS, A. H.; PLOMIN, R. *A temperament theory of personality development*. New York: Lawrence Erlbaum Associates, 1975.

CLECKLEY, H. *The mask of sanity*. St. Louis: Mosby, 1976.

DAVIDSON, R. J.; PUTNAM, K. M.; LARSON, C. L. Disfunction in the neural circuitry of emotion regulation – a possible prelude to violence. *Science*, v. 289, p. 591-594, 2000.

DE JONG, R. et al. In search of the point of no return: the control of response processes. *Journal of Experimental Psychology*: Human Perception and Performance, v. 16, p. 164-182, 1990.

DICKMAN, S. J. Functional and dysfunctional impulsivity: personality and cognitive correlates. *Journal of Personality and Social Psychology*, v. 58, p. 95-102, 1990.

_____. Impulsivity and information processing. In: MCCOWN W. G; JOHNSON J. L.; SHURE M. B. (Eds.). *The Impulsive Client*: theory, research, and treatment. Washington, American Psychological Association, 1993. p. 151-184.

_____. Adverse (and beneficial) consequences of impulsivity. In: FELDMAN, R. S. *The psychology of adversity*. Amherst: The University of Massachusetts Press, 1996.

_____. Impulsivity, arousal and attention. *Personality and Individual Differences*, v. 28, p. 563-581, 2000.

DICKMAN, S. J.; MEYER, D. V. Impulsivity and Speed-Accuracy Tradeoff in Information Processing. *Journal of Personality and Social Psychology*, v. 54, p. 274-290, 1988.

DOUGHERTY, D. M. et al. Alcohol increases commission error rates for a continuous performance test. *Alcohol Clinic and Experimental Research*, v. 23, p. 1342-1351, 1999.

ENTICOTT, P., G.; OGLOFF, J. R. P.; BRADSHAW, J. L. Associations between laboratory measures of executive inhibitory control and self-reported impulsivity. *Personality and Individual Differences*, v. 40, p. 285-294, 2006.

EYSENCK, H. J. The nature of impulsivity. In: MCCOWN, W.; SHURE, M.; JOHNSON, J. (Eds.). *The Impulsive Client*: theory, research and treatment. Washington: American Psychological Association, 1993.

EYSENCK, S. B.; EYSENCK, H. J. The place of impulsiveness in a dimensional system of personality description. *British Journal of Social and Clinical Psychology*, v. 16, p. 57-68, 1977.

FASSBENDER, C. et al. Topography of executive functions and their interactions revealed by functional magnetic resonance imaging. *Cognitive Brain Research*, v. 20, p. 132-143, 2004.

FROSCH, J.; WORTIS, S. B. A contribution to the nosology of the impulse disorders. *American Journal of Psychiatry*, v. 111, p. 132-127, 1954.

GORENSTEIN, E. E.; NEWMAN, J. P. Disinhibitory Psychopathology: a new perspective and a model for research. *Psychological Review*, v. 87, p. 301-315, 1980.

HALPERIN, J. M.; GREENBLATT, R.; YOUNG, E. Subtype analysis of commission errors on the Continuous Performance Test. *Developmental Neuropsychology*, v. 7, p. 207-217, 1991.

HINDE, R. The Croonian Lecture, 1990: the interdependence of the behavioral sciences. *Philosophical Transactions of the Royal Society*, v. 329, p. 217-227, 1990.

HINSLIE, L.; SHATZKY, J. *Psychiatric Dictionary*. New York: Oxford University Press, 1940.

JEANNEROD, M. et al. Grasping objects: the cortical mechanisms of visuomotor transformation. *Trends in Neurosciences*, v. 18, p. 314-320, 1995.

KAGAN, J. Reflection-impulsivity: the generality and dynamics of conceptual tempo. *Journal of Abnormal Psychology*, v. 71, p. 17-24, 1966.

LAGE, G. M. et al. Articulações entre o comportamento motor e a neuropsicologia. In: FUENTES D. et al. (Org.). *Neuropsicologia: teoria e prática*. Porto Alegre: Artmed, 2008. p. 207-229.

LAGE, G. M.; FIALHO, J. V. A.; MALLOY-DINIZ, L. F. O papel das impulsividades atencional, cognitiva e motora no controle de tarefas motoras de timing. In: *II Congresso Internacional de Neuropsicologia/IX Congresso Brasileiro de Neuropsicologia*, São Paulo. *Dementia & Neuropsychologia*, S1, 4.

LEMKE, M. R. et al. Spatiotemporal gait patterns during overground locomotion in major depression compared with healthy controls. *Journal of Psychiatry Research*, v. 34, p. 277-283, 2000.

LEMKE, M. R. et al. Modulation of involuntary and voluntary behavior following emotional stimuli in healthy subjects. *Progress in Neuro-Psychopharmacolgy & Biological Psychiatry*, v. 29, p. 69-76, 2005.

MATTHEWS, G. Personality and multidimensional arousal: a study of two dimensions of extraversion. Personality and Individual Differences, 8, 9±16. *Journal of Personality and Social Psychology*, v. 59, p. 150-168, 1987.

MATTHYS, W. et al. The dominance of behavioral activation over behavioral inhibition in conduct disordered boys with or without attention deficit hyperactivity disorder. *Journal of Child Psychology Psychiatry*, v. 39, p. 643-651, 1998.

MAVROGIORGOU, P. et al. Kinematic analysis of handwriting movements in patients with obsessive-compulsive disorder. *Journal of Neurology Neurosurgery & Psychiatry*, v. 70, p. 605-612, 2001.

MOELLER F. G. et al. Psychiatric aspects of impulsivity. *American Journal of Psychiatry*, v. 158, p. 1783-1793, 2001.

PADBERG, F. et al. Prefrontal cortex modulation of mood and emotionally induced facial expressions: a transcranial magnetic stimulation study. *Journal of Neuropsychiatry and Clinical Neurosciences*, v. 132, p. 206-212, 2001.

PATTON, J. H.; STANDFORD, M. S.; BARRATT, E. S. Factor structure of Barratt impulsiveness scale. *Journal of Clinical Psychology*, v. 51. p. 768-774, 1995.

REVELLE, W. Personality and motivation: sources of ineficiency in cognitive performance. *Journal of Research in Personality*, v. 21, p. 436-452, 1987.

RODRIGUEZ-FORNELLS, A.; LORENZO-SEVA, U.; ANDRÉS-PUEYO, A. Are high-impulsive and high risk-taking people more motor disinhibited in the presence of incentive? *Personality and Individual Differences*, v. 32, p. 661-683, 2002.

SABBE, B. et al. Fine motor retardation and depression. *Journal of Psychiatry Research*, v. 30, p. 295-306, 1996.

SCHMIDT, R. A. A schema theory of discrete motor skill learning. *Psychological Review*, v. 82, p. 225-260, 1975.

SHUMWAY-COOK, A.; WOOLLACOTT, M. *Controle motor*: teoria e aplicações práticas. 2. ed. Barueri: Manole, 2003.

SMITH, L. *A dictionary of Psychiatry for the layman*. London, Maxwell, 1952.

STRAUSS, E.; SHERMAN, E. M. S.; SPREEN, O. *A compendium of neuropsychological tests*: administration, norms, and commentary. New York: Oxford University Press, 2006.

TANNOCK, R. et al. Effects of methylphenidate on inhibitory control in hyperactive children. *Journal of Abnormal Child Psychology*, v. 17, p. 473-491, 1989.

SOBRE OS AUTORES

Organizadores:

Gleiber Couto
Psicólogo formado pela Pontifícia Universidade Católica de Minas Gerais (PUC-Minas), mestre e doutor em Avaliação Psicológica pela Universidade São Francisco (USF). Pesquisador colaborador do Laboratório de Avaliação Psicológica e Educacional (LabAPE). É professor adjunto da Universidade Federal de Goiás, *campus* de Catalão, onde coordena o Laboratório de Avaliação, Medidas e Instrumentação em Psicologia (LAMI). Possui experiência em Psicologia Clínica, especialmente em diagnóstico e tratamento em terapia comportamental-cognitiva de pacientes portadores de transtorno psiquiátrico.

Sanyo Drummond Pires
Psicólogo formado e mestre em Psicologia Social pela Universidade Federal de Minas Gerais (UFMG) e doutorando em Avaliação Psicológica pela Universidade São Francisco (USF). É bolsista da Coordenação de Aperfeiçoamento do Pessoal de Ensino Superior (CAPES) vinculado ao Laboratório de Avaliação Psicológica e Educacional (LabAPE).

DA PSICOLOGIA CONTEMPORÂNEA
TEMAS EM AVALIAÇÃO PSICOLÓGICA

Carlos Henrique Sancineto da Silva Nunes
Psicólogo formado, mestre e doutor em Psicologia pela Universidade Federal do Rio Grande do Sul (UFRGS), com pós-doutorado em Psicologia pela Universidade São Francisco (USF) e pela Universidade Federal do Rio Grande do Sul (UFRGS). É Professor adjunto da Universidade Federal de Santa Catarina (UFSC). Atua na área de criação e adaptação de testes psicológicos, tendo como focos principais a personalidade e a inteligência. Membro da Comissão Consultiva em Avaliação Psicológica do Conselho Federal de Psicologia e presidente atual do Instituto Brasileiro de Avaliação Psicológica.

Autores:

Alana Augusta Concesso de Andrade
Psicóloga formada e mestre e doutoranda em Psicologia do Desenvolvimento Humano pela Universidade Federal de Minas Gerais (UFMG). Atualmente, é professora do Departamento de Psicologia do Centro Universitário UMA de Belo Horizonte (UNA-BH). Tem experiência na área de Psicologia, com ênfase em Fundamentos e Medidas Psicológicas e Psicologia Cognitiva. Atua na área de avaliação e tratamento de transtornos comportamentais da infância e da adolescência.

Sobre os autores

Ana Paula Porto Noronha
Psicóloga e doutora em Psicologia como Profissão e Ciência pela Pontifícia Universidade Católica de Campinas (PUCCamp). Docente do programa de Pós-graduação *stricto sensu* em Psicologia da Universidade São Francisco (USF). Bolsista de produtividade em pesquisa do Conselho Nacional de Desenvolvimento Científico e Tecnológico (CNPq).

Carmen Elvira Flores Mendoza Prado
Doutora em Psicologia Escolar e do Desenvolvimento Humano pela Universidade de São Paulo (USP), com pós-doutorado pela Universidad Autónoma de Madrid. Atualmente, é professora adjunta do Departamento de Psicologia da Universidade Federal de Minas Gerais (UFMG). Tem experiência na área de Psicologia com ênfase em Fundamentos e Medidas Psicológicas. Atua principalmente com os seguintes temas: processamento cognitivo, deficiência mental, inteligência, processos básicos e avaliação psicológica.

Edgardo R. Pérez
Es doctor en Psicología con calificada experiencia en docencia universitaria de grado y posgrado, investigación y formación de recursos humanos (becarios de grado y posgrado, tesistas de grado, maestría y doctorado). Profesor adjunto dedicación exclusiva en la cátedra de Tests Psicológicos de la Facultad de Psicología, Universidad Nacional de Córdoba, Argentina. Especialista en Psicología Educacional, particularmente en Teoría Social-Cognitiva del Desarrollo de Carrera y el Aprendizaje. Director de una revista electrónica con referato,

Evaluar, y miembro del comité académico de la Carrera de Doctor en Psicología, Facultad de Psicología, Universidad Nacional de Córdoba. Miembro de la Asociación Argentina de Ciencias del Comportamiento y de la Comisión Directiva del Laboratorio de Evaluación Psicológica y Educativa, Facultad de Psicología, Universidad Nacional de Córdoba. Miembro de la Comunidad Académica Internacional de Investigadores de la Autoeficacia.

Fabián O. Olaz
Es licenciado en Psicología. Profesor titular de la cátedra de Técnicas e Instrumentos de Exploración Psicológica, Facultad de Psicología, Universidad Empresarial Siglo XXI, y Jefe de Trabajos Prácticos de la Cátedra de Metodología de la Investigación, Facultad de Psicología, Universidad Nacional de Córdoba. Becario Doctoral del Consejo Nacional de Investigaciones Científicas y Técnicas (CONICET), Argentina. Sus investigaciones se orientan a la construcción de una escala de autoeficacia social para estudiantes universitarios. Miembro de la Comunidad Internacional de Investigadores de la Autoeficacia.

Guilherme Menezes Lage
Formado em Educação Física), especialista em Treinamento Esportivo, mestre em Educação Física e doutorando em Neurociências pela Universidade Federal de Minas Gerais (UFMG) e professor assistente III da Universidade Fundação Mineira de Educação e Cultura (FUMEC). É pesquisador do Grupo de Estudos em Desenvolvimento e Aprendizagem

Motora (GEDAM) da UFMG e do Grupo de Pesquisa em Ensino, Controle e Aprendizagem na *Performance* Musical (ECAPMUS) da UFMG. Tem experiência no estudo do Comportamento Motor, atuando principalmente nos temas relacionados à aprendizagem motora, tais como interferência contextual, demonstração, *feedback* e transferência de aprendizagem; ao controle motor, tais como assimetrias manuais e o papel das informações sensoriais no controle da afinação de instrumentos musicais não temperados; e aos aspectos neuropsicológicos e genéticos envolvidos no comportamento motor.

Leandro Fernandes Malloy-Diniz

Psicólogo formado, mestre em Psicologia e doutor em Farmacologia Bioquímica e Molecular pela Universidade Federal de Minas Gerais (UFMG). É professor adjunto do Departamento de Psicologia da Faculdade de Filosofia e Ciências Humanas da UFMG, líder do grupo de pesquisa Laboratórios Integrados de Neuropsicologia (LINEU-UFMG/USP/UFRJ/UFRBA). É orientador permanente do programa de pós-graduação *stricto sensu* em Neurociências da UFMG.

Lucas Francisco de Carvalho

Psicólogo graduado pela Universidade Presbiteriana Mackenzie, com formação em Acompanhamento Terapêutico pelo Instituto de Psiquiatria do Hospital das Clínicas de São Paulo. Mestrado doutorando em Avaliação Psicológica pela Universidade São Francisco (USF). Foi bolsista de mestrado da Coordenação de Aperfeiçoamento do Pessoal de Ensino

Superior (CAPES) e atualmente é bolsista de doutorado da Fundação de Amparo à Pesquisa do Estado de São Paulo (FAPESP). Desenvolveu parte do seu doutorado na University of Toledo, Estados Unidos, sob a orientação do Prof. Ph.D Gregory J. Meyer. Tem experiência em clínica e na área acadêmica com ênfase em Construção e Validade de Testes, Escalas e Outras Medidas Psicológicas, atuando principalmente com os seguintes temas: psicometria, construção de instrumentos, personalidade e transtornos da personalidade.

Luciana Maria da Silva
Psicóloga e especialista em Neuropsicologia pela Universidade Fundação Mineira de Educação e Cultura (FUMEC).

Luciene Almeida Peixoto Vieira
Fisioterapeuta, especialista em Neuropsicologia pela Universidade Fundação Mineira de Educação e Cultura (FUMEC).

Maiana Farias Oliveira Nunes
Psicóloga formada pela Faculdade Ruy Barbosa, Salvador, Bahia. Mestre e doutora em Avaliação Psicológica pelo Programa de Pós-graduação *stricto sensu* em Psicologia da Universidade São Francisco (USF). Bolsista de Pós-Doutorado do Conselho Nacional de Desenvolvimento Científico e Tecnológico (CNPq) na Universidade Federal do Rio Grande do Sul (UFRGS), professora da Faculdade Avantis e primeira secretária do Instituto Brasileiro de Avaliação Psicológica.
Email: maiananunes@mac.com

Marco Antonio Silva Alvarenga

Psicólogo formado pela Universidade Federal de Minas Gerais (UFMG) e mestre em Psicologia do Desenvolvimento e doutorando em Psicologia pelo Núcleo de Pós-Graduação de Psicologia da UFMG. Investiga o desenvolvimento cognitivo, socioafetivo, da inteligência e da personalidade e os distúrbios de personalidade. Estuda Psicologia Cognitiva, Neurociências, Processos Psicológicos Básicos, aspectos cognitivos na resolução de tarefas em itens, construção e revisão de itens para questões de múltipla escolha de provas em geral, inclusive concursos e processos humanos de mudança. Atua principalmente com os seguintes temas: terapia cognitiva, construção de itens, avaliação psicológica e desenvolvimento de instrumentos psicológicos em diversos contextos.

Mariana Varandas de Camargo Barros

Psicóloga formada pela Universidade São Francisco (USF). Foi bolsista de Iniciação Científica da Fundação de Amparo à Pesquisa do Estado de São Paulo (FAPESP). Atualmente, trabalha na Fundação Síndrome de Down, no projeto Desenvolvimento do Programa de Lazer para adolescentes.

Nilton Cesar Barbosa

Psicólogo formado pela Universidade Federal de Uberlândia (UFU), mestre em Psicologia Escolar e doutor em Psicologia como Profissão e Ciência pela Pontifícia Universidade Católica de Campinas (PUCCamp). Seus estudos sobre inteligência emocional iniciaram-se em 1996, como bolsista do Conselho Nacional de Desenvolvimento Científico e Tecnológico (CNPq). Atualmente, é professor do curso de Psicologia da Universidade Federal de Goiás (UFG), *campus* de Jataí (CAJ). Nos últimos anos também tem oferecido consultoria para escolas sobre o desenvolvimento da inteligência emocional e de projetos voltados para a superdotação, além de atuar na intervenção clínica de crianças e adultos.

Ricardo Primi
Psicólogo formado, doutor em Psicologia Escolar e do Desenvolvimento Humano pela Universidade de São Paulo (USP), com doutorado parcialmente desenvolvido na Yale University, Estados Unidos. Coordenador do Laboratório de Avaliação Psicológica e Educacional (LabAPE). Recebe financiamento da Fundação de Amparo à Pesquisa do Estado de São Paulo (FAPESP) e é bolsista em produtividade em pesquisa nível 1B do Conselho Nacional de Desenvolvimento Científico e Tecnológico (CNPq). Diretor de pós-graduação e professor do mestrado e do doutorado em Avaliação Psicológica da Universidade São Francisco. Presidente eleito do Instituto Brasileiro de Avaliação Psicológica (IBAP). Membro da Comissão Consultiva em Avaliação Psicológica do Conselho Federal de Psicologia.

Rodolfo Augusto Matteo Ambiel
Psicólogo, mestre e doutorando do Programa de Pós-graduação *stricto sensu* em Psicologia da Universidade São Francisco, campus Itatiba, e docente de cursos de graduação e pós-graduação *lato sensu* de Psicologia na mesma universidade. Consultor externo de pesquisa da Editora Casa do Psicólogo.
E-mail: rodolfo.ambiel@usf.edu.br

CONSELHO EDITORIAL

Profª. Drª. Adriana Cardoso de Oliveira e Silva (UFF)
Profª. Drª. Alessandra G. Seabra (Universidade Presbiteriana Mackenzie – UPM)
Prof. Dr. Carlos Henrique S. da S. Nunes (UFSC)
Profª. Drª. Claudette Maria Medeiros Vendramini (USF)
Prof. Dr. Fabián Javier Marín Rueda (USF)
Prof. Dr. Gleiber Couto (UFG/CAC)
Prof. Dr. José Humberto da Silva Filho (UFAM)
Psic. Dr. José Maria Montiel
Prof. Dr. Maycoln Leôni Teodoro (UNISINOS)
Prof. Ms. Sanyo Drummond Pires (USF/bolsista CAPES)
Profª. Drª Tatiana de Cássia Nakano (PUCCAMP)
Prof. Dr. Vitor Geraldi Haase (UFMG)

Impresso por :

gráfica e editora
Tel.:11 2769-9056